KB107716

왓칭

왓칭 WATCHING

신이 부리는 요술

김상운 지음

정신세계사

왓칭

ⓒ 김상운, 2011

김상운 지은 것을 정신세계사 정주득이 2011년 4월 25일 처음 펴내다. 편집주간 이균형,
김우종이 다듬고, 김윤선이 꾸미고, 김진혜가 그리고, 경운출력에서 출력을, 한서지업사
에서 종이를, 영신사에서 인쇄와 제본을, 기획 및 영업부장 김영수, 하지혜가 책의 관리
를 맡다. 정신세계사의 등록일자는 1978년 4월 25일(제1-100호), 주소는 03965 서울시
마포구 성산로4길 6 2층, 전화는 02-733-3134, 팩스는 02-733-3144, 홈페이지는
www.mindbook.co.kr, 인터넷 카페는 cafe.naver.com/mindbooky 이다.

2024년 4월 2일 펴낸 책(초판 제129쇄)

ISBN 978-89-357-0346-3 03320

사람은 위기를 마주한 순간에 마음의 눈을 뜨게 된다고 한다. 나에게도 위기의 순간이 있었다.

할머니가 세상을 떠난 뒤 몇 년 사이로 할머니를 그리던 아버지마저 뒤를 따랐다. 정직하게 농사일에만 파묻혀 지낸 인생들이었다. 나는 신이 정의롭다면 그들에게 말년이나마 편안함을 선사할 줄 알았지만, 그게 아니었다. 낙상 후 3년 동안 누워 있던 할머니의 피부는 얇은 비닐처럼 변해버렸고, 등에는 피부가 짓물러 심한 욕창이 났다. 아버지도 말년에 시도 때도 없이 콧물과 침을 질질 흘렸고, 대소변도 맘대로 못 보는 고통을 맞았다. 고통을 지켜보는 것 자체도 고통이었다. 떠나보내는 것 또한 고통이었다. 신은 왜 그런 고통들을 만들어냈을까? 머릿속이 온통 고통으로 가득 차오르니 내 몸에도 마침내 이상이 찾아왔다. 체중이 갑자기 크게 줄고, 머리털도 한 움큼씩 쑥쑥 빠져나갔다. 시도 때도 없이 가슴이 방망이질을 해댔다. 지하철 역 바닥에 앉아 구걸하는 사람들을 보면 나도 모르게 눈물이 고였다. 만나는 사람들마다 "어디 아픈데 있어요?" 하고 물었다. TV 프로를 녹화할 땐 바짝 마른 얼굴을 숨기기 위해 "카메라 좀

당겨주세요"라고 부탁하곤 했다. 그러던 어느 날 밤 문득, 나는 화장실 거울에 비친 내 모습을 깊은 눈으로 바라보았다.

'고통으로 일그러진 저 얼굴…. 저 고통은 왜 생겼을까?'

비로소 나를 객관적인 관찰자의 눈으로 바라보는 순간이었다. 내게 늘 기쁨과 희망을 주는 아이들의 얼굴도 떠올랐다. 시골의 텅 빈 집에 덩그러니 홀로 남은 어머니의 모습도 아리게 스쳐왔다. '이러다간 정말 큰일 나겠구나' 하는 생각이 퍼뜩 들었다. 벗어나야겠다고 마음먹자 이런 의문이 고개를 들었다.

'신이 고통을 만들어놓았다면 그걸 꺼버리는 장치는 안 만들어놓았을까?'

조물주가 고통만 만들어놓고 그걸 꺼버리는 장치는 깜빡했을 리 만무하지 않은가? 그 장치가 뭘까? 다행히 나는 기자다. 감정에 파묻히지 않고 매사를 객관적으로 바라보는 게 직업상의 철칙이다. 모르는 게 있으면 취재해서 알아내면 그만이라는 생각으로 살아온 세월이 20여 년이었다.

우선 심리치료에 관한 해외 명저들을 집중적으로 주문해 읽기 시작했다. 뉴욕타임스 베스트셀러에 올라 있는 권위 있는 책들은 모조리 읽었다. 그러면서 놀라운 사실을 깨달았다. 내 마음의 병은 스스로의 생각에 지나치게 함몰돼 생긴 것이었다. 함몰된 시각에서 몇 발짝 벗어나 객관적인 눈으로 내면을 바라보는 순간 마음의 병은 거짓말처럼 사라졌다.

그러자 마음이 맑아지기 전에는 보지 못했던 것들이 보이기 시작했다. 파고들수록 새로운 사실이 드러나는 정신세계가 너무나 신기했다. 특히 책을 통해 양자물리학의 세계적인 권위자들을 만날 때 느끼는 감정은 경외감 그 자체였다. 밤마다 명상을 하며 조용히 산책하는 혼자만의 시간도 더없이 즐거웠다. 그렇게 1년이 지나고, 2년이 지나고, 3년이 지나면서 마침내 나는 왓칭watching(관찰)만으로 인간의 모든 고통이 해결된다는 우주 원리에 완전히 눈을 떴다. 그건 고통을 만들어준 신이 고통 해결의 열쇠로 인간의 손에 쥐여준 선물이었다.

그러던 차에 한국외국어대학교에서 강의를 맡게 되었다. 4학년 졸업반 학생들을 대상으로 한 국제 커뮤니케이션 강의였다. 학생들은 오로지 목전에 둔 취업 걱정으로 불안에 떨고 있었다. 그 불안한 마음을 위로하고 싶었던 나는 자연스럽게 강의주제를 왓칭이 일으키는 '관찰자 효과'로 정하였다. 강의를 해나가면서 학생들이 강의 내용을 어떻게 받아들이는지, 또 어떻게 변화해나가는지를 주의 깊게 관찰할 수 있었던 것은 나에게 의미 있는 경험이었다. 학생들도 왓칭으로 기대 이상의 변화를 겪었다. 이 책에 기록한 사례들은 모두 사실에 바탕을 둔 것들이다.

내가 좋아하는 말이 있다.

"난 모든 걸 할 수는 없다. 하지만 할 수 있는 게 분명히 몇 가지는 있다. 할 수 없는 것 때문에 할 수 있는 것까지 포기하지는 않겠다."

3년 전, 나는 아주 작은 가능성의 문을 열어놓고 호기심 가득한 기자의 눈으로 왓칭이 부리는 요술을 엿보기 시작했다. 그러자 그 문은 점점 크게 열리기 시작했고 지금은 더없이 활짝 열려 있다. 왓칭은 신이 누구에게나 똑같이 내려준 선물이다. 나는 기자이기 이전에 평범한 직장인이다. 나와 학생들이 변화를 체험했다면 누구든 왓칭을 통해 신기한 변화를 경험할 수 있다. 우주의 원리는 누구에게나 쉽고 공평하게 똑같이 적용되기 때문이다.

차례

왓칭, 신이 부리는 요술

1 왓칭은
모든 것을 바꿔놓는다

마 음 을 바 꿔 놓 는 다

막무가내로 생떼를 쓰는 아이. 순식간에 뚝 그치게 할 수 있을까?

그 비밀에 눈뜨는 순간, 당신은 그 누구의 마음도 쉽게 바꿔놓을 수 있다.

"엄마가 그건 안 된다고 했지?"

엄마들은 대개 이렇게 을러댄다. 그러면서 함께 감정의 불길에 뛰어든다. 언젠가 마트에 갔을 때도 그랬다. 장난감 코너 앞에서 한 남자아이가 닌텐도 게임기를 사달라며 얼굴이 뻘게지도록 악을 쓰며 울어대고 있었다.

"요게 정말!"

쩔쩔매던 엄마는 아이의 볼기짝을 때렸다. 아이는 뚝 그치기는커녕 자지러질 듯한 울음으로 응수했다. 엄마도 뿔이 날 대로 났다. 거세게 팔을 잡아끌었지만 아이는 막무가내로 내팽개쳤다. 그 엄마는 아이가 품고 있는 불만 덩어리를 억누르려 하고 있었다. 억누르려 드니 고무공처럼 자꾸만 튀어 올랐다. 심리학에서 말하는 '아이러니 효과(irony effect)'이다.

"얘, 너 저 게임기 갖고 싶지?"

내가 자신의 불만을 끄집어내 객관적으로 바라보도록 하는 순간, 아이는 울음을 뚝 그치고 나를 올려다보았다.

"아저씨도 엄청나게 갖고 싶단다. 그런데 돈이 없어서 못 사고 있어. 그런데 저게 얼만지 알아?"

아이가 호기심 어린 표정을 지으며 머리를 내저었다.

"굉장히 비싼 거야. 그럼 어떻게 해야 할까?"

아이는 또 고개를 좌우로 흔들었다.

"저걸 갖는 방법은 두 가지야. 첫째, 돈을 꼬박꼬박 모아서 사는 거야. 동전을 모아도 좋아. 둘째, 누가 선물로 줄 때까지 기다리는 거야. 넌 어떤 방법이 좋다고 생각하니? 방법은 너 스스로 정하는 거야."

아이가 잠시 생각하더니 대답했다.

"나중에 돈 벌어서 살 거예요."

자존심이 무척 강한 아이였다. 아이는 엄마 손을 잡고 언제 난리를 떨었느냐는 듯 깡충깡충 사라졌다. 아이는 왜 울음을 뚝 그쳤을까? 낯선 내가 무서웠거나 내 설득력에 감동해서였을까? 나는 그저 자신의 불만에 함몰돼 있던 그 아이가 그 불만을 끄집어내 객관적인 눈으로 바라볼 수 있도록 유도해줬을 뿐이었다. 그 불만은 바라보는 순간 저절로 물러갔다.

내 안에서 치솟은 화도 남의 일인 양 객관적으로 바라보면 쉽게 사라진다. 일요일 당직을 서던 날이었다. 느지막하게 초밥집을 찾아갔다. 식사가 중간쯤 돼가는데 웨이트리스가 샐러드 접시를 테이블에 땡그랑 떨어뜨렸다.

"어머!"

샐러드 소스와 유리조각들이 내 바지로 마구 쏟아져 내렸다. 얼굴이 찡그려졌다. 바지 오른쪽이 온통 샐러드 소스에 뒤덮였다. 엉망이 된 바지를 입고 사무실에 드나들 생각을 하니 화가 치솟았다. 예전 같으면 반사적으로 화를 냈을 것이었다. 순간적으로 화에 휩싸여 괴로워했다. 심장이 뛰고, 눈이 충혈되고, 독기가 온몸에 퍼져 나갔다. 화는 내 머릿속에서 나오는 것이니 당연히 나와 한 몸뚱이라고 생각했다.

하지만 지금은 다르다. 무조건 화를 내게서 분리시켜놓고 바라본다. 화를 낼 것인가, 참을 것인가? 화를 내고 나면 늘 후회한다. 그래서 나는 피어오르는 화 덩어리에 "화"라는 딱지를 붙여 바라본다. 바로 그 순간 화는 생명을 잃어가기 시작한다. 마치 맑은 하늘의 구름 한 조각처럼 살포시 물러간다.

"정말 죄송해요, 손님!"

웨이트리스는 새로 세팅을 하며 연신 사과했다. 나의 화는 이미 온데간데없었다.

눈에 안 보이는 화 덩어리도 저마다 독자적인 생명력과 지능을 갖고 있다. 에너지장 촬영장치인 키를리안 사진기(Kirlian camera)로 찍어보면 화 덩어리가 머리에서 빠져나와 가슴으로 되돌아가는 게 선명하게 목격된다. 그래서 그걸 그대로 구겨 넣고 살면 마침내 병이 되지 않는가? 아인슈타인이 "화도 어린아이처럼 달래줘야 하는 에너지 덩어리"라고 누누이 강조했던 것도 그래서다. 따라서 화 덩어리는 가슴에 품어두지 말고 따로 떼어내 남처럼 객관화시켜 바라보아야 한다. 그 간단한 행위만으로 쉽게 누그러진다.

키를리안 사진기로 찍은
인간의 에너지장

"감정과
건강 상태에 따라
에너지장의 형태와
색깔이 변화한다."

화가 사라지면 연민의 감정이 밀려온다. 문득 딸아이의 얼굴이 떠올랐다. 내 아이도 나중에 크면 이런 일을 아르바이트로 할지 모르지 않는가? 만일 이런 실수를 저지른다면? 설사 손님이 화를 내지 않더라도 그날 온종일 기분이 가라앉을 것이다. 지금 그 웨이트리스도 신경이 곤두서 있을 것이다.

내가 "접시 떨어뜨려서 깜짝 놀랐죠?" 하며 미소 지었더니 그녀도 방긋 따라 웃었다. 그 한 마디로 그녀도 자신의 '깜짝 놀란 마음'을 바라보게 되었고, 바라보는 순간 불안은 날아갔다. 아마도 그녀는 그 작은 실수를 잊고 그날 오후를 홀가분한 마음으로 보낼 수 있었을 것이었다.

지능을 바꿔놓는다

관찰자 효과는 내 머리도 순식간에 바꿔놓았다. 전에는 짧은 기사 하나를 쓰다가도 생각이 막히면 얼굴에 화기가 오르고 골치가 지끈지끈 아팠다. 배도 더부룩해져 소화도 안 됐다. 그렇게 앉아 있다고 멋진 기사가 써지는 것도 아니었다. 게다가 나이가 들면서 기억력도 점점 떨어져 가는 것 같았다. 자주 만나는 사람들의 이름을 까먹어 어색해진 경우가 한두 번이 아니었다. 언젠가는 매일 걸던 고향집 전화번호가 돌연 떠오르지 않아 무척이나 당황했다.

'벌써 치매가 찾아온 건가?'

그런데 관찰자 효과를 이해하면서 뜻밖의 변화가 찾아왔다. 우선 기사를 쓰는 속도나 독서 속도가 놀랍도록 빨라졌다. 아이디어도 불쑥불쑥 잘 떠오르고 선명해졌다. 특히 내게 전혀 생소했던 양자물리학 책들이 머리에 쏙쏙 들어온다. 어느 땐 저자들이 책에 써놓은 것보다 저자들의 의도를 더 깊이 파악하기도 한다. 하도 신기해서 이런 생각도 들었다.

'그럼 내 영어 실력도 좋아졌을까?'

호기심에서 미국의 대학원 입학 자격시험 격인 GRE를 다시 응시해보았다. GRE는 20년 전 경제부 기자 시절 미국 대학원에 연수를 가기 직전 딱 한 번 쳐본 게 전부였다. 나는 시험성적을 받아보고는 깜짝 놀랐다. 영어부문에서 전체의 최상위 1퍼센트에 든 것이다. 물론 미국학생들을 포함해서 말이다. 신기한 일 아닌가? 무려 20년간이나 영어공부를 따로 하지도, 영어학원에 다니지도 않았다. 그렇다고 중학교에 들어가기 전까지는 알파벳도 몰랐으니 영어 조기교육의 효과가 남아 있는 것도 아니었다.

도대체 관찰자 효과가 내 머리에 어떤 요술을 부린 걸까? 머리를 확 터놓은 걸까? 시각을 전환하는 것만으로 지능에 정말 신기한 변화가 저절로 일어나는 걸까?

한 초등학교 교사는 성적이 형편없는 빈민지역 1학년 아이들을 '학자'라고 불러주기 시작했다. 아이들이 자기 자신을 학자로 바라보도록 한 것이다. 그는 교실에 누가 찾아오면 아이들을 학자라고 소개했다. 또 아이들로 하여금 학자가 무슨 뜻인지 방문객에게 직접 설명해주도록 유도했다.

"어린이 여러분, 학자가 뭐하는 사람이라고 했죠?"

"학자는 새로운 걸 배우고, 배움을 즐거워하는 사람입니다."

아이들은 일제히 목청 높여 이렇게 대답하곤 했다. 교사는 이런 말도 해주었다.

"여러분은 학자예요. 그날 배운 걸 집에 가서 가족들에게 가르쳐주세요. 학자는 남에게 가르쳐주는 것도 좋아하거든요."

공부라면 얼굴부터 돌리던 아이들이 정말 배움을 즐거움으로 여기게 됐다. 그리고 몇 달 후 시험을 쳐보니, 아이들의 성적은 놀랍게도 벌써 2학년 수준에 도달해 있었다.

"여러분은 이제 2학년생입니다."

교사는 실제로 봄방학이 되기 전에 1학년 수료식을 열어주었다. 1년 과정을 불과 몇 달 만에 마친 아이들은 스스로를 "2학년생"이라고 부르며 즐거워했다. 그리고 1학년이 끝나갈 때쯤 되자 아이들의 90퍼센트 이상이 3학년 수준을 뛰어넘는 읽기 능력을 갖게 됐다. 불과 아홉 달 전까지만 해도 그 지역에서 가장 공부 못했던 말썽꾸러기들이 가장 공부 잘하는 우등생들로 탈바꿈한 것이다. 미국 조지아 주의 초등학교 교사였던 존스(Crystal Jones)의 이야기다.

성적은 그렇다 치자. 그럼 예술적 재능은 어떨까? 예술적 재능도 자신을 어떻게 바라보느냐에 따라 껑충 뛰어오를까?

연아와 선아는 피아노를 배운 적이 없다. 타고난 재능도 똑같다. 부모의 교육 수준도 똑같다. 부모나 조부모, 가까운 친척들 가운데 피아노에 재능을 발휘한 사람도 없다. 유전적 환경이 비슷한 이 두 아이에게 똑같은 조건에서, 똑같은 방법으로, 똑같은 양의 연습을 시키면 나중에 그 실력도 똑같을까?

심리학자 맥퍼슨(Gary McPherson)은 악기를 연습중인 어린이 157명을 장기간 추적해보았다. 그런데 9개월쯤 후부터 아이들의 실력이 크게 벌어지기 시작했다.

"거참 이상하네. 연습량도 똑같고 다른 조건도 다 비슷한데 도대체 왜 이렇게 차이가 벌어지는 거지?"

그는 문득 연습을 시작하기 전 아이들에게 던졌던 질문을 떠올렸다.

"넌 음악을 얼마나 오래 할 거지?"

아이들의 대답은 크게 세 가지였다.

"전 1년만 하다가 그만둘 거예요."

"전 고등학교 졸업할 때까지만 할 거예요."

"전 평생 하며 살 거예요."

그는 아이들의 실력을 비교해보고 깜짝 놀랐다. 평생 연주할 거라는 아이들의 수준이 1년 만 하고 그만둘 거라는 아이들보다 무려 네 배나 더 높았기 때문이다! 똑같은 기간 동안 똑같은 시간 연습했는데도 말이다.

"그럼 평생 하겠다는 아이들의 연습량을 확 줄여보면 어떨까?"

더욱 놀라운 결과가 나왔다. 평생 하겠다는 아이들은 설사 일주일에 불과 20분씩만 연습하더라도 한 시간 반씩이나 연습하는 다른 아이들보다 실력이 훨씬 더 좋았기 때문이다.

결론은 자명했다. "전 1년만 하고 그만둘 거예요"라고 말한 아이들은 자신들을 음악가라고 생각하지 않는다. 반면 "전 평생 하며 살 거예요"라고 말한 아이들은 '난 음악가'라고 생각한다. 자신을 마음속에서 음악가로 바라보는 아이들은 남들보다 훨씬 적게 연습해도 마치 이미 훌륭한 음악가가 된 것처럼 특출한 재능을 발휘하게 되는 것이다.

단지 자신을 누구로 바라보느냐 하는 단순한 시각의 차이가 재능의 차이를 이토록 어마어마하게 벌려놓다니, 도대체 왜 이런 일이 일어날까?

자신을 음악가로 바라보는 아이는 음악을 완전히 받아들일 자세가 돼 있다. 즉, 음악에 관한 한 마음을 활짝 열어놓는 것이다. 반면, 1년만 연주하다가 그만둘 것이라는 아이는 마음의 일부만 열어놓는다. 마음을 활짝 열어놓고 "난 음악가"라고 바라보는 것만으로 음악적 재능이 무려 네 배도 넘게 껑충 뛰어오르는 것이다. 관찰자 효과를 알게 된 뒤 내 머리가 돌연 확 트인 느낌을 갖게 된 것도 바로 이런 이유 때문 아닐까? (관찰자 효과로 지능을 높이는 방법은 제2부에 자세히 설명돼 있다).

몸을 바꿔놓는다

바라보는 것만으로 몸도 깜짝 변신할 수 있을까? 예를 들어 만병의 근원인 뱃살도 바라보면 저절로 쉽게 빠져나갈까?

나는 전에는 호리호리한 체형이었는데도 허리 사이즈가 33인치 이상 되는 바지를 입었었다. 똥배가 볼록 튀어나왔기 때문이었다. 샤워하고 나서 거울에 옆모습을 비춰보면 참 꼴불견이었다. 책상 앞에 오래 앉아 있을 땐 남몰래 혁대 버클을 풀어놨다가 일어설 땐 슬쩍 다시 매곤 했다. 줄넘기 등 운동을 해도 똥배는 영 빠지지 않았다.

돌이켜보면 이유는 간단했다. 똥배는 보통 무의식적으로 서서히 찌는 살이다. 일단 무의식에 저장된 정보는 의지만으로는 지워지지 않는다. 의지보다 무의식이 불가항력적으로 더 강하기 때문이다. 하지만 관찰자 효과는 무의식에 저장된 정보까지도 쉽게 바꿔놓는다.

나는 밤 11시쯤 동네 운동장을 걷는 습관이 있다. 그래서 관찰자 효과를 알고 나서는 배가 출렁이는 느낌이 들도록 일부러 빨리 걸었다. 그리고 걸을 때마다 이렇게 생각했다.

'내 배가 출렁거리면서 지방질이 다 빠져나가고 있어.'

그렇게 30분쯤 걷다 보면 실제로 배가 텅 비어가는 느낌이 오기 시작한다. 그런 느낌을 갖고 걸으면 기분도 좋고 기운도 더욱 솟아오른다. 몸속을 바라본다는 건 어려운 게 아니다. 그냥 몸속의 움직임을 느껴본다는 뜻이다. 움직임을 생생히 느낄수록 그만큼 제대로 바라보는 것이다.

이런 식으로 했더니 불과 몇 주 만에 똥배가 쑥 들어갔다. 덕분에 지금은 허리 사이즈가 31인치 이하로 줄었다. 그렇다고 걱정이 완전히 사라진 것은 아니다. 이틀 정도만 건너뛰어도 그놈의 뚱배가 또다시 슬금슬금 튀어나온다. 걷기 운동을 안 할 땐 뚱배를 바라보지 않게 되기 때문이다.

그런데 꼭 이렇게 시간을 내서 운동을 해야만 하는 것일까? 그렇지 않다. 왓칭은 내면의 작업이므로 언제 어디서든 실천할 수 있다.

하버드 대학의 심리학자 랭거(Ellen Langer) 교수는 호텔 청소부들을 유심히 지켜보았다. 그들은 하루 평균 호텔방 열다섯 개를 부지런히 치워야 했다. 침대 시트를 갈고, 방바닥을 쓸고 닦고, 화장실을 반짝반짝하게 치우고… 눈코 뜰 새 없이 바쁘게 몸을 움직여야 했다. 그런데도 그들은 운동부족으로 인한 온갖 증세를 보이고 있었다.

"혈압이 너무 높아 걱정이에요."
"배도 불룩해서 움직이기 어려워요."
"도무지 운동할 짬을 내기 힘드네요."

랭거 교수는 여러 호텔의 청소부 84명의 건강 상태를 조사해보았다. 그들은 대부분이 과체중인데다가 배가 볼록 나오고 혈압도 높았다. 그 후 교수는 84명 중 절반을 비밀리에 따로 불러 청소 활동의 운동 효과에 대해 설명해주었다.

"여러분의 운동량은 충분하고도 남아요. 생각해보세요. 15분간 시트를 가는 데만 40칼로리가 소모됩니다. 진공청소기를 들고 15분간 청소하면 50칼로리가 더 빠져나가요. 방 하나를 청소하는 데도 땀을 뻘뻘 흘리며 10분간 운동하는 것과 똑같은 효과가 있답니다. 하루에 열다섯 개의 방을 치우는 것은 두 시간 반 동안 운동을 하는 것과 똑같아요."

랭거 교수는 차트까지 그려가며 자세히 설명해주었다.

청소 종류	청소 시간	칼로리 소비량
시트 갈기	15분	40칼로리
진공청소기	15분	50칼로리
욕조 닦기	15분	60칼로리

한 달 후 이 설명을 들은 청소부들의 건강을 검진해보았더니 신기한 변화가 나타났다. 불룩 나왔던 배가 쑥 들어가고 삼중턱도 사라졌다. 혈압도 떨어졌다. 그들이 따로 운동을 한 건 절대 아니었다. 다만 교수의 설명을 들은 것뿐이었다. 반면, 설명을 듣지 못한 청소부들의 몸에는 아무런 변화가 없었다.

* 몸의 변화를 바라보며 청소했다 → 체중, 허리둘레, 지방, 혈압 감소
* 무심코 청소했다 → 아무 변화 없음
* 고역이라고 여기며 청소했다 → 피로독소 증가

왜 이런 차이가 나타났을까? 랭거 교수는 이렇게 설명한다.

"청소하며 몸을 움직일 때마다 칼로리가 빠져나간다고 생각하니 실제로 지방이 빠져나간 겁니다. 그런 생각을 안 하며 청소할 땐 오히려 피로독소만 쌓이는 거죠."

랭거 교수

"청소할 때마다 살이 빠져나간다고
생각하는 것만으로 실제로 살이 빠진다."

다시 말해 청소라는 행위를 바라보는 눈이 달라지니 몸도 변화한 것
이다. '청소는 지겹고 힘든 것'이라고 바라보았을 땐 청소가 건강에 오히
려 해가 됐다. 하지만 청소할 때마다 이렇게 생각해본다면 어떨까?

"난 지금 시트를 가는 중이야. 또 40칼로리가 빠져나가겠군."

"지금처럼 진공청소기로 바닥을 청소할 때마다 50칼로리가 빠진다고
했지."

청소할 때마다 무의식적으로 살이 빠져나간다고 바라보니 실제로 살
이 빠져나갔던 것이다. 이것이 굳이 시간과 돈을 들여 따로 운동하지 않
고도 날씬하고 건강해지는 비결이다.

물질을 바꿔놓는다

그럼 사람의 몸과 마음이 아니라 음식이나 쇠붙이 같은 물질은 어떨
까? 그런 것들도 왓칭만으로 원하는 대로 변화시킬 수 있을까?

우선 우리가 매일 마시는 물부터 짚어보자.

"당신은 물을 마시며 어떤 생각을 하는가?"

이렇게 물으면 당신은 아마 "그냥 무심코 마신다"고 대답할 것이다. 그런데 입장을 바꿔서 물에게 당신을 어떻게 생각하는지를 묻는다면 어떨까?

"뭐, 생각? 두뇌도 없는 물이 무슨 생각을 한다고 그래?"

당신은 내 말에 이렇게 눈을 부라릴 것이다. 하지만 놀랍게도 실제로 물은 당신의 생각을 정확하게 읽고 있다. 당신이 무시하면 물도 당신을 무시한다. 거꾸로 당신이 물에 감사하면 물도 더 많은 영양분을 만들어낸다. 뚱딴지같은 소리만 한다고 펄쩍 뛸지 모른다. 하지만 이는 분명한 사실이다. 당신이 물을 마시기 위해 물병을 잡는 순간, 그 물은 이미 당신의 마음을 읽고 변화해 있다.

"물이 정말 그런 지능을 가지고 있을까?"

캐나다 맥길 대학의 생물학자인 그래드(Bernard Grad) 교수는 여러 개의 화분에 보리 씨앗을 20개씩 심어두었다. 그리고 물에 대한 호감도가 다른 세 사람에게 각기 물병을 하나씩 나눠주고 30분간 두 손으로 잡고 있도록 해보았다.

〈보리 씨앗에 뿌려줄 물병〉

물병 1.   물을 좋아하는 자연주의자가 잡고 있었다.

물병 2.   정신이 혼란한 정신병 환자가 잡고 있었다.

물병 3.   정신병 환자지만 물을 좋아하는 사람이 잡고 있었다.

물병 4.   아무도 잡고 있지 않았다.

그리고 이들 세 사람이 잡고 있던 물병을 수거해 여러 개의 화분에 각기 뿌려주었다. 그로부터 몇 주 후, 파릇파릇한 보리 싹들이 꽤 크게 자랐다. 하지만 자란 높이는 각각 달랐다. 과연 누가 만졌던 물이 보리를 가장 많이 자라게 했을까?

〈보리가 자란 속도〉

물병 1을 뿌려준 화분 → 가장 많이 자랐다.

물병 2를 뿌려준 화분 → 가장 적게 자랐다.

물병 3을 뿌려준 화분 → 두 번째로 많이 자랐다.

물병 4를 뿌려준 화분 → 두 번째로 적게 자랐다.

교수는 눈이 휘둥그레졌다.

"물이 귀신처럼 사람의 마음을 읽어내고 있어!"

정말 그랬다. 물에 대한 호감도와 보리의 키가 거짓말처럼 정비례했다. 물은 자신을 긍정적으로 바라볼수록 그만큼 더 많은 영양분을 만들어내는 게 틀림없었다.

생각해보라. 인체의 70퍼센트는 물이다. 따라서 어떤 마음으로 물을 바라보느냐에 따라 반드시 우리의 몸도 달라지게 된다.

그럼 물병을 손으로 잡지 않고 물병에 글자만 써서 붙여놓으면 어떨까? 물이 글자에 담긴 마음까지도 읽고 변화할까?

"뭐? 물이 글자를 읽는다고?"

당신은 이제 펄쩍 뛸 것이다. 하지만 널리 알려진 에모토 마사루(江本 勝)

masaru-emoto.net

사랑, 감사 딱지를 붙였던 물의 결정체(왼쪽)와 증오, 악마 딱지를 붙였던 물의 결정체(오른쪽)

박사의 실험을 좀더 깊이 살펴보자. 일본 IHM 종합연구소의 소장인 그는 한쪽 유리병에 물을 담아놓고 '사랑', '감사' 등의 단어를, 다른 병에는 '증오', '악마' 등의 단어를 써서 붙여놓았다.

한 달 후 물 입자를 분석해봤더니 물의 결정체가 위와 같이 판이하게 달라졌다. '사랑', '감사' 딱지를 붙인 왼쪽 물은 곧고 반짝이는 아름다운 결정체로 변해 있었다. 반면 '증오', '악마' 등 부정적인 딱지가 붙어 있던 물의 결정체는 형태가 흐리고 기형적으로 일그러져 있었다. 단어에 담긴 사람의 마음을 두뇌도 없고, 글자도 안 배운 물이 어떻게 읽었을까?

우리가 매일 먹는 밥도 마찬가지다. 한 개의 유리병엔 '감사', '사랑'이란 딱지를 붙여놓고, 다른 한 개엔 '증오', '망할 놈' 등의 딱지를 붙여놓았다. 한 달 후 살펴보니 '감사' 딱지를 붙여놓은 밥은 잘 발효된 누룩 냄새를 풍기고 있었다. 반면 '증오' 딱지가 붙은 밥은 곰팡이가 슬었고 검게 썩어 악취가 진동했다.

'감사', '사랑' 딱지가 붙은 밥은
누런 누룩으로 변했고(왼쪽)
'증오', '망할 놈' 딱지가 붙은 밥은
검게 썩어 악취를 풍겼다(오른쪽).

정말 이상하지 않은가? 밥이 어떻게 글자에 담긴 마음까지 읽었단 말인가? 의문을 품은 세계 각지의 아마추어들이 너도나도 여러 나라 말로 직접 실험해봤지만 어김없이 똑같은 결과가 나왔다. 영어로 하든, 프랑스어로 하든, 한국어로 하든, 그 결과는 똑같다.

이쯤 되면 당신은 아마 이런 뜨악한 생각도 들 것이다.

"그럼 반찬 없다고 툴툴거리며 밥을 먹으면 밥도 나를 못마땅하게 여길까?"

모든 관계가 그렇지 않은가? 예를 들어 직장 상사가 썩 내키지 않은 표정으로 당신에게 일을 시키면서 "이 친구한테 이런 중요한 일 맡겨도 될지 모르겠네. 하지만 당장 맡길 사람이 없으니 어쩔 수 없지…" 하고 투덜댄다면? 그럼 당신은 최선을 다해 일해주고 싶은 생각이 들까?

마찬가지 이치로, 밥도 불만을 품은 채 당신의 뱃속에 들어가면 소화가 잘 되도록 순순히 협조를 해줄까? 호기심이 동한 과학자들이 스웨덴 여성들과 태국 여성들에게 같은 음식을 주는 실험을 해보았다. 스웨덴 여성들은 고춧가루가 뻘겋게 올라앉은 태국음식을 보고는 눈살부터 찌푸렸다.

"태국음식은 영 구미가 안 당겨."

반면 태국 여성들은 김이 모락모락 오르는 태국음식을 보고는 군침부터 돌았다.

"와, 맛있겠다! 공짜로 이런 음식 먹으니 감사한 일이야."

똑같은 음식이었지만 한쪽은 마지못해 꾸역꾸역 먹었고 다른 한쪽은 감사한 마음으로 맛있게 먹었다. 그리고 식사 후 여성들의 피를 분석해보니 태국 여성들은 음식에 들어 있는 철분을 스웨덴 여성들보다 50퍼센트나 더 많이 흡수했다.

이번에는 반대로 스웨덴 음식을 먹게 했더니 정반대의 결과가 나왔다. 태국 여성들의 철분 흡수량은 스웨덴 여성들보다 70퍼센트나 적었다. 음식을 먹긴 했지만, 굶은 거나 다름없었다.

초콜릿은 안 그럴까?

불교 승려들로 하여금 초콜릿 조각들을 사랑과 자비의 마음으로 각각 10초씩 바라보도록 해보았다.

'이 초콜릿을 먹고 몸과 마음이 건강해지도록 해주십시오.'

이렇게 바라본 초콜릿과 바라보지 않은 초콜릿을 사람들에게 제각기 하루 1온스씩 먹도록 했다. 5일 후 그들에게 물었다.

"심신이 어떻게 달라졌습니까?"

어떤 사람들은 전과 비교해 기운이 열 배나 더 넘쳐흐른다고 대답했다. 아무런 변화가 없는 사람들도 있었다. 기운이 넘쳐흐른다는 사람들을 살펴보니 신기하게도 모두가 사랑의 감정이 담긴 초콜릿을 먹은 사람들이었다. 그들은 닷새 만에 평균 67퍼센트나 활력이 더 넘치게 됐다고 응답했다. 반면 승려들이 바라보지 않은 초콜릿을 먹은 사람들은 아무 변화가 없었다. 프린스턴 대학의 라딘(Dean Radin) 박사가 실시한 실험이다.

라딘 박사

"감사와 사랑의 마음으로
음식을 먹으면 영양분
흡수율이 높아진다."

whatthebleep.com

왜 이런 일이 일어날까? 뇌세포도 없는 음식이 감사나 사랑의 마음으로 바라보면 어떻게 용케 그 마음을 알아차리고 영양분이 쑥쑥 흡수돼 에너지가 샘솟게 한단 말인가?

말랑말랑한 음식은 그렇다 치자. 그럼 딱딱하기 그지없는 기계마저도 어떤 마음으로 바라보느냐에 따라 변화할까? 물리학자인 슈미트(Helmut Schmidt) 박사는 사람들에게 헤드폰을 낀 채 기계에서 나오는 삐이 소리를 듣도록 했다. 삐이 소리는 왼쪽과 오른쪽 귀에 50:50으로 고르게 흘러나오도록 설정되어 있었다.

그는 이런 지시를 내렸다.

"삐이 소리가 왼쪽 귀에서 더 많이 흘러나오도록 생각해 보세요."

사람들은 시키는 대로 헤드폰을 낀 채 '왼쪽에서 삐이 소리가 더 많이 나오거라' 하고 반복해서 마음속으로 되뇌어보았다. 실험결과는 뜻밖이었다. 거의 모든 사람들이 왼쪽에서 더 많은 삐이 소리를 듣게 됐기 때문이다.

이번에는 '삐이 소리가 오른쪽 귀에서 더 많이 나오거라' 하고 생각해보았다. 그랬더니 예상대로 오른쪽 귀에서 더 많은 삐이 소리를 듣게 됐다. 다시 말해 사람들은 기계에 손가락 하나 안 대고도 마음만으로 기계의 성능을 변화시켰던 것이다.

박사는 이번에는 삐이 소리가 녹음된 테이프를 사람들에게 건네주며 말했다.

"이 테이프를 집에 가지고 가서 삐이 소리가 왼쪽 귀에 더 많이 들리도록 되뇌어보세요."

사람들은 지시대로 '왼쪽에서 삐이 소리가 더 많이 나오거라' 생각하며 테이프를 반복해서 들었다. 이튿날 그들의 테이프를 수거하여 오디오 확인 장치에 넣어 들어본 슈미트 박사는 어안이 벙벙했다.

"거참 기이한 일도 다 있군. 테이프들에서 나오는 삐이 소리가 정말 왼쪽 귀에 더 많이 들리도록 변하다니?"

테이프가 사람들의 생각만으로 변질된 것이었다. 그게 끝이 아니었다. 슈미트 박사가 따로 보관해두었던 테이프에서도 삐이 소리가 왼쪽 귀에 더 많이 들리는 것이었다. 그가 실험 직전에 확인한 바로는 분명히 양쪽 귀에 균등하게 삐이 소리가 녹음되어 있었는데 말이다.

"내가 가만히 내버려둔 테이프까지 변하다니… 대체 웬일일까?"

그는 잠시 후 무릎을 탁 쳤다. 그는 테이프들을 복사하면서 '왼쪽에서 삐이 소리가 더 많이 나게끔 되뇌도록 사람들에게 시켜야지' 하고 생각했었다. 바로 그 생각이 이미 테이프에 영향을 끼쳤던 것이다. 기이하지 않은가?

해스티드 교수

"생각의 힘은 거리에 상관없이
대상을 변화시킨다."

런던 대학의 해스티드(John Hasted) 교수는 어린이들을 대상으로 기발한 실험을 고안해냈다.

그는 속임수가 통하지 못하도록 천장에 여러 개의 열쇠를 매달아놓고, 어린이들에게 각기 90센티미터에서 3미터까지 떨어져 있도록 했다. 그리고 각각의 열쇠에는 끌어당기는 힘 등을 측정할 수 있는 작은 신장계(strain gauge)를 부착해놓았다.

"어린이 여러분, 생각만으로 천장에 매달려 있는 열쇠를 구부려보세요."

어린이들은 각기 앞에 매달린 열쇠를 구부리기 위해 열심히 생각을 집중했다. 그러나 열쇠가 엿가락처럼 구부러지는 경우는 없었다. 역시 생각의 힘이란 공허한 것이었을까?

"어, 저 열쇠는 마구 흔들거리네?"

"금이 간 열쇠도 있어요!"

어린이들이 생각을 얼마나 집중하느냐에 따라 좌우로 흔들리는 열쇠도 있었고, 가늘게 금이 가는 열쇠도 있었다. 해스티드 교수는 신장계에 기록된 수치들을 살펴보고는 입이 딱 벌어졌다. 신장계에 기록된 전압 펄스 그래프가 최고 한계를 뛰어넘어 10볼트까지 치솟는 경우도 있었기 때문이다. 더구나 생각의 힘은 90센티미터가 떨어져 있든, 3미터가 떨어져 있든 그 거리와는 상관이 없었다. 오로지 얼마나 강한 의도를 품고 바라보느냐에 따라 쇠붙이에 미치는 변화도 컸던 것이다.

'저 열쇠를 구부려야지.'

이렇게 마음먹고 바라보면 제아무리 단단한 쇠붙이라도 그 마음을 읽고 형태가 변형되기 시작한다.

2 왜 바라보는 대로 변할까?

이처럼 이 세상에 존재하는 모든 것들은 당신의 속마음을 귀신처럼 속속들이 읽어낸다. 그리고 그 속마음이 바라보는 대로 변화한다. 몸이건 물이건 밥이건 쇠붙이건 가릴 것 없이 말이다. 그렇다면 이런 현상은 도대체 왜 일어나는 걸까?

이런 원초적인 질문을 던져보자.

"만물은 뭐로 만들어져 있는가?"

몸을 쪼개고 쪼개서 더 이상 쪼갤 수 없을 때까지 쪼개면? 미립자가 나온다.

밥을 쪼개고 쪼개서 더 이상 쪼갤 수 없을 때까지 쪼개면? 역시 미립자가 나온다.

그럼 생각을 실은 뇌파를 더 이상 쪼갤 수 없을 때까지 쪼개면? 그것도 역시 미립자다.

눈에 보이는 것이든 안 보이는 것이든, 만물은 죄다 미립자가 최소 구성 물질이다. 다시 말해 우주가 몽땅 흙으로 만들어져 있다면 미립자는 가장 작은 흙먼지인 셈이다. 그럼 이 흙먼지, 즉 미립자의 정체는 뭘까? 정체가 뭐기에 사람의 마음을 그처럼 척척 읽어내는 걸까?

비밀은 미립자에 있다

미립자의 정체를 알기 위해 이런 상상을 해보자.

먼저 미립자들을 어마어마하게 부풀려 야구공만 하게 확대시킨다. 그
런 다음 자동발사기에 장전시킨 뒤 하나씩 발사한다.

이중슬릿 실험 1

누군가가 바라보면, 미립자가
슬릿을 직선으로 통과해 뒷면
에 알갱이 자국이 남는다.

위 그림을 보면, 중간의 벽에는 두 군데의 슬릿^{slit}(가늘고 긴 틈)이 뚫려
있다. 당신은 거기를 향해 미립자들을 발사한다. 그럼 미립자들은 하나씩
직선으로 날아가 두 슬릿 중 한 곳을 통과하고 그 뒤의 벽면에 부딪혀 알
갱이 자국을 남긴다. 그걸 바라보는 당신은 이렇게 말할 것이다.

"뭐 이래? 하나도 신기하지 않아. 뻥 뚫린 구멍을 통해 야구공을 던지
는 것과 뭐가 달라?"

하지만 기절초풍할 일은 당신이 자리를 비운 사이에 나타난다. 잠시
밖에 나갔다가 돌아온 당신은 소스라치게 놀란다.

이중슬릿 실험 2

누군가가 바라보지 않으면, 미립자는 물결처럼 통과하며 벽면에 물결 자국을 남긴다.

"아니, 이런 귀신이 곡할 노릇이 다 있나? 벽면에 알갱이가 아니라 물결 자국들이 나 있네?"

당신이 바라보지 않는 사이에 자동으로 발사된 미립자들은 알갱이가 아니라 물결로 돌변해 두 슬릿을 통과한 것이다. 따라서 슬릿 뒤의 벽면에는 알갱이 자국들이 아니라 여러 개의 물결들이 서로 간섭하면서 만들어낸 자국이 남았다. 토끼 눈을 한 당신은 기가 막힐 뿐이다.

"미립자들이 귀신에 홀렸나? 내가 바라보고 있으면 미립자가 직선으로 날아가 알갱이 자국을 남기고, 바라보지 않으면 물결처럼 퍼져 나가 물결 자국을 남기다니?"

당신은 부랴부랴 친구를 불러 다시 한 번 실험을 해보라고 한다. 하지만 결과는 마찬가지다.

"내가 쳐다봐도 그래. 쳐다보면 무조건 알갱이처럼 행동하는 거야. 안 쳐다보면 물결처럼 행동하고."

미립자들은 왜 이런 요술을 부리는 걸까?

"왜 내가 바라볼 때만 고체 알갱이로 행동하는 거지?"

당신은 곰곰이 생각하다가 무릎을 탁 친다.

"오호라! 난 미립자를 바라볼 때마다 '미립자는 고체 알갱이야'라고 생각하고 있어. 그래서 미립자가 내 생각을 읽고 고체 알갱이처럼 행동하는 거야."

이처럼 미립자는 당신의 속마음을 귀신처럼 읽어낸다. 거짓은 통하지 않는다. (이상은 쉽게 풀어쓴 설명으로, 실제 실험 절차에서는 미립자의 궤적을 좇는 입자검출기의 설치 유무에 따라 미립자가 벽면에 남기는 패턴이 달라졌다.)

"만물이 내 마음을 척척 읽어내는 미립자들로 만들어져 있으니 내가 바라볼 때마다 변화할 수밖에 없는 거로군!"

정말 기막힌 요술 아닌가? 온 세상이 당신이 바라보는 대로 춤을 추다니! 당신 인생은 정말 당신 스스로가 창조하는 것이다.

이게 바로 양자물리학 분야에서 최고 권위를 자랑하는 이스라엘의 와이즈만 과학원이 1998년에 실시한 이중슬릿 실험(double-slit experiment)이다. (실험과정은 'google' 동영상 사이트에 들어가 'observer effect'를 클릭하면 자세히 볼 수 있다.) 세계적인 물리학 전문지 〈물리학 세계(Physics World)〉는 이 실험을 "과학사에서 가장 아름다웠던 실험"으로 선정하기도 했다.

아인슈타인 이후 최고의 물리학자로 꼽히는 노벨 물리학상 수상자 파인만(Richard Feynman) 박사도 한목소리를 냈다.

"그 실험을 보면 우리의 마음이 어떤 원리로 만물을 변화시키고 새 운명을 창조해내는지 한눈에 알 수 있어요."

사실 이중슬릿 실험을 처음 실시한 건 이스라엘 과학원이 아니었다.

양자물리학자 울프 박사

"내가 바라볼 때마다 만물이 변화하는 건 '신이 부리는 요술'이다."

whatthebleep.com

한 세기가 넘도록 세계 최고의 물리학자들이 비슷한 실험을 끊임없이 실시해왔지만 결과는 늘 똑같았다. 즉, 미립자들은 사람들이 어떤 마음으로 자기를 바라보는지 언제나 컴퓨터처럼 정확하게 읽고 거기에 맞춰 변화한다.

이처럼 실험자가 미립자를 입자라고 생각하고 바라보면 입자의 모습이 나타나고, 아무도 바라보지 않으면(즉, 입자라는 생각을 품고 바라보는 사람이 없으면) 물결로 퍼져나가는 현상을 양자 물리학자들은 '관찰자 효과(observer effect)'라고 부른다. 이것이 만물을 창조하는 우주의 가장 핵심적인 원리다. 다시 말해 미립자는 아무 형태도 없는 물결로 우주에 퍼져 있다가(잠재해 있다가) 내가 어떤 생각을 품고 바라보는 바로 그 순간, 돌연 형태를 가진 현실로 내 눈앞에 나타나는 것이다. 우주공간은 눈에 안 보이는 빛의 물결로 가득하다. 하지만 내가 어떤 생각을 품고 바라보면 내가 생각하는 바로 그것이 형태를 갖춘 현실로 내 눈앞에 깜짝 등장한다는 말이다. 그래서 양자물리학자 울프 박사는 관찰자 효과를 '신이 부리는 요술(God's trick)'이라고 부르고, 미립자들이 가득한 우주공간을 '신의 마음(Mind of God)'이라고 일컫는다.

노벨물리학상 수상자 하이젠베르크

"미립자들은
우주의 모든 정보, 지혜, 힘을 갖고 있는
무한한 가능성의 알갱이들이다."

신이 부리는 요술은 내가 얼마나 깊이 있게 바라보느냐에 따라 변화의 폭이 다르다. 생각에도 층이 있기 때문이다. 깊은 마음으로 바라보면 깊이 변화하고, 얕은 마음으로 바라보면 티끌밖에 움직이지 못한다.

이 요술이 얼마나 경이롭던지 덴마크의 노벨물리학상 수상자인 보어(Niels Bohr)는 "이 요술에 충격을 받지 않는 사람은 이해하지 못한 것이다"라고까지 말했다. 독일의 노벨물리학상 수상자인 하이젠베르크(Werner Heisenberg)도 미립자들을 "무한한 가능성의 알갱이들"이라고 불렀다. 인간이 원하는 모든 정보와 모든 걸 창조할 수 있는 모든 가능성이 담겨 있기 때문이다.

"미립자들은 우주의 모든 정보와 지혜, 힘을 갖고 있고 모든 걸 알고 있다. 그래서 동물이나 식물, 물과 바위 등 어떤 것으로든 현실화될 수 있는 모든 가능성을 가진 마법의 알갱이들이다."

미립자들은 불가사의하게도 거리에도 전혀 영향을 받지 않는다. 특히 단 한 번이라도 인연을 맺었던 미립자들은 바로 곁에 있든, 우주 정 반대편에 떨어져 있든, 아무 상관 없이 빛보다 빠른 속도로 영원히 서로 정보를 주고받는다.

"그게 무슨 소리지?"

이를테면 이런 거다. 당신의 입천장에서 세포 몇 개를 떼어내 시험관에 넣는다. 그리고 당신 몸과 시험관에 각각 피부반응 감지기를 부착한다. 그런 다음 당신은 가만히 있고, 당신의 입천장 세포들이 든 시험관만 옆 건물에 갖다놓는다. 심심해진 당신은 비디오를 틀어본다.

"맑은 날 구름이 뭉게뭉게 떠 있는 비디오군. 내 마음도 평화로워지는걸."

당신의 몸에 붙여놓은 피부반응 감지기엔 '평온'의 반응이 나타난다.

"그럼 옆 건물에 갖다놓은 내 입천장 세포들은?"

과학자들이 당신의 입천장 세포들과 연결된 피부반응 감지기를 살펴보니 놀랍게도 당신이 '평온'을 느끼는 바로 그 순간, 세포들도 '평온'을 기록한 것으로 나타난다.

"이번엔 공포 비디오를 틀어볼까?"

마찬가지다. 당신이 비디오를 보면서 공포를 느끼는 순간, 옆 건물에 있는 당신의 세포들도 역시 '공포' 반응을 보인다.

"그럼 옆 건물이 아닌 20킬로미터 떨어진 곳에 세포들을 갖다놓으면 어떨까?"

그래도 결과는 역시 마찬가지다. 당신이 '평온'을 느끼면 세포들도 '평온'을, 당신이 '공포'를 느끼면 세포들도 '공포'를 느낀다. 정확하게 똑같은 찰나에 말이다.

"거참 이상하군. 두뇌도 없는 세포들이 어떻게 분리된 세포 주인과 똑같은 감정을 느끼는 거지?"

과학자들은 좀더 극단적인 방법을 써보기로 한다. 세포들을 떼어낸 지 무려 닷새나 지나고 나서 자그마치 80킬로미터나 떨어진 다른 도시에 세포들을 옮겨다 놓고 똑같은 실험을 하는 것이다.

"닷새나 지났고, 아주 멀리 떨어져 있으니 이젠 주인과 인연이 끊어졌 겠지?"

하지만 웬걸? 당신의 입천장 세포들은 여전히 당신의 마음을 컴퓨터 처럼 정확히 읽고 똑같이 반응하는 것 아닌가! 아무리 거리가 떨어져 있 어도 아무 상관 없다. 세포 속에 들어 있는 미립자들은 인간의 두뇌로는 도저히 이해할 수 없는 불가사의한 능력을 갖고 있는 것이다. 1998년, 미 국 국방부가 실시한 실험이다. 피붙이가 아무리 멀리 떨어져 있어도 영원 히 끈끈한 사랑을 느끼는 것도 바로 이래서다.

러시아 과학자들은 잔인하지만 이런 실험도 해보았다. 어미 토끼를 새끼들과 떼어놓고 두뇌에 전극(electrode)을 삽입했다. 그리고 새끼들을 잠수함에 태워 수천 킬로미터 떨어진 북대서양 심해로 데려가서 한 마리 씩 처형했다. 그런데 놀랍게도 새끼들이 처형되는 바로 그 순간마다 어미 토끼의 뇌파는 크게 치솟았다. 볼 수도, 들을 수도, 냄새를 맡을 수도 없 는 수천 킬로미터 밖의 일인데도 말이다. 사람도 그렇다. 이역만리 떨어 진 자식에게 어디 아픈 데라도 생기면 부모도 뭔가 편치 않은 구석이 생 기지 않는가? 따라서 만일 한국의 부모가 미국에 가 있는 자식을 위해 기 도해도 그 기도가 담긴 미립자 에너지는 즉시 목적지에 도달한다. 자식이 설사 달나라에 가 있더라도 빛보다 더 빠른 속도로 에너지가 전달된다. 비록 자식이 의식적으로는 느끼지 못하더라도 말이다.

뚱뚱한 사람을 친구로 둔 사람은 자신도 점점 뚱뚱해진다는 얘기를

들어본 적 있는가?

하버드 대학의 크리스타키스(Nicholas Christakis) 교수가 32년간 12,000명을 추적해봤더니, 친한 친구가 뚱뚱하면 나도 뚱뚱해질 가능성이 무려세 배나 높아졌다. 뚱뚱한 친구가 나와 얼마나 멀리 떨어져 사느냐는 아무 상관이 없었다. 지구 정반대 편인 브라질에 살든, 태양계의 저 끝 토성에 올라가 살든, 내가 그 친구 모습을 좋아하는 마음으로 자주 떠올려 바라볼수록 나도 모르게 점점 몸이 뚱뚱해진다. 내가 친구를 자주 좋아하는마음으로 받아들일수록 친구의 이미지는 내 마음속에 점점 더 깊은 이미지로 새겨지게 된다. 그럼 그 이미지대로 내 몸도 변화하게 되는 것이다.미립자들이 이처럼 공간의 영향을 받지 않고 서로 영향을 미치는 현상을양자물리학에서는 '비국지성(non-locality)' 이라고 부른다. 아인슈타인은이런 현상을 '멀리서 일어나는 으스스한 행동(spooky action at a distance)' 이라고 부르기도 했다.

이처럼 만물의 최소 단위인 미립자는 평소엔 빛의 물결(비물질)로 잠재해 있다가 내가 어떤 생각이나 이미지를 품고 바라보는 순간 그 생각이

나 이미지가 입자화(물질화)된 형태로 내 눈앞에 나타나게 된다. 우리는 인간만이 만물 가운데 독보적인 지능을 가진 것으로 알고 있지만, 그건 지능을 누구의 어떤 잣대로 정의하느냐의 문제다. 예를 들어 어떤 철새들은 해마다 수천 킬로미터를 날아 정확히 목적지에 도착한다. 깊은 바다 속에서 길을 잃지 않고 역시 수천 킬로미터씩 오가는 물고기나 거북이들도 있다. 어떤 코끼리들은 수백 킬로미터 떨어진 가족을 찾아가기도 한다. 우리처럼 지도도 보지 않고 말이다. 만일 그들에게 인간의 지능을 어떻게 평가하느냐고 물으면 어떤 대답이 나올까?

"지도 없이는 십 리 밖도 못 가는 저능아들!"

그들은 자기네끼리 이렇게 낄낄거릴지 모른다.

대지에서 꼭 필요한 만큼의 자양분만 흡수하고 탄생하는 밥 등의 음식들도 그렇다. 비록 아무 말도 못하고 혼자서는 어디를 나돌아다니지도 못하지만, 필요도 없는 음식을 배가 터지도록 계속 먹어대는 우리를 보고, "이 인간, 자기 배가 얼마나 부른지도 모르고 먹어대네?" 하고 혀를 끌끌 찰 수도 있다.

우리가 감지할 수 있는 건 고작 오감을 통해 보고, 듣고, 만지는 것 등에 국한된다. 우리는 모르는 건 "존재하지 않는 것"으로 치부하고 무시해버린다. 심지어 우리 몸뚱이가 두뇌보다 더 똑똑한 지능을 갖고 있다는 사실조차 모른다. 이런 예를 들어보자.

큰 강당에 천 명이 모여 있다. 그들에게 각기 밀봉된 봉투 하나씩 나눠준다. 봉투 500개엔 인공감미료가, 나머지 500개엔 천연비타민C가 들어있다. 물론 참석자들은 뭐가 들어 있는지를 모른다.

"여러분, 이제 봉투를 각자의 가슴에 대보세요."

호킨스 박사

"몸은 두뇌보다 더 똑똑하다."

www.veritaspub.com

그런 다음 간단한 방법으로 참석자 전원의 근력을 시험해본다. 이를 테면 두 명씩 짝을 지어 팔의 힘을 시험하도록 하는 식이다. 그런데 시험 결과 신기하게도 정확하게 500명은 전보다 힘이 세졌고, 나머지 500명은 힘이 약해졌다. 웬일일까?

"여러분, 각자 봉투를 뜯어보세요."

힘이 강해진 사람들의 봉투를 뜯어보니 한결같이 천연비타민C가 들어 있다. 반면, 약해진 사람들의 봉투 속에는 예외 없이 인공감미료가 들어 있다. 두뇌는 밀봉된 봉투 속에 뭐가 들어 있는지 깜깜하다. 하지만 뇌세포도, 눈도 없는 몸뚱이는 어떤 봉투 속에 몸에 이로운 비타민C가 들어 있는지 용케도 알아맞힌다. 정신의학자인 호킨스(David Hawkins) 박사는 지금도 많은 사람들 앞에서 강연할 때 종종 이런 시연을 한다.

"내 몸이 두뇌보다 더 똑똑하다니!"

참석자들은 늘 이렇게 놀라워한다. 하지만 조금만 더 깊이 생각해보면 그리 놀라운 일도 아니다. 잠시 책을 덮고 심장에게 말해보라.

"심장아, 10초간만 멈춰볼래?"

심장은 당신의 생각대로 멈추지 않는다. 만일 심장이 당신의 생각대

노벨물리학상 수상자 플랑크

"고도의 지능을 가진 배후의 마음이
모든 걸 창조한다"

로 멈춰버린다면 당신은 죽는다. 이처럼 심장은 두뇌보다 더 똑똑한 지능을 갖고 움직인다. 고도의 지능을 가진 미립자들로 만들어져 있으니 그럴 수밖에 없다. 단지 우리가 그런 사실을 모를 뿐이다. 우리는 인간의 오감보다 더 섬세한 차원에서는 어떤 대화가 오가는지 깜깜하다.

만물이 모두 지능을 갖고 있다는 사실은 영적 깨달음을 얻은 많은 사람들을 통해 이미 수천 년 전부터 꽤 알려져 온 사실이다. 단지 과학이 그걸 입증할 수준에 미치지 못했을 따름이었다. 뒤늦게나마 양자물리학자들은 모든 피조물이 고도의 지능을 가진 미립자들로 만들어졌으며, 사람의 속마음을 척척 읽어낸다는 사실을 밝혀냈다. 이에 따라 "두뇌가 없으면 지능도 없다"는 생각도 두뇌를 가진 인간이 빚어낸 어이없는 착각임이 여지없이 드러났다.

그럼 이렇게 요술 같은 지능을 가진 미립자는 대체 누가 창조해낸 걸까? 독일의 노벨물리학상 수상자인 플랑크(Max Planck)는 "이 요술의 배후에는 의식적이며 고도로 지능적인 마음이 존재한다. 이 마음이 모든 걸 창조한다"고 말했다. 아인슈타인도 "우주에는 인간의 상상을 초월하는 거대한 마음이 있다"고 밝혔다.

그렇다면 미립자들로 구성된 이 세상은 내가 원하는 대로, 생각하는 대로 수시로 바뀔 수 있다는 얘긴가? 그런 일이 흔하게 일어나지는 않는다. 왜냐하면 우리는 대부분 그 무한한 가능성을 제대로 이해하거나 바라보지 못하기 때문이다. 정신적 깨달음도 마찬가지다. 누구에게나 가능성은 열려 있지만, 그 가능성을 진심으로 바라보지 못한다. 그래서 예수는 천국이 모든 곳에 있지만 사람들이 그걸 보지 못한다고 한탄했다. 그러면서 "누구든지 하느님의 말씀을 받는 자는 신神"이라고 했다. 제대로 바라보기만 하면 신처럼 모든 능력을 갖게 된다는 뜻이다. 또 석가모니도 "생명이 있는 모든 중생에게는 깨달을 수 있는 불성이 있다(一切衆生 皆有佛性)"고 했다. 누구나 제대로 바라보기만 하면 그처럼 깨달음을 얻을 수 있다는 것이다. 하지만 이런 말을 듣고 선뜻 "그래, 나도 노력하면 정말 신이 될 수 있을 거야"라든가, "맞아. 나도 마음만 먹으면 깨달음을 얻을 수 있어"라고 받아들이는 사람들은 지극히 드물다. "내가 감히 어떻게…", "노력해서 되는 일이 따로 있지…" 하고 가능성부터 쾅 닫아버린다. 가능성을 닫고 바라보니 가능성이 보이지 않는 것이다.

미립자는 사람의 속마음을 읽는다

내가 텅 빈 커피잔을 들고 진심으로 기도한다고 가정해보자.

"이 잔으로 커피를 마실 때마다 마시는 사람이 건강해지도록 해주십시오."

기도를 마친 뒤 잔을 알루미늄포일로 정성스럽게 감싸 미국에 사는 친구에게 보낸다. 미국에 유학중인 친구는 돈이 없다. 그래서 싸구려 커피를 마신다. 싸구려 커피는 노화방지물질의 농도가 높지 않다. 하지만 그 싸구려 커피를 내가 보내준 잔에 부어 마셨더니 신기하게도 맛이 확 달라지는 것 아닌가?

"어, 싸구려 커피가 고급 커피 맛을 내다니! 이 잔에 마법이 들어 있나?"

그래서 이번엔 평소 자신이 쓰던 잔에 부어 마셔봤더니 맛이 도로 확 떨어진다.

"친구가 보내준 잔이 마법을 부리는 게 틀림없어!"

도저히 믿기지 않아 실험실에 분석을 의뢰했더니 실제로 내가 보내준 잔에 커피를 붓기만 하면 노화방지물질의 농도가 훌쩍 높아지는 것 아닌가! 나는 그 소식을 전해 듣고 다른 커피잔에도 똑같은 기도를 해본다. 이번엔 여러 번 한다. 기도가 반복될수록 커피잔의 마법은 더욱 강력해진다. 기도를 하면 할수록 효과는 더욱 빨리 나타난다. 내 기도가 싸구려 커피를 고급 커피로 둔갑시키는 요술을 만들어내는 것이다.

1년쯤 후부터 더욱 놀라운 현상이 나타난다. 내가 기도하던 그 방에서는 기도를 한 잔이든 아니든, 그 어떤 잔에 커피를 마셔도 똑같은 기도 효과가 나타나는 것이다. 방 안 전체에 기도의 기운이 서려 있기 때문이다. 거짓말 같은 얘기라고 생각할 것이다. 하지만 이는 스탠퍼드 대학의 양자 물리학자 틸러(William Tiller) 박사가 수도 없이 실험해서 얻은 결과다.

그는 원래 수소이온 농도 측정기로 이런 실험을 했었다. 먼저 그 기계에 대고 "이 기계로 측정하면 수소이온농도가 높아지도록 해주십시오"

틸러 박사

"기도가 반복될수록
그 효과는 점점 더 강해진다."

whatthebleep.com

하고 기도했다. 그런 다음 3,200킬로미터나 떨어진 실험실로 보내 그곳
의 물을 측정해보도록 했다. 그랬더니 평소보다 수소이온 농도가 1도 이
상 높아지는 것이었다. 그리고 한 장소에서 기도를 반복할수록 그 장소
전체에 기도의 기운이 스며들어 나중엔 기도를 안 해도 똑같은 효과가 나
타났다.

이처럼 커피잔이건 기계건, 내 주변의 모든 것들을 구성하는 미립자
들은 내 마음을 읽을 뿐 아니라 그 정보를 고스란히 저장해두는 지능까지
갖고 있다. 평소 공부하던 교실에서 시험을 보면 점수가 더 잘 나오고, 평
소 연습하던 경기장에서 경기하면 실력이 더 잘 발휘된다는 널리 알려진
실험결과들은 이런 사실들을 과학적으로 뒷받침해준다. 따라서 기도의
효과가 당장 눈앞의 현실로 나타나지 않는다고 실망할 필요는 없다. 한
삽, 두 삽의 흙을 파냈다고 금방 우물물이 솟아오르지는 않는다. 수천 번,
수만 번 삽질을 해내려 가다 보면 갈수록 깊어지다 어느 순간 갑자기 물
이 콸콸 솟아오른다.

기도에 담긴 뜻은 일일이 우주에 기억되고 저장된다. 어디로 가는 게
아니다. 내가 남에게 입히는 마음의 상처도 마찬가지다. 내 잘못을 뉘우

치지 않는 한 가차없이 언젠가 내게 돌아온다. 만일 내 생전에 현실로 나타나지 않는다면 내세에, 혹은 후손들에게 나타날 수도 있다. 이것이 인과응보의 법칙이다.

많은 사람들의 염원이 합쳐지면 변화의 폭은 더욱 커진다.

날씨도 그렇다. 이런 의문을 품어본 적 있는가? 고등학생들이 수능시험을 보는 날엔 왜 어김없이 '수능추위'가 찾아올까? 또 졸업식 날엔 왜 어김없이 날씨가 좋을까?

프린스턴 대학의 넬슨(Roger Nelson) 박사는 졸업식 날만 되면 궂던 날씨도 돌연 좋아지는 게 이상하다고 생각했다.

"수천 명의 학부모와 학생들이 좋은 날씨를 바라보며 모여드니 그런 걸까?"

그는 30년간의 졸업식 당일과 전후의 날씨들을 면밀히 분석해보았다. 놀라운 결과가 나왔다. 30년간 졸업식 당일에 대학과 인접지역에 비가 내릴 확률은 33퍼센트였다. 그런데 신기하게도 그 지역 한복판에 있는 대학 교정에 비가 내릴 확률은 28퍼센트에 불과했다. 같은 지역인데도 경축 인파가 우글거리는 대학 교정은 쏙 빼놓고 주변지역에만 비가 내리는 경우가 많았던 것이다.

더 기이한 건 졸업식 전후로 며칠간 비가 오더라도 졸업식 당일엔 돌연 비가 뚝 그친 경우가 너무나도 많았다는 것이다. 예를 들어 1962년의 졸업식 날엔 예외적으로 어마어마한 폭우가 쏟아졌는데, 신통하게도 졸업식이 끝나는 바로 그 순간이 돼서야 봇물이 터진 듯 갑자기 쏟아지기 시작했다는 식이다. 마치 졸업식이 끝나길 참고 기다렸다는 듯 말이다.

이처럼 많은 사람들이 따뜻한 눈으로 어느 특정한 날의 날씨를 바라보면 실제로 화창한 햇볕이 찾아온다. 반면 차가운 눈으로 날씨를 바라보면 매서운 바람이 찾아온다. 이렇게 보면 수능추위도 우연의 일치로만 치부하긴 어렵다. 긴장과 걱정으로 꽁꽁 얼어붙은 수험생들과 부모들의 마음이 분명 일조를 하고 있는 것이다.

더욱 신기한 일도 있다. 우주가 마치 족집게 점술가처럼 미래를 척척 예측해낸다는 것이다.

2001년에는 110층짜리 뉴욕 무역센터 건물이 폭파되는 9/11 테러 사건이 벌어졌다. 그런데 우주는 사건발생 네 시간 전부터 쌍둥이 고층건물이 무너져 내리고 수천 명이 죽게 될 것임을 손바닥 들여다보듯 훤히 내다보고 있었다.

그걸 어떻게 증명하느냐고? 프린스턴 대학의 넬슨 교수 등 전 세계 41개국의 내로라하는 물리학자 75명은 이미 1997년부터 세계적인 재앙과 천재지변을 추적해오고 있었다.

"세계적인 충격을 주는 뉴스거리들을 우주는 얼마나 빨리 알아차릴까?"

그들은 전 세계 곳곳에 무작위사건발생장치(REG, random event generator)들을 설치해놓고 있었다. 요컨대 동전을 1,000번 던지면 앞면과 뒷면이 나올 확률은 500:500이다. 그게 자연의 법칙이다. 하지만 세계적으로 충격적 사건이 일어날 때면 이 확률이 요동친다. 500:500이 아니라 700:300, 800:200 등으로 완전히 균형을 잃는다. 영국 다이애나 왕세자비의 교통사고 사망, 클린턴 미국 대통령 탄핵 등 큰일들이 터졌을 때도 그랬다. 그 가운데 9/11 테러는 가장 큰 충격을 준 사건이었다. 벌써

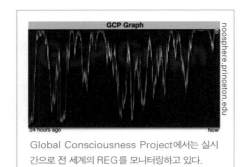

Global Consciousness Project에서는 실시
간으로 전 세계의 REG를 모니터링하고 있다.

네 시간 전부터 REG 기계
의 바늘은 뾰족하게 치솟기
시작했다. 그걸 보고 과학자
들은 숨을 죽였다.

"또 어마어마한 사건이
터지려는가 보군. 설마 미국
대통령이 저격당하는 건 아
니겠지?"

아나나 다를까. 네 시간 후 테러범들은 피랍 여객기를 몰아 쌍둥이 건
물을 들이박았다. 우주는 테러범들의 무시무시한 살의를 미리 읽고 있었
던 것이다. 그 후에도 REG 바늘은 무려 나흘간이나 800 : 200, 900 : 100
언저리를 맴돌며 날카롭게 치솟아 있었다.

기계의 바늘을 지켜본 네덜란드 암스테르담 대학의 물리학자 비에르
만(Dick Bierman) 교수는 이렇게 말했다.

"기계가 수십억 지구인들이 받은 마음의 충격만 읽은 건 아닐 겁니다.
우주 삼라만상이 모두 사람의 마음을 읽으니까요."

우주는 사람들의 마음 구석구석을 속속들이 들여다본다. 따라서 우주
에서는 그 어느 누구의 거짓도 통하지 않는다. 누군가 범행의도를 품고
있다면 범행이 채 일어나기도 전에 이미 우주에 그 범행의도가 고스란히
기록되기 때문이다. 우주만물이 사람의 마음을 읽는 미립자들로 구성돼
있으니 그럴 수밖에 없다.

그렇다면 살아 있는 식물은 어떨까? 커피잔이나 기계보다 내 마음을
더 훤히 읽어낼까? 심지어 미묘한 감정의 변화까지도?

1966년 어느 날 아침, 미국 중앙정보국(CIA) 최고의 거짓말 탐지 권위자였던 백스터(Cleve Backster)는 사무실에서 화분을 바라보다 문득 생각했다.

'저 드라세나 식물의 뿌리에서 가장 꼭대기의 잎사귀까지 물이 올라가는 데 시간이 얼마나 걸릴까?'

그는 거짓말 탐지장치의 하나인 피부반응 감지기를 잎사귀에 붙여놓았다. 그러고는 깜짝 놀랐다. 물을 주자 감지기 모니터에 즉각 '기쁨'의 반응이 나타났기 때문이다.

'드라세나 잎사귀가 사람의 감정과 같은 반응을 보이다니 이상한걸?'

피부반응 감지기는 지극히 민감한 장치다. 혈압, 땀, 맥박의 섬세한 움직임을 감지해 감정의 변화를 읽어낸다. 누가 거짓말을 한다면 감지기 그래프도 튀어 오른다. 스트레스를 받아도 그렇다.

백스터는 드라세나 잎사귀에 정신적 충격을 줘보기로 했다.

'잎사귀 하나를 떼어내 태워보면 어떨까? 사람처럼 공포감을 느낄까?'

그는 옆 사무실에 가서 성냥을 가져오려고 걸음을 떼다가 혹시 하는 생각으로 감지기 그래프를 바라보았다. 입이 딱 벌어졌다. 감지기 그래프가 마구 요동치고 있었기 때문이다.

'엇? 이건 공포 반응 아닌가?'

화초는 '공포'의 반응을 그래프에 그려내고 있었다. 그래프가 차트의 꼭대기로 치솟았다. 성냥개비를 긋기는커녕 그저 생각만 했을 뿐인데도 말이다.

화초가 자신의 머릿속에 든 생각을 읽어내다니? 그는 얼른 옆 사무실로 달려가 성냥을 가져왔다. 성냥개비를 그어 잎사귀 밑으로 불을 가까이 해보았다. 감지기 그래프는 차트 맨 꼭대기 한계까지 치솟아 올랐다. 그가 옆 사무실에 성냥을 도로 갖다놓고 오니 그제야 그래프는 정상으로 떨어졌다.

'식물이 내 생각을 읽는 게 틀림없어.'

어느 날 한 과학자가 그의 실험실에 들렀다. 드라세나 실험을 직접 확인해보고 싶어서였다. 그래서 그도 '드라세나 잎사귀를 태워버려야지' 하고 생각해보았다. 예상대로 잎사귀에 붙여놓은 감지기 그래프가 공포 반응을 기록했다.

또 한 번 해보았다. 또 공포반응을 보였다. 하지만, 그가 네 번째 위협적 생각을 떠올리자 잎사귀는 공포 반응을 멈췄다. 과학자가 물었다.

"왜 공포 반응을 멈췄죠?"

백스터가 어깨를 으쓱하며 되물었다.

"박사님은 어떻게 생각하세요?"

과학자는 고개를 갸웃거리며 말했다.

"혹시 드라세나가 제 의도까지 알아챈 건 아니겠죠? 진짜로 태워버리려는 의도는 아니라는…"

백스터는 미소를 지었다.

"맞아요, 박사님. 식물이 속마음을 다 읽고 있어요."

양자물리학이 정신세계를 본격적으로 파고들기 전까지 백스터는 오랫동안 과학계의 조롱거리였다. 하지만 프린스턴 대학 교수를 지낸 독일의 생물 물리학자 포프(Fritz-Albert Popp) 박사, 상트 페테르부르크 기술대학 물리학 교수인 코로트코프(Konstantin Korotkov) 박사 등이 개발해낸 최첨단 빛 촬영장치(GDV)를 통해 그의 실험결과는 모두 사실로 확인됐다.

코로트코프 박사는 화분 식물들을 GDV와 연결시킨 후에 연구원들에게 분노, 저주, 슬픔, 사랑, 기쁨 등의 감정을 품어보도록 했다. 식물들은 그 감정들을 정확히 읽어냈다. 코로트코프 박사는 이렇게 선언했다.

"사람의 뇌파도, 식물도, 모두 똑같은 미립자로 만들어져 있다. 식물이 사람의 생각을 읽어내고 정보를 주고받는 건 지극히 당연한 일이다."

3 깊이 바라보려면?

마 음 속 의 수 다 를 잠 재 워 라

점심식사 후 사무실로 돌아오는 길이다. 그런데 저 앞에서 한 직장동료가 걸어오는 게 보인다. 꽤 친하게 지내는 입사 동기다. 당신은 가벼운 미소를 건넨다.

'어, 날 못 봤나?'

당신은 이번엔 크게 손을 흔들어본다. 하지만 그 친구는 이번에도 무반응이다.

'왜 못 본 척하는 거지?'

당신은 당황한다. 아무리 생각해도 그가 당신을 못 봤을 리는 없다.

'짜식! 승진했다고 날 무시하는 거야?'

가만히 생각해보니 그가 저번에 마주쳤을 때 시큰둥해보였던 것도 결코 우연이 아닌 것 같다는 의심이 든다. 좀더 깊이 생각해보니 그는 아예 처음 만났을 때부터 믿을 만한 친구가 아니었다는 생각도 퍼뜩 떠오른다.

'얼굴도 못생긴 주제에!'

당신은 전엔 그가 못생겼다는 생각을 한 번도 해본 적 없다. 하지만 곰곰이 생각한 결과 그는 원래 정말 못생긴 게 틀림없다는 결론에 도달한다.

'윗사람들에게만 굽실거리는 간신배 같은 녀석!'

그가 간신배 같다는 것도 역시 오늘 새삼 깨닫게 된 생각이다. 씩씩거리던 당신은 문득 자신을 돌아보게 된다.

'근데 난 왜 이 모양 이 꼴이지? 난 왜 승진도 못하고 인정도 못 받는 거지?'

당신은 갑자기 초라해진다. 그리고 회사와 관련된 모든 게 다 싫어진다. 승진인사를 그처럼 개판으로 하다니! 회사 사람들은 죄다 정의감이라곤 티끌만큼도 없는 파렴치한 인간들 같고, 출세를 위해서는 간이고 쓸개고 서슴없이 몽땅 빼내줄 듯 행세하는 간신배들 같다.

'차라리 직장을 때려치운다?'

때려치운다면 뭘 할 수 있을까? 당신의 머릿속에서는 온종일 온갖 목소리들이 속삭여댄다. 잠자리에 누워도 그 목소리들은 끊이지 않고 당신을 괴롭힌다.

가만히 생각해보자. 당신 친구가 당신을 일부러 무시했다는 증거가 있는가? 그가 혹시 평소 끼고 다니던 콘택트 렌즈를 깜빡 잊고 출근했던 것은 아닐까? 하지만 당신의 머릿속에서는 끝없는 수다가 이어진다. '어, 날 못 봤나?' 하는 단 하나의 생각이 갈수록 많은 가지를 치며 뭉게뭉게 피어오른다. 친구를 전면 부정하는 생각으로 부풀어 올랐다가 곧 그 생각은 사라지고, 대신 당신 자신을 불신하는 생각이 피어오른다. 잠시 후, 이번엔 그 생각이 사라지고 직장을 때려치울까 하는 생각이 몽실몽실

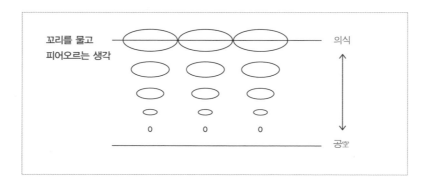

솟아오른다. 이렇게 수다가 많아질수록 당신의 머릿속은 그만큼 혼란해진다. 당신의 의지와는 상관없이 피어오르는 수다이다. 잠들고 싶어도 멈추지 않는다. 이렇게 피어오르는 생각들을 킨슬로우(Frank Kinslow) 박사는 위와 같은 그림으로 설명한다.

우리 의식의 표면은 이처럼 늘 생각으로 뒤덮여 있다. 가만히 생각해 보라. 이제까지 살면서 단 한 번이라도 생각이 멈춘 적 있는가? 아마 없을 것이다. 한 가지 생각이 사라지면 곧바로 다른 생각들이 꼬리를 물고 이어진다. 심지어 꿈속에서도 끊임없이 생각한다. 이처럼 생각의 바다에 빠져 살아가다 보니 우리는 '생각은 곧 나'라고 착각한다. 그래서 누가 내 생각을 비난하면 대뜸 "너 왜 날 공격하는 거야?" 하고 눈을 치켜뜬다. 자신의 생각을 지키기 위해 목숨까지 내걸기도 한다. 하지만 생각은 정말 '나'인가? 위 그림을 다시 보라.

생각은 텅 빈 공空에서 티끌만 하게 싹이 튼다. 점점 뭉게뭉게 버섯구름처럼 피어올라 의식의 표면을 완전히 덮어버린다. 주로 언어로 하는 얕은 생각이다. 심리학자 워런(Neil Warren)에 따르면, 보통 사람들은 1분에 평균 최고 1,300단어로 혼자서 수다를 떤다고 한다. 두뇌에서 맴도는 이런 생각들은 대부분 피상적이다.

반면, 생각의 구름에서 벗어날수록 마음의 시야가 투명해져 선명한 이미지로 생각하게 된다. 예를 들어 당신이 너무나 재미난 소설을 읽는다고 가정해보자. 당신의 눈은 깨알 같은 글자들을 훑고 있지만, 머릿속에서는 생각이 아니라 생생한 이미지들이 그려진다. 이미지는 한계가 없다. 두뇌를 벗어나 넓은 마음의 공간을 떠다닌다. 그 이미지들은 10년이 지나도, 20년이 지나도 좀처럼 잊히지 않는다. 반면, 당신이 시험공부를 위해 지루한 교과서를 달달 외우고 있다면? 생생한 이미지들이 선명하게 그려지기는커녕 온통 깨알 같은 글자들만 두뇌 속에서 맴돌 따름이다. 그 글자들은 시험만 끝나면 기억에서 금방 사라진다.

두뇌는 끊임없이 이어지는 생각들로 가득하다. 그럼 머리가 지끈지끈 아프다. 거꾸로 생각이 사라질수록 머리가 점점 맑아지고 두뇌의 작은 공간에서 벗어나 텅 빈 마음의 공간에서 이미지로 생각하게 된다.

세계적인 천재들이 한결같이 "난 말이 아니라 그림으로 생각한다"고 말하는 것도 그런 이유다. 심지어 물리학자인 파인만조차도 "난 복잡한 문제를 풀 때 큰 그림부터 그린다. 수학적 계산은 나중에 한다"라고 말했다. 생각이 깊어질수록 넓은 마음 속에서 이미지로 생각하게 된다는 사실을 말해준다.

그럼 이렇게 우리 머릿속을 점령한 얕은 생각들은 어떻게 잠재울 수 있을까?

방법은 뜻밖에도 너무나 간단하다. 뭉게뭉게 피어오르는 생각들을 덮어버리려 들지 말고 피어오르는 그대로 객관적으로 바라보는 것이다. 그럼 스스로 사라진다. 하지만, 곧 또 다른 생각이 피어오른다. 그럼 또 바라보라. 또 사라진다. 이렇게 몇 번 되풀이하다가 이번엔 이런 질문을 속으로 되뇌어보라.

"다음 생각은 어디서 나올까?"

고요한 마음으로 다음 생각이 피어오르는 걸 기다려보라.

1초, 2초, 3초…

이렇게 몇 초가 흘러가도 아무 생각도 피어오르지 않는다. 텅 빈 공간만 보일 뿐이다. 신기한 일 아닌가? 억누르려 들면 기승을 부리며 더욱 피어오르던 생각이 어서 나오길 기다리며 지켜보면 청개구리처럼 오히려 냉큼 나오지 않는다. 이게 생각의 속성이다. 어린아이도 울지 말라며 억누르려 들면 되레 더욱 발악을 해대지 않는가? 생각도 지능을 갖고 있다는 사실을 상기하라. 잡념이 걷잡을 수 없이 솟아올라 골치 아플 땐 마치 어린아이를 다루듯 따뜻한 눈으로 가만히 바라보라. 그럼 저절로 사그라진다. 만일 이 방법이 잘 안 된다면?

더 손쉬운 방법도 있다. 뭉게뭉게 피어오르는 생각들을 바라보며 조용히 이런 질문을 던져보라.

"지금 피어오르는 생각의 뿌리는 어디지?"

생각 덩어리의 뿌리를 찾아 점점 아래로 내려가며 바라보는 것이다. 그럼 결국 아무것도 없는 텅 빈 마음(공)에 이르게 된다. 그러고 나서 다음 생각이 피어오르는 걸 기다리면 텅 빈 공간은 더욱 길게 지속된다.

"그런데 그 텅 빈 공간은 대체 뭐지?"

이런 호기심이 들 것이다. 아무 생각도 없는 텅 빈 공간, 그건 바로

'나'다. 원래의 '나'는 생각에 가득 차 있는 게 아니라 텅 비어 있다. 원래부터 수다쟁이가 아니다. '생각은 곧 나'라는 생각도 착각이다. 생각은 아무것도 없는 공(nothing)에서 피어오른다. 사실은 우주에 존재하는 모든 것이 몽땅 공에서 생긴다. 그래서 세계적인 양자물리학자인 봄(David Bohm)은 "눈에 보이는 것이든, 안 보이는 것이든, 모든 것은 공에서 창조된다"라고 말했다.(생각을 잠재우는 방법은 〈왓칭 요술 #5〉에 자세히 언급돼 있다.)

고 요 한   마 음 으 로   바 라 보 라

둘째 아이가 유치원에 다니던 시절 우유를 잘 마시지 않았다. 체질적으로 유지방을 제대로 소화시키지 못하는 것 같았다. 그래서 나는 아침에 출근준비를 하면서 종종 계란반숙을 준비해주곤 했다. 냄비에 물과 계란을 넣고 5분쯤 지나 보글보글 소리가 나면 흰자는 거의 다 익고 노른자는 살짝 익는다. 그런데 이상한 현상을 발견했다. 보글보글 소리가 나기를 기다리며 계속 지켜보면 더디 끓는다는 것이다. 거꾸로 냄비를 지켜보지 않고 신문을 보고 있으면 어느새 보글보글 소리가 난다.

"그건 심리적 느낌이겠지. 설마 지켜본다고 계란이 더디 익을까?"

당신은 아마 이렇게 일축할 것이다. 나도 그렇게 생각했다. 하지만 과학자들은 느낌으로 말하지 않고 정밀한 실험 증거로 말한다. 결론부터 말하면 냄비가 빨리 끓기를 조바심치며 지켜보고 있으면 실제로 더디 끓는다.

하버드 대학 출신의 물리학자인 이타노(Wayne Itano) 박사는 전자파를 발사하여 베릴륨 원자 5,000개를 가열해보았다. 이 상황을 쉽게 설명하면 원자들은 냄비 속의 계란이고, 전자파는 냄비에 가해지는 열과 같다. 가열시간은 250밀리세컨드(ms), 즉 1/4초였다.(레이저 광선을 이용하면 지극히 짧은 순간마다 원자들의 가열상태를 들여다볼 수 있다.)

1. 250ms 중 한 번도 바라보지 않음
   → 원자들이 100퍼센트 익었다(계란이 완전히 익었다).

2. 250ms 중 62.5ms, 125ms, 187.5ms, 250ms 등 일정한 간격으로 모두 네 번 바라보았다.
   → 원자들의 3분의 1만 익었다.(계란이 3분의 1만 익었다.)

3. 250ms 중 일정한 간격으로 16번, 32번, 64번 바라보았다
   → 바라보는 횟수가 늘어날수록 익는 정도도 줄어들었다. 64번 바라보았더니 원자들이 전혀 익지 않고, 원래의 냉동상태에 머물렀다.(자주 바라볼수록 계란은 그만큼 더디 익었다.)

"지켜보는 냄비는 끓지 않는다(A watched pot never boils)"는 서양속담이 양자물리학적으로 생생하게 입증된 것이다. 왜 이런 결과가 나왔을까? 냄비를 가스레인지에 올려놓자마자 바라보면 아직 끓고 있지 않는 상태다. 끓고 있지 않은 냄비를 자꾸만 바라보는 심리상태는 뻔하다. 마음 한 구석에 "이 물은 도대체 왜 이렇게 안 끓는 거지?" 하고 조바심치는 생각이 섞여 있다. 이 생각은 마음속에서 어떤 이미지를 그려내는가? 보글보글 끓고 있는 냄비의 이미지가 아니라, 아직 끓지 않는 냄비의 이미지를 그려낸다. 그럼 그 이미지대로 냄비가 끓는 속도는 더뎌질 수밖에….

그럼 냄비가 빨리 끓도록 하려면 어떻게 해야 할까? 머릿속에서 조바심치는 목소리들을 완전히 잠재워야 한다.

'도대체 왜 이렇게 안 끓는 거지?'

'빨리 안 끓으면 지각할 텐데.'

이런 조급한 목소리들을 잠재우려면? 그 목소리들을 억누르지 말고 받아들여 객관적으로 바라보아야 한다. '내 마음속에 조급한 생각이 들어 있구나!' 하고 받아들이면 그 생각이 흘러가 사라진다. 이렇게 간섭하는 생각이 사라질 때 마음이 텅 비어버리고 냄비도 가장 빨리 끓게 된다.

"선명한 이미지만 그릴 수 있다면 얼음 위에 올려놓아도 냄비는 끓는다"는 것이 이타노 박사의 설명이다. 이게 무슨 소리냐고? 이런 상상을 해보자. 영하 수십 도를 오르내리는 혹한의 날씨에 당신은 얇은 옷만 걸친 채 바깥에서 달달 떨며 앉아 있다. 그때 누군가 나타나 양동이에 가득 담긴 얼음물을 당신 몸에 확 끼얹는다. 당신은 이렇게 소리 지를 것이다.

"으악! 나 얼어 죽어!"

설사 얼어 죽진 않더라도 최소한 당신은 기절하고 말 것이다. 이유는 간단하다. 혹한의 날씨에 얼음물을 끼얹으면 죽는다는 이미지가 자동적으로 그려지기 때문이다.

"난 정말 얼어 죽긴 싫어!"

이렇게 아무리 죽기 싫다는 생각을 하며 발버둥쳐봐야 소용없다. 말로 하는 생각은 이미지를 당해내지 못하기 때문이다. 티베트의 승려들은 이런 이치를 훤히 꿰고 있다. 그래서 그런 상황에서도 편안히 잠을 잘 수 있다. 하버드 의대의 벤슨(Herbert Benson) 교수가 똑같은 상황에서 그들의 몸에 얼음물을 끼얹은 담요를 덮어뒀더니 금세 증발돼 말라버렸다. 이것

티베트 승려의
신체 작용을 측정하고 있는
벤슨 교수

이 널리 알려진 '툼모'(티베트 승려들에게 전승되는 수행법) 현상이다.

그들은 어떤 욕망이나 투지로써 그렇게 할 수 있는 걸까? 아니다. 욕망이나 투지가 개입된다면 그들 역시 얼어 죽게 된다. 그들은 먼저 머릿속의 모든 속삭임을 완전히 잠재운다. 그러고는 명상을 통해 점점 뜨겁게 달아오르는 몸을 선명하게 그린다. 그럼 그 이미지대로 몸이 불덩이처럼 달아올라 얼음물도 순식간에 증발시켜버린다. 공부나 일도 마찬가지다. 마음이 집중되지 않고 머릿속에서 온갖 잡념이 피어오르는데 억지로 투지를 불태우는 것은 지극히 비생산적이다. 말로 하는 생각(투지)으로 말로 하는 생각(잡념)을 물리치기 어렵기 때문이다. 따라서, 그럴 땐 조용히 잡념이 피어오르는 걸 바라보아야 한다. 바라보면 저절로 사라진다.

의 지 보 다 강 한 이 미 지 를 이 용 하 라

학생들에게 고속 롤러코스터를 타본 적 있느냐고 물었더니 손을 든 사람은 뜻밖에도 20여 명 중 다섯 명 남짓이었다.

"너무 무서워서요."

"속이 울렁거리는 느낌이 너무 싫어요."

모두 같은 대답이었다. 사실은 나도 그랬다. 딸아이가 여섯 살쯤 됐을 때 함께 탔는데 짜릿한 스릴은커녕 속만 울렁거렸다. 괜히 돈 내고 생고 생만 했다는 생각뿐이었다. 이렇게 짓눌린 마음으로 억지로 타면 정말 위험한 일이 생길 수도 있다. 실제로 세계에서 가장 빠른 일본 후지큐 놀이공원의 롤러코스터를 타다가 뇌혈관이 파열된 사례들이 몇 건 있었다. 미국에서도 마찬가지였다. 미국 두뇌부상협회가 롤러코스터의 위험성을 조사한 적이 있었는데, 평소 심장질환을 앓던 사람이 롤러코스터를 타면 뇌혈관의 피가 뭉쳐져 두뇌손상을 초래할 수 있다는 결론이 나왔다.

한 여학생은 "고속으로 가파르게 내려갈 때 꼭 추락할 것 같아요"라고 말했다. 수십 미터 상공에서 땅바닥으로 패대기쳐진다고 상상해보라. 온몸이 자라목처럼 바짝 오그라든다. '떨어지면 안 돼! 떨어지면 난 산산조각나고 말 거야!'라고 이를 악물고 젖 먹던 힘을 다해 손잡이를 움켜잡는다. 하지만 이렇게 의지를 불태울수록 내 몸이 까마득한 저 아래로 추락하는 이미지는 더욱 무섭게 소용돌이친다. 이미지는 말로 하는 생각(의지)보다 강하기 때문이다. 결국 이미지가 의지를 완전히 압도하게 된다. 이를 어찌나 악물었는지 눈물까지 찔끔거리며 롤러코스터에서 초주검 상태로 내려서는 어른들을 종종 목격할 수 있다. 하지만 롤러코스터를 즐기는 사람들은 완전 딴판이다. 딸아이도 그중 하나다.

"넌 무섭지 않니?"

"왜 무섭죠? 안전장치가 튼튼해서 전혀 떨어질 염려가 없는데?"

딸애는 롤러코스터를 '땅에 추락할 수 있는 괴물'로 상상하는 게 아니라 '하늘을 자유롭게 나는 새'로 상상하고 있었다. 의지로 이미지와 싸워 이기려 드는 게 아니라, 무서운 이미지 대신 즐거운 이미지를 그리는 것이었다. 그러니 롤러코스터 타는 게 즐거울 수밖에 없다.

이미지를 이용해 먹고 싶은 충동도 쉽게 잠재울 수 있다. 이런 상상을 해보자. 당신이 식사를 마친 후 앉아 있는데 웨이터가 아이스크림을 후식으로 갖다놓는다.

"아, 내가 가장 좋아하는 아이스크림!"

아이스크림이 입안에서 스르르 녹는 이미지가 그려진다. 하지만 당신은 다이어트중이다.

'저건 먹으면 안 돼.'

이렇게 의지의 힘만으로 이미지를 짓누르자니 힘들다. 더 강한 다른 이미지를 그려야 한다.

'저 아이스크림 속에서 구더기 세 마리가 꿈틀거리고 있어. 꿈틀꿈틀 아이스크림을 파먹으며 누런 배설물도 배출하며 말이야.'

이런 이미지가 생생하게 그려지면 그려질수록 먹고 싶은 충동도 그만큼 쉽게 가라앉는다.

의지는 말로 하는 생각이기 때문에 두뇌 속에서 맴돈다. 반면, 이미지는 어떤가? 아마존 강 유역의 깊은 밀림을 상상해보라. 빽빽한 열대식물들과 활을 든 토착민들의 이미지가 금방 떠오른다. 이처럼 이미지는 두뇌의 한계를 멀찌감치 벗어난다. 그러니, 의지보다 수만 배, 수백만 배 더 강할 수밖에 —.

"난 TV 인터뷰는 절대 안 해요."

인터뷰 섭외를 할 때 상대가 이렇게 나오면 보통 요지부동이다. 따라서 이런 말이 나오기 전에 상대의 기분을 좋게 만들어야 한다. 이럴 때도 말보다 강한 이미지를 이용하면 쉬워진다. 그래서 상대방에게 전화를 걸기 전 그의 웃는 얼굴을 그려본다. '좋다, 싫다, 될 거다, 안 될 거다' 등의 어떤 가치판단도 없이 상대의 웃는 얼굴을 짧은 순간 몇 차례 떠올린다. 길게 떠올리면 내 의지나 의심이 스며든다. 그런 다음 편안한 목소리로 전화를 건다.

"안녕하세요. 저는 MBC 아무개라고 합니다. 거기 누구누구 맞으시죠?"

상대편에서는 십중팔구 호의적인 목소리가 흘러나온다.

나는 낯선 사람을 만날 때도 같은 방법을 쓴다. 문을 열고 들어가기 전 몇 차례 그의 웃는 얼굴을 그린다. 그럼 영락없이 그는 기분 좋은 표정이다. 설사 웃고 있지 않더라도 호의적이다. 이런 일들은 그저 우연의 일치일까?

"무뚝뚝한 사람을 원격으로 웃게 만든다? 설마!"

당신은 아마 이렇게 생각할 것이다. 하지만 이미지는 거리와 상관없다. 눈을 감고 미국에 건너간 친구의 얼굴 이미지를 그려보라. 그가 한국에 있을 때 그려보던 그의 얼굴 이미지와 차이가 있는가?

배스터 대학과 워싱턴 대학의 과학자들이 실제로 실험을 해보았다.

그들은 평소 마음이 잘 통한다는 커플들을 모집했다. 그리고 커플을 서로 분리시켜 10미터 떨어진 다른 방에 각자 들어가 있도록 하고는 한쪽 사람들에게 말했다.

"다른 방에 있는 짝에게 미소를 보내보세요."

10미터 떨어져 있는 상대가 미소 짓는 이미지를 그려보라는 것이었다. 그런다고 과연 상대가 미소를 짓게 될까? 과학자들은 fMRI로 상대의 두뇌를 촬영해보았다. 놀랍게도 한쪽에서 미소를 그릴 때마다 다른 쪽 사람의 시각피질(visual cortex) 내 혈중 산소치(blood oxygenation)가 급증했다. 미소를 그리지 않을 땐 아무 변화가 없었다.

과학자들은 이런 결론을 내렸다.

"이미지를 받는 사람은 이미지를 보낸 사람과 똑같은 이미지를 본다."

내가 마음속으로 미소를 보내면 상대방도 자신도 모르게 미소를 짓게 된다. 상대가 아무리 멀리 떨어져 있어도 마찬가지다. 따라서, 만일 말다툼을 벌인 누군가와 화해하고 싶다면 먼저 그가 미소 짓는 얼굴을 생생하게 그려보라. 그가 설사 이역만리 먼 곳으로 떠나갔더라도 다음에 그와 만나는 순간, 그는 언제 싸웠냐는 듯 당신에게 미소를 머금고 있을 테니까!

나를 바꿔놓는
요술 일곱 가지

왓칭 요술 #1

내가 원하는 몸 만들기

체중이 날로 불어나 걱정이다. 하지만 그놈의 식탐은 통제 불능이다. 어떻게 하면 음식욕구를 쉽게 줄일 수 있을까?

함께 일하던 한 후배 여직원은 키가 160센티미터 정도였다. 하지만 체중은 65킬로그램을 넘었다.

"먹지 말아야지 하고 마음먹어도 음식만 보면 저절로 손이 가요."

유심히 살펴보니 정말 잘도 먹었다. 점심도 많이 먹었고, 누가 간식을 시켜도 마다치 않고 먹었다. 저녁 회식 때도 마찬가지였다. 뭔가 채워지지 않는 내면의 욕구가 있었을까?

"혹시 어머니는 집에 안 계신가?"

"엄마는 바빠요. 어릴 때부터 늘 바빴어요."

"그럼 식사는 누가 차려주고?"

"각자 알아서 먹어요."

그녀의 어머니는 종교에 빠져 있었다. 모든 건 종교가 해결해준다고 믿었고, 어릴 적부터 가정보다 종교 활동이 우선이었다. 알고 보니 그녀는 어머니로부터 못 받는 애정을 무의식적으로 음식으로 채우려 드는 것이었다.

"음식 충동을 외면하지 말고 어린아이처럼 달래봐."

'식탐'이라는 욕구도 엄연히 독자적인 생명과 지능을 가진 존재이다.

"달래다니요? 어떻게요?"

"'식탐'은 마음속에 존재하는 괴물이지? 그러니까 마음속에서 먹이를 실컷 먹여봐. 그럼 잠잠해질 테니까."

그녀는 농담이려니 생각했는지 픽 웃었다. 그래서 내가 다시 말했다.

"뭔가 먹고 싶을 때 마음속에서 실컷 먹어봐. 실제로는 먹지 말고—."

얼마 후 그녀는 다른 부서로 발령이 났다. 나도 다른 층으로 사무실을 옮겼다. 6개월쯤 지나 회사 앞에서 그녀와 마주친 나는 깜짝 놀랐다. 그 사이 뚱뚱하던 몸집이 반쪽이 됐기 때문이다.

"그동안 다이어트를 열심히 했나 봐?"

"상상 속에서 실컷 먹었더니 식욕이 정말 떨어졌어요."

그녀는 실제로는 먹지 않았다. 단지 실컷 먹는 이미지만 그려 바라본 것뿐이었다. 그러자 그녀의 머릿속에 도사리고 있던 충동이 누그러졌고, 실제로 실컷 먹은 것처럼 식욕도 떨어졌다.

카네기멜론 대학 연구진은 이런 효과를 실험을 통해서 확인했다. 남녀 4백 명을 두 그룹으로 나누고, 절반에게는 초콜릿을 한 알씩 옮기는 이미지를 그려보도록 했다. 그리고 다른 절반에게는 한 알씩 먹는 이미지를 상상하도록 했다. 그런 다음 모두에게 진짜 초콜릿을 주고 말했다.

"여러분이 원하는 만큼 자유롭게 드세요."

어느 쪽이 더 많이 먹었을까? 초콜릿을 먹는 이미지를 상상했던 사람들은 다른 그룹에 비해 절반밖에 먹지 않았다. 먹고 싶은 충동을 억누르지 않고 끄집어내 객관적인 눈으로 따뜻하게 바라보니 충동이 누그러져 실제로 이미 먹은 효과가 나타났던 것이다.

실험을 주도한 모어웨지(Carey Morewedge) 교수는 이렇게 조언한다.

"햄버거를 먹고 싶은 충동이 들면 햄버거를 잔뜩 먹는 이미지를 그려 바라보세요. 고기를 먹고 싶다면 고기를 잔뜩 먹는 이미지를 그려 바라보세요. 그럼 먹고 싶은 충동이 가라앉으니까요."

우리가 자신도 모르게 많이 먹게 되는 건 먹고 싶은 충동을 억누르기 때문이다. '식탐' 괴물도 나름대로 지능과 자존심을 갖고 있다. 만일 당신이 '식탐'이라면 화나지 않겠는가?

"왜 억눌러 대는 거야? 왜 날 무시해?"

당신은 오기가 생겨 더욱 이를 갈며 먹어댈 것이다. '식탐'도 마찬가지다. 따라서 당신이 '식탐'의 감정을 이해해주고 따뜻한 마음으로 바라보면 '식탐'도 조용해진다.

'서 있는 것도 운동'이라고 생각하라

사람들은 대개 자신의 몸이 딱딱한 뼈와 탄탄한 근육, 탄력 있는 피부로 둘러싸인 고정된 물질이라고 믿는다. 하지만, 몸도 역시 다른 만물처럼 사람의 생각을 읽어내는 지능을 갖고 있다. 간단한 실험을 해보자.

손바닥 아래 가로선을 기준으로 양손을 맞댄다. 그런 다음 양쪽 가운뎃손가락 길이를 서로 비교해보라.

양손을 편 뒤 두 가운뎃손가락 길이를 서로 비교해보라. 비슷하게 보이지만 사실은 길이가 다르다. 손바닥 아래 가로선을 기준선으로 양손을 서로 맞대보라. 대개 왼쪽 가운뎃손가락이 더 짧다. 사실 어느 쪽이 짧든 상관없다. 다시 양손을 떨어뜨린 뒤 짧은 쪽 가운뎃손가락을 가만히 바라보며 되뇌어보라.

'가운뎃손가락아, 점점 길어져라.'

이렇게 생각하며 바라보노라면 손가락이 간질간질해지는 걸 느끼게 된다. 손가락이 당신의 생각을 읽고 변화하는 것이다. 1분 후 다시 양손을 맞대어 비교해보라. 놀랍게도 짧았던 쪽이 더 길어져 있다. 이처럼 몸은 고정된 게 아니다. 내가 어떻게 바라보느냐에 따라 수시로 변화한다. 뱃살도 마찬가지다.

당신이 뱃살이 자꾸 불어나 고민이라고 가정해보자.

"운동할 시간은 없고, 굶기는 싫고, 뱃살은 늘어나고… 뭐 좋은 방법 없나?"

당신의 머릿속에 그려지는 이미지는 불어나는 뱃살이다. 그러니 뱃살이 불어나는 게 당연하다. 이제부터는 거꾸로, 길을 걸을 때마다 이렇게 상상해보라.

"한 걸음 걸을 때마다 지방이 몇 방울씩 빠져나가겠군."

서 있을 때도 마찬가지다.

"서 있는 시간만큼 뱃살도 빠져나가겠지."

계단을 오를 때도, 청소할 때도, 설거지를 할 때도 그런 이미지를 바라보라. 한 달쯤 지나 안 입던 바지를 꺼내 입다가 당신은 깜짝 놀랄 것이다.

"어? 한 달 전에 입었던 바지가 왜 이렇게 헐렁해졌지?"

건강검진을 받아보니 복부지방 수치도 떨어졌다. 당신은 따로 운동을 한 적이 없다. 단지 뱃살이 빠져나간다고 바라보았을 뿐이다.

팔을 운동할 때도 마찬가지다. 운동을 하면서 '아, 지금 내 팔의 근육이 강해지고 있어'라고 생각해보라. 팔 근육이 그 생각을 읽고 실제로 강해진다. 영국 헐 대학의 마찬트(David Marchant) 교수는 사람들에게 팔 운동을 시키면서 세 가지 생각을 해보도록 했다.

방법 1. 근육만을 생각한다. '아, 내 근육이 지금 열심히 움직이고 있어.'
방법 2. 운동기구만을 생각한다. '이 운동기구는 참 편리하게 만들어졌단 말이야.'
방법 3. 아무거나 생각한다. '지금 친구는 어디쯤 가고 있을까.'

그러고는 이두박근(biceps)의 전기적 활동량을 측정해보았다. 측정 결과, 근육의 움직임을 생각하는 첫 번째 방법으로 운동할 때 근육의 전기적 활동량이 가장 많은 것으로 나타났다. 즉, 근육운동량이 가장 많았다는 얘기다. 마찬트 교수는 운동선수들이나 일반인들이 근력강화 운동을 할 때 근육을 상상하면 근육이 더 빨리 형성된다고 조언한다.

따라서 당신이 헬스클럽에서 러닝머신 위를 걸으며 신문을 읽거나 TV를 시청하는 건 좋은 방법이 아니다. 왜냐하면 다리가 당신의 생각을 훤히 읽고 있기 때문이다.

"뭐야? 나한텐 걷게 시켜놓고 TV만 보다니!"

입장을 바꿔놓고 생각해보라. 무시당한 다리 근육은 최선을 다해 운동효과를 내주지 않는다. 생각과 다리 근육이 서로 따로 놀게 된다. 이 때문에 운동하고 나서도 영 개운치 않다. 따라서 운동할 땐 자신의 몸이 어떻게 움직이는지 조용히 귀를 기울여 바라보아야 한다. 그러면 운동 효과도 몇 배로 늘어나고 마음도 샘물처럼 맑아진다.

그럼 걷기나 서 있기 등 일상의 평범하고 습관적인 행위들은 어떨까? 운동이라고 생각하면 몸이 그 생각을 읽고 실제로 운동효과가 생기도록 해줄까?

예를 들어 연아는 출퇴근길에 걸으면서 이렇게 생각한다.

"걷는 것도 운동이야."

버스를 기다리거나 버스 안에 서 있을 때도 마찬가지다.

"서 있는 것도 훌륭한 운동이야."

과연 연아는 실제로 땀을 뻘뻘 흘리며 운동하는 것처럼 살이 빠지고, 몸도 튼튼해질까?

우선 "난 운동하고 있어" 혹은 "난 운동 못 해"라는 식의 간단한 생각이 몸에 어떤 영향을 끼치는지부터 알아보자.

스웨덴의 생리학자인 살틴(Bengt Saltin)은 젊은이들에게 이렇게 말해보았다.

"앞으로 3주간 아무 운동도 하지 말고 침대에 누워 푹 쉬세요."

이들은 자연히 '난 운동 못해'라는 생각을 갖고 멀뚱멀뚱 천장만 바라

보며 누워 지냈다. 드디어 3주가 지났다. 건강상태를 확인해본 살틴은 자신의 눈을 의심했다.

"맙소사! 겨우 3주 사이에 20년이나 폭삭 늙어버리다니!"

그들은 벌써 40~50대처럼 주름이 생기기 시작했고 근육도 크게 줄어들었다. '난 운동 못 해'라는 생각을 갖고 누워 지내니, 실제로 몸이 그 생각을 읽고 운동을 못하는 모드로 전환됐던 것이다. 기억력도 역시 큰 폭으로 떨어졌다.

"그럼 누워 있지 않고 서 있도록 하면 어떨까?"

이번에는 그들에게 하루에 5분씩 침대에서 내려와 서 있도록 해보았다. 돌아다니거나 팔다리 운동을 하도록 한 게 아니었다. 그런데도 놀랍게도 불과 며칠 만에 노화됐던 몸이 정상으로 되돌아왔다. '난 운동 못 해'라는 생각을 털어버리고, '난 서 있을 수 있어'라는 생각만을 갖도록 한 것이었는데도 뜻밖의 엄청난 변화가 일어난 것이다. 다시 말해 특별한 운동을 하지 않고 그냥 서 있더라도 '서 있는 것도 운동이야'라고 생각하면 실제로 운동이 되는 것이다.

그럼 노화로 인해 운동능력을 상실한 노인들은 어떨까? '난 늙어서 운동 못 해'라는 생각에서 벗어나 '난 운동할 수 있어'라는 생각으로 전환시키면 몸도 크게 변화할까?

터프츠 대학의 과학자들은 먼저 60세 이상의 노인들에게 석 달 동안 일주일에 세 번씩 규칙적인 역기운동을 시켜보았다. 그것도 최고능력의 80퍼센트를 발휘하도록 강도 높게 훈련시켰다.

처음에 노인들은 이렇게 반응했다.

"나 같은 노인에게 무슨 운동을 하라고 그래요?"

"운동 안 한 지 벌써 30년이 넘은 걸요."

하지만 조금씩 '늙으면 운동 못 해'라는 고정관념이 깨져가면서 온몸에 놀라운 변화가 일어나기 시작했다. 다시는 늘어나지 않을 것 같았던 근육은 두 배, 세 배 이상 커졌고 무거운 물건도 번쩍번쩍 들어올렸다. 무기력증, 우울증 등의 증세도 사라졌다. 과학자들은 더 큰 호기심이 들었다.

"95세 이상 노인들도 이렇게 변화할까?"

처음에 95세가 넘은 백발노인들은 손가락 하나 까딱 안 하려 들었다.

"내가 저걸 들었다간 그 자리서 기절할지 몰라요."

하지만 실험결과 그들 역시 운동량이 늘어가면서 마치 20대 젊은이들처럼 혈기왕성하게 돌변했다. 신기한 건 팔 운동을 시키면 다리까지 튼튼해지고, 다리 운동을 시키면 팔까지 튼튼해진다는 사실이었다. 의아한 생각이 든 과학자들은 젊은 여자 육상선수들의 골밀도를 검사해보았다. 달리기만 하는 육상선수들인데도 다리뼈가 단단한 건 물론이고 운동을 전혀 하지 않은 팔뼈까지 단단한 것으로 나타났다.

"아하, 선수들이 다리 운동을 시작하는 순간 온몸이 '난 운동해'라고 받아들이는 거로군!"

즉, '난 운동을 한다'고 생각하며 뛰기 시작하는 순간, 몸이 그 생각을 읽고 몸 전체에 운동 효과가 나타나도록 해주는 것이다.

그럼 거꾸로 '난 운동 안 한다'라고 생각한다면 어떨까?

스탠퍼드 대학의 외과의사인 보츠(Walter Bortz)는 사람이 육체 활동을 하지 않기로 마음먹으면 생리현상 전체가 위축된다는 사실을 발견했다. 심장, 관상동맥 등 심혈관계가 약화되고, 비만이 심해지며, 조기노화 증세가 나타나기 시작하는 것이다.

양자물리학자들은 이렇게 설명한다.

"몸과 마음은 한 덩어리의 전기 에너지다. 마음을 간질이면 몸이 웃는다."

쉽게 말해 내가 손가락 하나를 까딱이며 '손가락을 까딱이는 것도 운동이야'라고 생각하면 몸 전체에 운동 효과가 나타난다는 것이다. 따라서 '걷는 것도 운동이야', '서 있는 것도 운동이야'라고 바라보면 실제로 운동 효과가 온몸에 고스란히 나타난다. 관찰자 효과가 부리는 요술이다.

시 간 여 행 으 로   돌 연   젊 어 진   노 인 들

2009년 8월, 경기도 한 한적한 마을에 버스 석 대가 스르르 미끄러져 들어왔다. 마을 사람들은 학처럼 목을 쑥 뺀 채 수군거렸다.

"이런 오지 마을에 웬 관광버스 행렬이람?"

버스에서 내리는 사람들을 보고는 더욱 의아해했다.

"다들 꼬부랑 할머니, 할아버지들이네. 대체 뭘 하려는 거지?"

지팡이에 의지해 간신히 발걸음을 떼는 할아버지들, 눈이 침침한지 연신 눈을 껌뻑거리는 할머니들…. 노인들은 꾸역꾸역 마을회관처럼 생긴 큰 집에 들어갔다. 그들이 짐을 푸는 걸 훔쳐본 동네 아이들이 소곤거렸다.

"정말 이상해. 먼지가 잔뜩 쌓인 케케묵은 옛날 물건들만 가져왔어."

정말 그랬다. 짐들은 하나같이 20년 전인 1989년 8월 이전의 것들이었다. 의아해하기는 집에 들어선 노인들도 마찬가지였다.

"이게 꿈이여, 생시여? 눈에 띄는 게 죄다 20년 전 것들이니—."

독서대의 신문도, 잡지도, 서가의 책도, 음반도, 집안의 가구도, 부엌의 냉장고도 모조리 20년 전 것들이었다. TV를 틀어보고는 눈이 더욱 휘둥그레졌다.

"노태우 대통령은 오늘…"

노태우 대통령이 동유럽을 방문하는 뉴스가 흘러나오고 있었다.

"기막힌 일도 다 있군. 내가 정녕 꿈을 꾸고 있는 건가!"

그들은 서로 볼때기를 꼬집어보기도 하고, 옆구리를 찔러보기도 했다.

"아얏!" 분명히 꿈은 아니었다. 그때 이상야릇하게 생긴 집주인이 스르르 나타나 더욱 괴상망측한 주문을 하는 것이었다.

"여러분은 앞으로 일주일간 이곳에 머물면서 1989년 이전에 일어난 일에 대해서만 말하고 생각해야 합니다. 보는 것도 20년 전 것들만 보고, 행동도 20년 전처럼 해야 해요. 20년 전 사진을 붙인 신분증도 늘 목에 걸고 다녀야 합니다."

노인들의 입에서는 탄식이 터져 나왔다.

"어허! 꼬부랑 노인들에게 시간여행 배우 노릇을 시키는구먼!"

그렇게 하루 이틀 지나면서 조금씩 이상한 현상이 나타나기 시작했다. 20년 전 것들만 바라보고, 20년 전처럼 행동하고 말하고 생각하니 몸도 점점 20년 전을 향해 거꾸로 돌아가는 것 아닌가? 꼬부랑 허리는 날이 갈수록 꼿꼿해지고, 관절통도 사라지며, 얼굴 주름살도 펴지는 것이었다. 돋보기를 쓰던 노인들은 돋보기를 벗어버렸고, 지팡이를 들었던 노인들은 지팡이를 내던졌다.

일주일이 지나자 의사들은 정밀 검진을 해보았다.

"아니, 세상에 이럴 수가!"

의사들은 딱 벌어진 입을 다물지 못했다. 손의 악력, 팔다리의 근력, 시력, 청력, 혈압, 콜레스테롤 등 모든 면에서 노인들의 몸이 놀랍도록 젊어졌기 때문이다. 심지어 지능까지 높아졌다.

이런 꿈같은 일이 가능할까? 이는 실제로 일어난 일이다. 하버드 대학의 랭거 교수가 75세 이상 노인들을 대상으로 1979년 미국 뉴햄프셔 주의 한 한적한 마을에서 실시한 실험과 똑같은 상황이다. 그녀는 모든 걸 20년 전인 1959년처럼 꾸며놓고 노인들의 몸이 어떻게 변하는지 살펴봤다. 당시 일주일간의 실험을 마친 뒤 노인들의 몸을 검진했던 의사들은 정말 기이한 현상을 발견하고는 혀를 내둘렀다. 특히 손가락 길이가 확연하게 길어진 것에 놀랐다.

"사람은 30대 후반부터 조금씩 척추 디스크가 닳아버리면서 키도 줄어들어요. 손가락 마디에 관절염이 생기면 손가락 길이도 짧아지고요. 그

BBC에서 방영된
〈The Young Ones〉

런데 불과 일주일 사이 손가락 길이가 이렇게 늘어나다니 정말 불가사의한 일이네요."

그로부터 30여 년의 세월이 흐른 2010년 9월, 영국의 BBC-TV가 랭거 교수의 자문을 받아 비슷한 실험을 해보았다. 이제는 꼬부랑 노인들이 된 20~30년 전의 인기 스타들을 한곳에 모아놓고 옛날처럼 행동하고 생각하고 말하도록 했던 것이다. 그들이 사용하는 모든 소품도 몽땅 옛날 것들이었다. 그들의 몸도 역시 변했을까?

일주일간의 실험기간이 끝난 뒤 시청자들의 눈은 토끼 눈처럼 동그라졌다. 뇌졸중으로 쓰러져 휠체어를 타고 실험을 시작했던 팔순의 여배우는 휠체어를 버리고 혼자서 걸어서 나왔다. 거동이 힘들었던 왕년의 인기 남자연예인은 무대에 나와 탭댄스를 추었다. 지팡이에 의지해야 했던 옛 뉴스앵커는 지팡이 없이 뚜벅뚜벅 무대계단을 걸어서 올라갔다.

의사들이 출연자들의 몸을 검진해보니 실제로 젊어진 것으로 나타났다. 머릿속이 온통 젊은 시절의 이미지들로 꽉 차버리면 몸도 저절로 젊어지는 것이다. BBC는 이 실험을 〈The Young Ones〉라는 제목으로 방영했다.

그럼 거꾸로, 세월을 한꺼번에 확 앞당겨 은퇴 시절을 상상하도록 하면 어떨까? 몸도 그만큼 더 빨리 늙을까?

심리학자 바그(John Bargh)는 대학생들에게 '늙은', '은퇴한', '힘없는', '회색의', '휴양지' 등과 같은 단어들을 넣어 짧은 글을 짓도록 해보았다. 학생들은 다음과 같은 문장을 만들었다.

"나는 은퇴하면 따뜻한 휴양지에 가서 여생을 보내고 싶다."

"늙은 노숙자들을 보면 마음이 아프다."

"도시가 온통 회색빛으로 보인다."

바그는 강의실을 나서는 대학생들을 따라나섰다. 그리고 학생들이 걷는 속도를 쟀다. 학생들의 걸음걸이가 글짓기 전보다 눈에 띄게 느려졌다. 노화와 관련된 단어들을 사용했다는 사실만으로도 걸음속도가 떨어진 것이다. 비록 짧은 순간이나마 약 40여 년 후의 은퇴 시절을 바라보도록 하니 몸도 마치 빨리감기를 시킨 테이프처럼 벌써 빨리 늙어갈 기미를 보이기 시작했던 것이다.

"그럼 도대체 젊어지려면 어떻게 하란 말이야? 집안을 온통 20년 전으로 꾸며놓을 수도 없는 노릇이고."

당신은 아마 이렇게 항변할 것이다. 랭거 교수의 대답은 간단하다.

"나이가 들면 몸도 불가항력적으로 늙어갈 수밖에 없다는 바로 그 생각이 몸을 늙게 만드는 겁니다. 시각만 바꾸면 몸도 얼마든지 변할 수 있다는 사실을 깨닫는 것 자체만으로 노화속도도 변하기 시작하죠."

다시 말해 '나도 나이에 상관없이 젊어질 수 있다'는 가능성을 열어놓는 것 자체만으로 젊음이 스며든다는 것이다. 반면 '노화는 불가항력적으로 일어나는 현상'이라고 바라보면 노화는 가차없이 진행된다. 이처럼 우리의 몸은 바라보는 대로 현실화된다.

일 란 성 쌍 둥 이 인 데 왜 수 명 이 다 를 까?

아래 사진을 보라. 올해 97세인 두 할머니는 똑같은 유전자를 갖고 태어난 일란성 쌍둥이다. 하지만 겉모습부터 달라 보인다. 왼쪽의 테소로 할머니는 젊은이처럼 등이 곧고 이도 튼튼하다. 교회나 시장에 갈 때 직접 운전도 한다. 하지만 몇 초 뒤에 태어난 오른쪽의 동생은 이미 엉덩이뼈가 부러져 인공뼈를 이식받았고, 시력도 거의 완전히 상실한 상태다. 대소변도 마음대로 못 가리는데다 몇 년 전부터 치매까지 찾아왔다.

일란성 쌍둥이인 테소로 할머니(왼쪽)와 동생(오른쪽)

이들만 그런 게 아니다. 모든 일란성 쌍둥이의 건강상태나 수명은 서로 다르다. 둘 다 똑같은 유전자를 물려받고, 똑같은 부모 밑에서 어린 시절을 보냈고, 같은 지역에서 젊은 시절을 보냈는데 왜 이렇게 다를까?

예일 대학의 레비(Becca Levy) 박사팀이 노년기에 접어든 노인들에게 물었다.

"여러분은 나이가 들어가는 걸 어떻게 생각하시나요?"

어떤 노인들은 이렇게 대답했다.

"나이 들면 건강은 나빠지게 돼 있어요. 내 건강도 당연히 나빠질 겁니다."

또 다른 사람들은 나이 듦을 달리 바라보았다.

"나이가 무슨 상관인가요? 나이 들어도 얼마든지 건강할 수 있는데."

연구팀은 20년 후 노인들을 추적해보고 깜짝 놀랐다. "나이 들면 건강은 당연히 나빠지게 돼 있다"고 대답했던 노인들은 하나같이 건강이 나빴거나 사망했다. 반면 "나이가 들어도 얼마든지 건강할 수 있다"고 응답했던 사람들은 하나같이 건강했다. 후자들은 전자들보다 무려 평균 7년 반이나 더 오래 살았다. 바라보는 대로 현실로 나타난 것이다.

심장병을 막는 가장 큰 비결은 잦은 병원치료가 아니라 바로 마음이라고 한다.

핀란드 의학자들이 심장병 위험이 있는 중년 남성들에게 1년에 몇 차례에 걸쳐 이런 조언을 해줬다.

"붉은 고기 대신 채소와 과일을 많이 드세요. 동물지방은 많이 섭취되면 혈관을 막아버리거든요. 매일 규칙적으로 걸으세요. 걸을수록 지방이 발산되고 혈액순환이 잘 돼 혈관이 깨끗해지니까요. 그리고 담배를 끊으셔야 합니다. 니코틴은 혈관을 딱딱해지게 하거든요."

자신의 몸을 스스로 돌아보도록 하는 조언이었다.

또 다른 중년 남성들에겐 전혀 다른 방법으로 접근했다. 정기적으로 꼬박꼬박 자주 병원 치료를 받도록 하고, 혈압과 콜레스테롤 수치를 낮추는 약도 먹도록 했다. 몇 년 후 두 그룹 중년 남성들 간의 건강상태를 비

초프라 박사

"어떤 정보를 입력하느냐에 따라
몸은 늙기도 하고 젊어지기도 한다."

© Mitchell Aidelbaum

교해보았다. 어떤 그룹이 더 건강해졌을까? 놀랍게도 엄격한 병원치료를 받았던 중년남성들보다 건강관리에 대한 자세한 설명을 들은 중년남성들의 사망률이 더 낮았다.

심장병 예방연구 사례로 유명한 '헬싱키 연구(Helsinki Study)'이다. 왜 이런 결과가 나왔을까? 〈타임〉이 '20세기 100대 인물'로 선정한 세계적인 의학자인 초프라(Deepak Chopra)는 이렇게 말한다.

"건강관리에 관한 설명을 들으면 자신의 몸을 제대로 바라볼 수 있게 된다. 바라보면 몸도 변화한다. 병원이나 약에 의존하는 것보다 머릿속에 얼마나 긍정적인 정보를 입력해놓느냐가 더 중요하다."

그는 "젊음과 노화도 선택하는 것이다. 젊음에 관한 정보를 많이 입력하면 젊어지고, 노화에 관한 정보를 많이 입력하면 늙어간다"라고 설명한다.

머릿속을 어떤 이미지로 채울 것인가?

수업시간에 한 학생을 앞으로 불러 간단한 실험을 해보았다.

"진표 군, 한 팔을 옆으로 쭉 뻗어보세요. 그리고 조용히 눈을 감고 가장 수치스러웠던 장면을 떠올려보세요."

그가 눈을 감고 나서 조금 지나 내가 팔을 슬쩍 내리눌렀다. 팔이 힘없이 툭 떨어졌다.

"이번에는 가장 평화로운 장면을 떠올려보세요."

내가 또 팔을 슬쩍 내리눌렀다. 이번에는 팔이 끄떡없었다. 내가 더 힘을 줘서 눌렀는데도 그의 팔은 내려가지 않았다. 왜 이런 현상이 나타날까?

머릿속에
수치스런 장면을 입력시키면
기운이 빠진다.

머릿속에
평화로운 장면을 입력시키면
힘이 생긴다.

수치스러운 장면을 떠올리면 얼른 도망치거나 숨고 싶다. 몸이 바짝 오그라들면서 자기 방어를 위한 벽을 세우게 된다. 반면 평화로운 장면을 떠올리면 긴장이 풀린다. 방어의 벽이 허물어지고 몸이 열린다. 마음의 벽을 세우면 우주의 기운이 스며들지 못하고, 벽을 허물면 스며들어오는 것이다. 눈에 보이지 않는 벽도 눈에 보이는 벽과 똑같은 위력을 발휘한다는 사실을 상기하라.

당신이 끔찍한 실연을 겪었다고 상상해보자. 연인과 함께 느꼈던 사랑과 기쁨은 사라지고 상실감이 밀려온다. 정신이 멍해지니 밥도 먹기 싫고, 누구를 만나거나 책을 보는 것도 싫다. 그러면서 온몸의 힘도 빠져나가 초주검 상태로 누워 있기만 한다. 그러던 차에 웬일로 옛 연인이 전화를 걸어와 울먹이며 용서를 구한다.

"헤어지고 나니 온몸이 아파서 꼼짝도 못하겠어요. 용서해주세요. 다시 만나주세요."

당신은 침대에서 벌떡 일어난다. 멍했던 머릿속이 다시 연인에 대한 사랑으로 가득 차오르면서 초주검 상태에서 초능력 상태로 깜짝 변신한다. 정신의학자 호킨스(David Hawkins)는 평화, 기쁨, 사랑 등을 느낄 때 가장 많은 에너지가 흐르고 수치심, 죄책감, 무관심 등을 느낄 때 가장 적은 에너지가 흐른다고 분석한 바 있다.

캘리포니아 대학의 사회학자인 필립스(David Phillips)가 미국 군인 1,251명의 사망률을 조사해보니, 생일을 두세 달 앞두었을 때가 가장 낮았고 생일이 지난 뒤 3개월 이내가 가장 높았다. 생일 때 가족들로부터 축하연락을 받는다는 기대가 커지면 에너지가 넘쳐흘렀다가 기대가 사라지면 에너지가 빠져나갔기 때문이다.

그럼 노인들은 어떨까? 필립스는 중추절(중국의 추석)을 전후한 중국 노인들의 사망기록도 조사해보았다. 아니나 다를까. 중추절 전주의 사망률은 35퍼센트나 뚝 떨어졌고, 중추절 다음 주의 사망률은 거꾸로 37퍼센트나 쑥 치솟았다. 중추절 전주엔 멀리 떨어졌던 사랑하는 가족들의 얼굴들이 머릿속을 가득 채우니 온몸에 힘이 넘쳐흘렀고, 중추절 다음 주엔 가족들이 한꺼번에 떠나버린 텅 빈 집안만 보이니 힘도 쑥 빠져나갔기 때문이다.

이처럼 내 머릿속을 어떤 이미지로 채우느냐에 따라 내 몸도 달라진다. 젊은 이미지로 채우면 몸도 젊어지고, 평화롭고 사랑스런 이미지로 채우면 몸도 활기차고 건강해진다. 당신은 오늘 하루 어떤 이미지로 머릿속을 채우고 살아갈 것인가?

나를 남으로 바라보면 효과 백 배

어느 날 이메일을 열어보니 한 여학생이 면담을 요청해왔다. 그런데 평소 얌전하고 공부 잘하는 그 학생의 입에서 뜻밖의 말이 튀어나왔다.

"선생님, 제가 골초예요. 술도 많이 마시고요. 어떻게 해야 끊을 수 있을까요?"

담배는 중학교 때부터, 술은 고등학교 때부터 시작했다는 거였다. 유별난 행동을 들춰보면 유별난 뿌리가 숨겨져 있는 법. 그녀의 가슴에도 어릴 적 상처가 도사리고 있었다.

"엄마는 어릴 적부터 늘 제게 예쁘고 매력적으로 행동하고 말하라고 했어요. 제가 엄마에게 애정과 인정을 받으려면 시키는 대로 해야만 했죠. 엄마는 저를 예쁘게 꾸며 쇼핑이나 파티에도 데리고 다니곤 했어요. 하지만 파티가 파하고 나면 저는 안중에도 없었죠."

한번은 파티에서 이런 일도 있었다. 모든 사람이 멋진 옷을 차려입고 음식과 대화를 즐기고 있었다. 어린 그녀도 예쁜 옷차림으로 엄마의 무릎 위에 앉아 있었다.

"저도 그렇게 앉아 있으니 특별한 기분이었어요."

그때 엄마가 이렇게 말했다.

"혜정아. 저쪽에 앉아 있는 여자아이 예쁘지? 네가 가서 볼에 살짝 뽀뽀해주고 오렴."

그녀는 난처한 얼굴로 대답했다.

"하지만 엄마. 난 저 애 몰라. 마음에 들지도 않고."

"그게 무슨 당치 않은 소리니? 네가 좋아할 만한 애야. 냉큼 가서 뽀뽀해주고 와."

엄마가 시키는 대로 꼭두각시처럼 행동하라는 거였다. 아무리 어린아이지만 자신의 존재를 완전히 무시당한 것이었다. 엄마의 사랑은 허울뿐인 사랑이었다. 파티가 끝나면 우아하던 엄마의 미소도 함께 사라졌다. 그리고 엄마는 다시 예전의 무심한 마음으로 돌아갔다.

물론 남들이 보면 참 행복해 보였다. 물질적으로는 엄마가 모든 욕구를 채워주었다. 하지만 정작 정신적 도움이 필요할 땐 기댈 수 없었다. 엄마는 딸을 자신의 만족을 채우기 위한 분신으로 보았을 뿐이다. 엄마는 자신이 예전에 못했던 것들을 딸을 통해 대리만족을 얻으려 했다. 심지어 졸업 후 결혼할 남자까지 이미 점찍어놓았다. 물론 엄마 입맛에 맞는 돈 많은 남자였다.

어릴 적부터 그런 식으로 억눌린 그녀의 감정은 출구를 찾고 있었다. 그 출구가 바로 술과 담배였다. 하지만 어쨌든 술과 담배는 끊어야 했다. 그래서 담배 대용으로 최근에 나온 수증기를 뿜어내는 전자담배도 피워보고, 피부 패치도 붙여 보는 등 온갖 방법을 다 써보았다. 하지만 아무리 결심을 단단히 해도 술자리에만 가면 모래성처럼 허물어지곤 했다. 끼리끼리 모인다고 했던가. 친구들도 대부분 술과 담배를 즐겼다. 그런 자리에서 술기운이 돌면 자연이 긴장이 풀리고 결심도 풀렸다.

"이번만 딱 한 번 피우고 정말 끊지 뭐."

그런 패턴이 반복되면서 자신감도 사라졌다. 결심과 후회가 상습화돼버렸다. 그녀의 잠재의식에 각인된 건 금연하는 자신의 모습이 아니라 담배를 피워 물고 낙담하는 자신의 얼굴이었다. 잠재의식에 새겨진 이미지는 의지만으로 지우기 힘들다. 이미지가 의지보다 훨씬 더 강하기 때문이다. 따라서 이미지는 더 강한 다른 이미지로 밀어내야 한다. 그럼 어떤 이미지를 어떻게 그려 바라보아야 골초 습관을 끊을 수 있을까?

나 를 타 인 처 럼 바 라 보 면 완 전 히 바 뀐 다

나는 오하이오 주립대학의 리비(Lisa Libby) 교수가 실시한 실험이 떠올랐다. 그는 2004년 대선을 하루 앞두고 대학생 146명을 두 그룹으로 나눴다. 그리고 A그룹 대학생들에게 주문했다. "내일 투표장에서 여러분이 투표하는 모습을 각기 1인칭으로 떠올려보세요." 즉 '나는 투표용지에 후보를 찍고 있어'와 같은 식으로 1인칭인 '나'의 시각으로 내 모습을 상상하라는 것이었다. 학생들은 시키는 대로 눈을 감고 자신들이 투표장에 걸어 들어가 투표용지에 후보를 선택하는 장면을 각기 자유롭게 상상해보았다. 몇 초씩 반복해서 상상하든, 몇 분간 지속적으로 상상하든, 그건 자유였다.

B그룹 학생들에게도 그런 방식으로 자유롭게 상상하도록 했다. 단지 3인칭(저 사람)의 시각으로 상상하도록 한 것만 달랐다. "여러분이 투표하는 모습을 '저 사람은 투표용지에 후보를 찍고 있어'라는 식으로 떠올

려 바라보세요. 자신을 남으로 보는 겁니다."

이튿날 두 그룹 사이에는 어떤 차이가 나타났을까? 자신이 투표하는 모습을 1인칭의 시각으로 상상한 학생들은 72퍼센트가 투표했지만, 3인칭의 시각으로 상상한 학생들은 무려 90퍼센트나 투표장에 갔다. 조사대상이 아니었던 다른 학생들의 투표율은 20퍼센트를 밑돌았다.

〈대학생들의 투표율〉

* 상상하지 않는다 → 20퍼센트 미만
* 1인칭으로 상상 : "나는 투표하고 있어." → 72퍼센트
* 3인칭으로 상상 : "그는 투표하고 있어." → 90퍼센트

단 한 차례의 상상만으로도 이런 놀라운 차이가 나타났다. 반복할수록 투표율은 더욱 높아진다.

이 실험은 중요한 메시지를 던진다. 나의 행동을 변화시키고 싶다면 내가 원하는 새로운 행동을 머릿속에서 미리 이미지로 그려 바라보라는 것이다. 그럼 관찰자 효과에 따라 그 이미지가 현실로 나타난다. 그런데 이미지를 어떤 방식으로 그리느냐에 따라 또 차이가 난다. 나를 나라고 상상하는 것보다 나를 남이라고 상상하는 게 훨씬 성공률이 높다(예를 들어 자신을 'A'라는 이름의 낯선 사람으로 보아도 좋다).

왜 이런 차이가 날까? 나의 눈으로 나를 바라보면 나의 감정에 휘말려들어 나를 객관적으로 바라보지 못한다. 그럼 선명한 이미지 형성에 방해가 된다. 하지만 나를 남이라고 상상하면 나를 객관적으로 바라볼 수 있어 이미지가 더 선명해진다. 이미지가 선명할수록 제대로 바라보게 되고,

현실로 나타날 가능성은 그만큼 더 높아진다.

리비 교수는 이렇게 설명한다.

"잠재의식에 새겨진 뿌리 깊은 습관은 잠재의식이 바뀌지 않는 한 고쳐지지 않아요. 의지력에는 한계가 있죠."

머릿속에 그린 이미지를 제3자의 눈으로 객관화하면 우리 잠재의식은 이를 당연히 받아들여 믿게 되고, 이렇게 믿음의 강도가 높아지면 분명한 현실로 나타나는 것이다.

술 과 담 배 를 단 박 에 끊 다

나는 권혜정 학생이 쉽게 금연할 수 있을 거라고 판단했다. 왜냐하면 그녀는 분명한 의도를 갖고 있었기 때문이다. 못 말리는 골초이면서도 끊고자 하는 의도조차 없는 사람들이 세상에는 얼마나 많은가? 나는 리비 교수와 똑같은 방법을 시도해보기로 했다.

"흡연 유혹을 가장 강하게 받을 때가 언제죠?"

"그야 다른 사람들이 담배를 피울 때죠."

"그럼 일단 눈을 감고 다른 사람들이 흡연하는 장면을 그려보세요."

그녀가 눈을 감고 상상에 잠기자 내가 다시 말했다.

"흡연하고 싶어 근질근질할 겁니다. 그 흡연 충동에도 끄떡없이 금연하는 혜정 양의 모습을 그려보세요." 상상에 잠긴 그녀를 보고 내가 물었다.

"어때요? 남들이 흡연해도 안 흔들리나요?"

그녀는 고개를 끄덕였다. 자신을 남의 눈으로 바라보니 흔들리지 않았다.

"흡연 유혹을 이겨내는 혜정 양 모습을 가장 보고 싶어하는 사람이 누굴까요? 엄마, 아빠, 아니면 약혼자?"

"약혼자와 아빠요."

"그럼 아빠와 약혼자가 혜정 양의 꿋꿋한 금연 자세를 지켜보고 흐뭇해하는 모습들을 그려보세요. 다시 말해 혜정 양이 금연하는 모습을 가족들과 함께 관객처럼 지켜보는 겁니다."

그녀는 시키는 대로 했다. 나는 담배를 피우고 싶은 충동이 고개를 들 때마다 그렇게 해보라고 했다.

다음주 강의가 끝난 뒤 핸드폰 문자메시지가 왔다. 잘 버티고 있다는 거였다. 한 달쯤 지나면서부터 그녀의 얼굴에 화색이 완연했다.

"이젠 니코틴의 유혹에서 완전히 벗어난 얼굴이네요?"

나도 관찰자 효과가 실제로 성과를 거두고 있다는 사실이 기뻤다.

"이젠 담배뿐 아니라 알코올 중독에서도 완전히 해방된 걸요."

그녀가 자랑스러운 표정으로 털어놓은 성공담은 이랬다. 담배를 끊은 지 이틀쯤 지나 친구들과 저녁식사를 했다. 식사가 끝나자 예상대로 술이 돌았고, 몇몇 친구들이 담배를 피워 물었다. 담배냄새가 살살 코를 자극했다.

'충동이 드는 순간 금연하는 이미지를 떠올려라.'

친구들 앞에서 돌연 눈을 감고 상상에 잠길 수는 없는 노릇이었다. 그래서 그녀는 그 자리에서 눈을 뜬 채 이미지를 그렸다. 흡연을 즐기는 친구들 옆에서 담배 연기를 맡고도 초연한 표정으로 앉아 있는 자신의 모습

자신이 변한 모습을
여러 명이 함께 바라보는
이미지를 그리면
현실화가 가속화된다.

을 상상했다. 자신을 남이라고 객관화시켜 바라보았다.

"저 사람은 역시 금연 약속을 깨지 않는군. 새로운 모습이야. 대단해."

그 이미지 속에 아빠와 약혼자도 관객으로 등장시켰다. 금연 유혹을
꿋꿋하게 떨쳐내는 그녀를 보고 아빠가 중얼거렸다.

"우리 혜정이가 이제 정말 담배를 끊었나 봐."

그 모습을 상상한 그녀는 으쓱해졌다. 오랜만에 아빠를 기쁘게 해드
렸다는 뿌듯한 자부심도 밀려왔다. 상상으로 이렇게 고비를 넘기자 그다
음부터는 점점 더 쉬워졌다. 우선 상상 자체가 쉬워졌다. 흡연 욕구가 고
개를 들 때마다 불과 몇 초씩 금연하는 자신의 이미지를 떠올리면 그만이
었다. 그녀는 이런 호기심도 들었다.

'금연하는 나의 모습을 종이에 그리면 어떨까? 마찬가지 효과가 있을
까?'

금연 욕구가 들 때마다 종이쪽지에 얼른 금연 이미지를 그려놓고 가
만히 바라보았다. 신기한 일이었다. 그 자체만으로도 충동이 사라지는 것

이었다. 이 역시 자신을 객관화시켜 바라보는 방식이기 때문이다.

그녀는 폭음 습관도 마찬가지 방법으로 이겨냈다. 사실상 단 한 차례의 상상만으로 10년 가까이 계속돼온 흡연, 음주 습관을 끊어버렸다.

상 상 속 에 청 중 을 등 장 시 켜 라

한 남학생은 발표할 때만 되면 좌불안석이었다. 연신 헛기침을 해대고 손을 비비적거렸다. 연단에 나가서도 벌건 얼굴로 더듬거리기 일쑤였다. 그러니 의사전달이 제대로 될 리 없었다. 그 모습을 보니 불현듯 내가 무대공포증에 떨던 순간이 떠올랐다. 방송국에 들어가 10여 년쯤 됐던 때였다. 어느 날 보도국장이 찾았다.

"바쁘지? 다음주부터 저녁뉴스 프로를 강화할 계획이네. 자네가 앵커 좀 맡아줘."

당시 나는 정치부 기자로 총리실 취재를 담당하고 있었다. 사실 그 일만으로도 바빴다. 하지만 새로운 경험을 해보는 것도 기회라 생각했다. 하지만 막상 방송할 날이 바짝 다가오자 나도 모르게 떨리기 시작했다. 바로 전날 밤에는 잠을 못 이루고 뒤척거렸다.

'생방송 하다가 말을 더듬기라도 하면 무슨 망신이지? 방송사고가 나면 어떡하지?'

총리실에 나갔다가 돌아와 초긴장 상태로 10분 정도 일찍 스튜디오에 들어가 앉았다. 마이크와 이어폰, 큐시트 등을 확인하고 나니 마음이 좀 놓였다. 드디어 생방송의 시작을 알리는 큐 신호가 들어왔다.

"여러분, 안녕하십니까?"라는 인사말과 함께 헤드라인 몇 개를 읽었다. 그리고 첫 앵커 멘트를 끝내고 해당 기자의 리포트가 나갈 때 한숨을 돌렸다. 그러고 나니 긴장도가 확 떨어졌다. 그다음부터는 쉬웠다. 그때 느낀 건 "역시 한 번 해보고 나면 안 떨린다"는 사실이었다. 방송 시작 전 내가 그토록 떨렸던 건 어떤 상황에서 어떤 말을 해야 할지 한 번도 해보지 않았기 때문이었다.

한 번 해보고 나면 왜 안 떨릴까? 그건 내가 어떤 상황에서 어떤 말을 해야 할지 분명하고 선명한 이미지가 그려지기 때문이다. 즉, 미래의 행동이 선명한 이미지로 그려질수록 떨리지 않게 되고, 자신감을 갖게 되는 것이다. 선명한 이미지는 완벽한 리허설이 만들어낸다.

세계적인 명연설가였던 미국의 존 F. 케네디 대통령은 대중연설이 계획된 전날 잠자리에 들기 전 반드시 상상 속에서 연설을 하곤 했다. 머릿속으로 연단에 올라선 자신의 모습을 떠올리면서 약 10분 동안 연설 내용을 쭉 훑어보는 것이었다. 연설 내용뿐 아니라 연설 속의 상황도 세세하게 그렸다. 청중들이 환호하는 모습, 자신이 취해야 할 제스처, 미소, 목소리 톤까지 구체적으로 그렸다. 이것을 지겹다는 생각이 들 정도로 연습하고 나면 떨리는 마음은 멀찌감치 달아나고 어서 빨리 연단에 서고 싶어 안달이 나기 마련이었다. 여기서 특이한 점은 그는 상상 속에 반드시 청중을 등장시켰다는 점이다.

캐나다 요크 대학의 배스케스(Noelia Vasquez) 교수는 상상 속의 청중이 어떤 차이를 만들어내는지 실험해보았다. 그는 대학생들에게 이렇게 말했다.

"오늘은 3분씩 자유 연설할 시간을 주겠습니다. 각자 마음속으로 연설 리허설을 해보세요." 그는 학생들을 두 그룹으로 나눴다. A 그룹에게는 이렇게 말했다.

"자신의 모습을 1인칭으로 바라보며 리허설 하세요. 즉 자신을 '나'의 시각으로 보는 겁니다."

반면, B 그룹에게는 자신을 3인칭으로 바라보라고 했다.

"자신을 청중과 함께 남으로 바라보는 장면을 상상해보세요. 여러분 스스로도 청중이 되는 겁니다."

연설 리허설이 끝난 뒤 학생들에게 물었다.

"자, 리허설이 끝났죠? 여러분은 이제 얼마나 성공적으로 연설을 할 수 있을까요? 성공에 대한 자신감을 1~10점까지의 점수로 매겨보세요."

1인칭의 눈으로 자신의 리허설을 바라본 A그룹은 평균 5점 정도의 자신감을 보였다. 반면, 청중과 함께 자신의 리허설을 남의 눈으로 객관화시켜 바라본 B그룹은 평균 9점이 넘었다. 다수의 청중들로 하여금 자신의 리허설을 바라보도록 하면 왜 이처럼 자신감이 껑충 뛰어오를까? 배스케스 교수의 분석은 이렇다.

"한 사람이 한 가지를 바라볼 때 변화가 일어난다면 여러 사람들이 한꺼번에 바라볼 땐 더 큰 변화가 일어나는 건 당연하죠. 지켜보는 사람들이 많아질수록 자신을 더욱더 객관적으로 바라볼 수 있기도 하고."

이 실험결과는 2008년 베이징 올림픽에 참가했던 미국 올림픽 선수들의 심상화 훈련에 그대로 활용됐다.

부 정 적   기 억 들   지 워 내 기

그럼 과거의 기억은 어떨까? 나를 괴롭히는 과거의 불행한 추억도 자신의 눈으로 회상하는 것보다 다수의 제3자들과 함께 돌이켜보면 긍정적으로 회상될까?

코넬 대학의 길로비치(Thomas Gilovich) 교수는 예일 대학, 오하이오 주립대학 교수들과 공동으로 그 답변을 찾아보았다. 그들은 내성적인 성격 때문에 고등학교 시절을 우울하게 보냈다는 대학생들에게 이렇게 주문했다.

"고교시절 가장 창피했던 순간을 회상해보세요."

A그룹에게는 1인칭 시각으로, B그룹에게는 다수의 제3자, 즉 급우들의 시각으로 회상해보도록 했다. 결과는 예상대로였다. 1인칭 시각으로 회상한 학생들은 과거의 창피했던 순간을 그대로 떠올리고는 금방 우울해졌다. 고교시절과 비교해 지금도 사교성이 나아지지 않았다고 보았다.

반면 여러 급우들의 시각으로 회상한 학생들은 창피했던 순간을 보다 객관적으로 보게 됐다. 그러면서 "난 대학생이 된 뒤 사교성이 좋아졌어요"라고 대답했다. 불행했던 과거를 다수의 제3자 시각으로 바라보면 '그게 별게 아니었구나' 하며 긍정적인 면을 더욱 부풀려보게 된다. 이런 자세는 곧바로 행동에도 반영된다.

제3자의 시각으로 과거를 회상한 학생들은 설문조사가 끝난 뒤 낯선 사람을 만나자 먼저 말을 거는 등 실제로 더욱 사교적으로 행동했다. 생각이 변하니 행동도 변했던 것이다. 길로비치 교수는 이렇게 분석한다.

"난 이제 변했어. 내 성격은 이미 좋아졌어. ― 이렇게 믿게 되면 실제로 그렇게 행동하게 되죠. 그래서 더욱 많이 변화할 수 있는 동기가 생기게 됩니다. 반면, 변화를 원하는 당사자가 자신만의 시각으로 과거를 바라보면 큰 진전을 이룬 게 별로 없어 보이죠. 과거의 감정에 휩싸여 더욱 우울해질 뿐이거든요."

이런 결과는 우울증 치료에서도 그대로 나타난다.

한 실험에서 우울증 치료를 받는 대학생들에게 첫 치료시간을 회상토록 해보았다. 절반에게는 "당시 상황을 자신의 눈으로 바라보세요"라고 주문했다. 나머지 다른 절반에게는 "제3자의 눈으로 당시 상황을 바라보세요"라고 지시했다. 그런 다음 첫 치료에 대한 평가를 0~10점의 눈금으로 표시해보도록 했다. 자신의 눈으로 회상한 학생들은 치료의 효과를 평균 5.6점, 제3자의 눈으로 회상한 학생들은 7.8점으로 평가했다.

오하이오 주립대학의 리비(Lisa Libby) 교수는 이렇게 조언한다.

"자신을 남으로 객관화시켜 바라보는 건 인생의 긍정적 변화를 유도하는 데 매우 훌륭한 기술이죠. 노력에 대한 만족도가 높아지고, 그러다 보면 목표 달성을 위한 노력도 더 많이 하게 되지요."

말기 암을 완치한 할머니의 기도

내가 담당하는 해외정보 TV 프로인 〈지구촌 리포트〉에는 보통 사람들의 기적 같은 실제 사례들이 많이 소개된다. 얼마 전에는 관찰자 효과로 온몸에 퍼졌던 암세포를 일주일 만에 말끔히 털어버린 말기 암 환자의 이야기를 방송했다. 71세인 하이벨(Ellen Heibel) 씨가 그 주인공이다.

그녀는 6년 전 의사로부터 청천벽력 같은 선고를 받았다.

"식도암이 간, 폐, 척추, 흉골 등 온몸에 이미 다 퍼져버렸네요. 어떤 치료를 받더라도 소용없어요. 집에 가서 그냥 편히 쉬세요."

죽을 날만 기다리라는 얘기였다. 의사는 그러면서 방사선과 화학 치료를 받으면 암의 진행속도가 늦춰져서 잘하면 6개월 정도 살 수 있을 거라고 말해주었다. 하지만 그녀는 나을 수 있다는 믿음을 버리지 않았다.

때마침 한 친구가 실로스(Francis Seelos) 신부 이야기를 해주면서 그를 떠올리며 함께 기도해보자고 했다. 실로스는 19세기 미국 메릴랜드 주에서 활동했던 신부로, 성자의 전 단계인 복자로 추대됐을 만큼 추앙받는 인물이었다. 지푸라기라도 잡고 싶었던 그녀는 곧장 9일 기도에 들어갔다. 신부의 뼛조각이 담긴 목걸이도 줄곧 몸에 지니고 다녔다. 그리고 불과 일주일 후, 기적이 일어났다.

"병원에 갔더니 의사들이 암이 다 사라졌다며 깜짝 놀랐어요. 기도를 시작한 날과 검사받던 날 사이에 모두 사라진 겁니다."

어떻게 그토록 순식간에 암이 완치될 수 있는지 의사들도 설명하지 못했다. 단지 화학 치료만으로는 그런 일이 불가능하다는 말만 반복할 뿐이었다. 하지만 그녀는 알고 있었다.

"신부님이 제 암을 씻어내는 장면을 생생하게 그리고 또 그렸어요. 신부님과 함께."

다시 말해 믿음이 강한 신부와 그녀 자신이 함께 제3의 관찰자가 됐던 것이다. 그러다 보니 혼자서 암이 사라지는 걸 그리는 것보다 효과가 몇 배나 강해졌다는 얘기다.

교회는 실로스 신부를 성자로 시성해달라고 교황청에 조사를 의뢰했다. 성자가 되려면 보통 사후에 두 건 이상의 기적을 일으켜야 한다. 실로스 신부의 경우에는 지난 1966년에도 말기 간암 환자를 완쾌시킨 기적을 일으킨 바 있다. 그 환자 역시 온몸에 암세포가 퍼져 수술 불가 판정을 받았지만 실로스 신부에게 기도한 끝에 완쾌됐었다.

방송이 나간 뒤 한 시청자가 이런 전화를 걸어왔다.

"저도 사실은 환자예요. 방송에 나온 하이벨 할머니처럼 기댈 만한 사

실로스 신부와
하이벨 할머니

람이 없는 경우엔 어떻게 기도해야 하나요?"

하이벨 할머니 사례의 실로스 신부처럼 의지할 만한 제3자를 떠올리기 어려운 사람들은 어떻게 기도해야 하느냐는 의문이었다.

기도하는 방식에 따라 기도 효과는 어떻게 달라질까? 미국의 생물학자 레인(Glen Rein)은 어떤 식의 기도가 암세포의 성장을 가장 억제하는지 실험해보았다. 우선 다섯 개의 세균배양 접시(petri dish)에 각기 똑같은 수의 암세포들을 집어넣었다. 그런 다음 한 심리치료사에게 다섯 가지 방식으로 기도해보도록 했다.

〈다섯 가지 기도방법〉

1. "암세포들이 자연의 질서를 회복해 다시 정상적으로 자라도록 해주세요."
2. "암세포가 세 개만 남도록 해주세요."
3. "신의 사랑과 연민이 암세포에 미치도록 해주세요."
4. "암세포들에게 무조건적인 사랑과 연민을 보내주세요."
5. "암세포들을 파괴시켜주세요."

결과는 이랬다.

1. "암세포들이 자연의 질서를 회복해 다시 정상적으로 자라도록 해
   주세요."
   → 암세포들의 성장 속도가 39퍼센트 떨어졌다.

2. "암세포가 세 개만 남도록 해주세요."
   → 암세포들의 성장 속도가 21퍼센트 떨어졌다.

3. "신의 사랑과 연민이 암세포에 미치도록 해주세요."
   → 2번처럼 21퍼센트 떨어졌다.

4. "암세포들에게 무조건적인 사랑과 연민을 보내주세요."
   → 아무 효과가 없었다.

5. "암세포들을 파괴시켜주세요."
   → 아무 효과가 없었다.

"자연의 질서를 회복해달라"는 1번 기도가 왜 가장 효과가 컸을까?
아인슈타인이 지적했듯, 사람의 몸은 전기 에너지 덩어리다. 온몸의 구석
구석마다 에너지 물결이 흐르고 있다. 건강한 사람의 몸은 에너지 물결이
고르고 균형을 이룬다. 이게 자연의 질서다. 반면 암이 생긴 부위의 에너
지 물결은 고르지 못하다. 키를리안 사진기로 촬영해보면 물결이 들쭉날
쭉하고 색깔도 다르다. 자연의 질서가 깨진 것이다. 따라서, "자연의 질
서를 회복해달라"는 기도가 가장 효율적일 수밖에 없다.
　레인의 실험결과가 말해주는 또 다른 사실은 암세포들도 사람처럼 부
정적인 메시지보다는 긍정적인 메시지에 훨씬 더 적극적으로 반응한다

는 것이다. 파괴시키겠다는 의도를 품고 기도하면 고집스럽게 버티려 들지만, 따뜻한 마음으로 정상적으로 자라게 해달라고 기도하면 순순히 말을 듣는다. 또한 똑같이 사랑과 연민을 보내달라고 기도하더라도 '신'을 명시하는 것과 않는 것 간엔 큰 차이가 벌어졌다. 막연한 기도보다는 자신이 갈망하는 바를 구체적으로 요구하는 기도가 훨씬 더 잘 통한다는 사실도 확인됐다.

키 가 8 센 티 미 터 나 커 진 대 학 생

몇 년 전의 일이었던가. 방송국 사무실에서 기사를 쓰고 있는데 전화가 걸려왔다. 회사 선배였다.

"김 부장, 혹시 인턴 필요하지 않아?"

"인턴요? 글쎄요."

사실 인턴사원이 붙어 있어봐야 거추장스럽게 느껴지기만 한다. 기사를 쓸 수 있는 것도 아니고 심부름을 알아서 척척 해줄 수 있는 것도 아니다. 일거리를 만들어줘야 하고, 점심때가 되면 점심도 사줘야 한다. 하지만 친한 선배의 부탁이니 안 들어줄 수도 없는 노릇이었다.

"어느 학교 다니는 학생인데요?"

"응, 프린스턴 대학교 2학년이야. 여름방학 때 방송국에 한 달만 다니고 싶대."

한 달만이라니? 한 달이 얼마나 긴 시간인데….

그 학생의 이름은 김인수. 키는 168센티미터 정도로 호리호리한 편이었다. 말씨도 사근사근하고 예의가 발라 호감이 갔다. 졸업 후 희망이 뭐냐고 했더니 로스쿨에 들어가는 거라고 했다.

"로스쿨이라…. 그럼 방송국 일은 배워봐야 말짱 헛거구만. 괜히 시간 낭비하지 말고 여기 앉아서 공부나 열심히 해. 인턴 수료증서는 원하는 대로 써줄 테니."

인수는 사무실에 나와서 시키는 대로 공부만 하다 갔다. 인턴을 수료했다는 증서는 약속대로 잘 써주었다.

그 이듬해 여름방학 때 인수한테서 전화가 걸려 왔다. 찾아와서 인사를 하겠다는 거였다. 젊은 친구가 참 인사성 바르다는 생각이 들었다. 그런데 그를 보는 순간 깜짝 놀랐다.

"어? 인수야, 웬 키가 이렇게 커졌지? 키 커진 거 맞지?"

그는 씩 웃었다.

"네, 1년 사이 8센티미터나 커졌어요. 고등학교 때도 안 크던 키가 대학 2학년 때 갑자기 커졌어요."

세상에 희한한 일도 다 있다고 생각했다. 그는 벌써 23살이었다. 20살만 넘으면 척추 마디의 성장판이 닫혀버려 더 이상 키가 안 큰다는 게 의학계의 정설이다. 실제로 X-레이 사진을 찍어보면 성장판이 닫혀 있는 게 목격된다. 의학적으로는 불가능한 일이다. 하지만 이 학생은 하느님에게 부탁하면 모든 게 이뤄진다고 굳게 믿고 있었다. 그래서 매일 마음속으로 기도를 드렸다.

"하느님. 키가 10센티미터만 더 커지게 해주세요. 이 정도는 해주실 수 있으시죠?"

그는 친구에게 말하듯 틈만 나면 졸랐다. 그 결과 1년 만에 키가 훌쩍 커졌던 것이다. 중학교 다닐 때까지만 해도 맨 앞줄에 앉아 있었고, 대학교 3학년 때도 작은 축이었던 그가 이제는 평균 키를 웃돌게 됐다. 기도를 어떻게 했느냐고 내가 물었다.

"제 기도는 꼭 이뤄진다고 믿었을 뿐이에요. 하느님은 저를 사랑하시니까요."

내가 재차 물었다.

"그런 말은 딴 데서도 많이 들어봤어. 구체적인 방법을 말해봐. 기도할 때 어떤 식으로 했는지."

그제야 그는 털어놓았다.

"매일 밤 자기 전에 누워서 제 척추 마디마디가 조금씩 늘어나는 이미지를 그렸어요. 그걸 보고 기뻐하시는 부모님과 동생도 이미지에 함께 그렸죠. 가족들도 제 키가 커지는 걸 너무나 원하고 있었거든요."

나는 나중에 궁금증이 들어 그에게 일부러 국제전화를 걸었다.

"그런데 그때 관찰자 효과를 어떻게 알고 있었지?"

"사실은 우리 학교에 유명한 양자물리학 교수님들이 많거든요. 그래서 한 과목 청강했어요."

과연 아인슈타인이 교수로 재직했던 프린스턴 대학은 다른 점이 있구나 하는 생각이 들었다.

과정을 바라보면 쉽게 달성된다

관찰자 효과 수업 중 한 남학생이 좀 느닷없는 질문을 던졌다.

"마음의 눈으로 열심히 취직에 성공한 장면을 그려 바라보면 정말 취직도 되나요?"

낄낄거리는 소리가 흘러나왔다. 많은 자기개발 전문가들이 목표만 간절히 상상하면 어느 순간 거짓말처럼 현실로 나타난다고 외쳐대고 있지 않은가? 정말 그런 식으로 목표를 이룰 수 있을까?

펜실베이니아 대학의 외팅겐(Gabriel Oettingen) 교수는 졸업반 학생들에게 얼마나 자주 취직한 장면을 상상하느냐고 물어보았다. 그리고 2년 후 열심히 상상한 만큼 결실을 맺었는지 추적해보았다. 결과는 뜻밖에도 거꾸로였다. 취업에 성공한 상상에 빠진 학생들일수록 취직률도 떨어졌고, 보수도 적게 받았다. 살빼기의 심상화도 마찬가지였다. 살찐 여성들이 살이 쪽 빠진 자신의 미래 모습을 열심히 상상했는데도 살이 빠지기는커녕 오히려 체중이 더 불었던 것이다.

캘리포니아 대학의 팸(Lien Pham) 교수도 학생들에게 며칠 뒤 치를 중간고사에서 높은 점수를 얻는 장면을 매일 몇 분씩 상상해보도록 했다.

"간절한 마음으로 좋은 성적을 얻고 기뻐하는 장면을 생생히 떠올려

외팅겐 교수

"심상화를 열심히 한 사람들은 왜 오히려 나쁜 결과를 얻었을까?"

보세요."

이들의 심상화 노력은 과연 좋은 결실을 맺었을까? 그들의 점수를 다른 학생들과 비교해보았다. 그런데 심상화에 매달린 학생일수록 점수가 오른 게 아니라 오히려 떨어졌다. 도대체 성공하는 장면을 상상하면 상상할수록 결과는 왜 거꾸로 나오는 걸까? 꿈은 도대체 어떻게 이뤄지는 걸까?

한 17세 소년은 고급 자가용을 손에 넣는 게 꿈이었다. 그런데 꿈을 꾸기 시작한 지 2년 만에 정말 거짓말처럼 그 꿈이 현실로 나타났다. 돈한 푼 안 들이고 포르셰 승용차를 손에 넣게 된 것이다. 어찌된 일일까? 목표만 간절히 상상한 결과였을까? 목표는 어떻게 이뤄진 걸까?

2년 전 친구로부터 중고 휴대전화를 얻은 게 시작이었다. 소년은 그걸 벼룩시장에 올려 조금 더 나은 휴대전화와 맞바꾸었고, 그걸 다시 고급 mp3 아이팟으로 바꾸었다. 그 후 그걸 산악용 오토바이로 바꾸었고, 다시 오토바이를 애플사의 맥 노트북과 바꾸는 데 성공했다. 그런데 놀랍게도 노트북과 도요타 자동차를 맞바꾸자는 사람이 나타났다.

"그분은 자동차가 이미 세 대나 있는데, 맥 노트북의 녹음 성능이 좋아 갖고 싶어했어요"

하지만 그 자동차를 운전하고 다니기에는 그가 너무 어렸다. 그래서 그걸 전동 골프차와 맞바꿨다. 그리고 전동 골프차를 다시 산악용 오토바이로 바꿨다가 일반 오토바이와 교환했다. 그러다가 그걸 수집가들이 탐내는 1975년산 포드 브론코로 바꿨고, 그걸 다시 은색 포르셰로 바꾸는 데 성공했다. 뉴스가 됐던 미국의 오티즈(Steven Ortiz) 군 실화이다.

그가 부지런히 이런 무수한 과정들을 거치지 않았더라면 과연 포르셰를 손에 넣을 수 있었을까? 자나깨나 목적지만 상상하고 있으면 설사 가는 길을 몰라도 저절로 도착할 수 있을까?

언제, 어디서, 어떻게… 실행 과정은 구체적으로

상습적으로 리포트를 늦게 내는 학생이 있었다. 그 버릇을 어떻게 고쳐줄 수 있을까? 나는 마지막 리포트 과제를 내주고 나서 그를 따로 불러 실험 삼아 이렇게 물어보았다.

"이번 리포트는 무슨 요일에 쓸 거죠?"

그가 머리를 긁적거리더니 대답했다.

"아마, 금요일쯤엔 쓸 수 있을 거 같아요."

"금요일 몇 시쯤?"

"글쎄요, 아마 저녁 먹고 9시쯤 시작할 수 있을 것 같아요."

"밤 9시라. 그럼 어디서 쓸 건가요?"

"그거야 물론 제 방에서 써야죠. 컴퓨터가 제 방에 있거든요."

그러고 나서 일주일 후 깜짝 놀랄 일이 벌어졌다. 강의 시작 전 그가 빙긋거리며 나오더니 리포트를 제일 먼저 제출하는 것 아닌가!

우리가 목표를 정해놓고 실행하지 못하는 건 실행 과정을 구체적으로 머릿속에 미리 그려 넣지 않기 때문이다. 과정 없는 결과는 없다. 언제, 어디서, 어떻게 실행할 것인지를 구체적으로 그려 바라보면 그대로 일어난다. 과정이 구체적일수록 이미지도 그만큼 더욱 선명하게 그려진다. 초일류 스포츠 선수들이 이미지 훈련을 할 때도 경기 과정을 최대한 생생하게 그린다. 그러다 보면 우승컵을 거머쥔 장면도 자연히 쉽게 그려질 수밖에 없다. 과정을 생략한 채 억지로 성공 이미지만 그리려 들면 무의식적으로 의심이 스며들어 이미지가 흐려진다. 이미지는 의지로 그려지는 게 아니라 과정을 구체화시킬수록 선명하게 그려진다.

이는 이 분야 세계 최고 권위자인 뉴욕 대학의 골비처(Peter Gollwitzer)와 독일의 심리학자 브란트스타터(Veronika Brandstatter) 교수가 실험으로 확인한 바 있다. 그들은 이틀간의 크리스마스 연휴가 시작되기 전 독일 대학생들에게 이런 주문을 했다.

"여러분은 크리스마스 이브를 어떻게 보낼 거죠? 어떻게 보냈는지에 대한 에세이를 써서 12월 26일까지 제출하세요."

그런 다음 학생들을 A, B 두 그룹으로 나눠 B그룹 학생들만 따로 불러 물어보았다.

"여러분은 언제, 어디서, 어떻게 에세이를 쓸 생각인가요? 구체적으로 말해보세요."

학생들은 제각기 대답했다.

"저는 크리스마스 날 아침 일찍 일어나 쓸 작정이에요. 다른 식구들이 일어나기 전 아빠 책상에서 조용히 말입니다. 아빠의 볼펜으로요."

"저는 식구들과 아침 식사를 마치자마자 후딱 해치울 거예요."

교수들은 에세이가 완성되면 우편으로 보내달라고 요청했다.

드디어 크리스마스 연휴가 끝나고 다시 몇 주일이 더 흘렀다. 두 그룹 중 어느 쪽이 목표를 더 많이 달성했을까?

* A그룹 : 12월 26일까지 쓰겠다는 목표만 정해놓은 학생들
  → 평균 7.7일 걸려 에세이 완성
* B그룹 : 언제, 어디서, 어떻게 쓰겠다는 구체적인 실행 과정까지 그려본 학생들
  → 평균 2.3일 만에 에세이 완성

에세이를 완성하는 데만 차이가 벌어진 게 아니었다. A그룹은 완성한 에세이를 제출하는 데도 또 다시 시간을 질질 끌었다.

* A그룹 : 평균 12.6일 만에 에세이 제출
* B그룹 : 평균 4.9일 만에 에세이 제출

더 중요한 문제가 있다. 두 그룹 중 어느 쪽이 에세이 제출이라는 최종 목표를 더 많이 달성했을까?

* A그룹 :　32퍼센트만 에세이 제출
　　* B그룹 :　75퍼센트가 에세이 제출

　　왜 이런 차이가 날까? 교수들은 이렇게 입을 모은다.
　　"크리스마스 날 아침 일찍, 아빠 방에서, 아빠의 펜으로 에세이를 쓰겠다는 식으로 실행과정을 구체적으로 그릴수록 이미지도 그만큼 생생해집니다. 반면 과정이 막연하면 목표를 달성하는 이미지가 생생하게 그려지지 않아요."
　　이미지가 생생할수록 현실로 나타날 가능성도 높아지는 것이다.

　　교수들은 몇 년 후 비슷한 실험을 또 해보았다. 크리스마스 연휴 중 학생들에게 뭘 할 건지 물어본 것이다.
　　학생들은 "리포트 원고를 끝내야 해요", "아파트를 새로 구해야 해요", "부모님을 찾아뵙고 화해해야 해요" 등으로 제각기 대답했다. 그들은 일부 학생들에게 그 목표를 언제, 어디서, 어떻게 실행할 것이냐고 추가로 물었다. 그리고 연휴가 일주일쯤 지난 뒤 학생들의 몇 퍼센트가 목표를 달성했는지 확인해보았다.

　　* 그냥 목표를 세운 학생들 →　23퍼센트만 달성
　　* 구체적 과정까지 상상한 학생들 →　82퍼센트가 달성

　　규칙적인 운동을 목표로 세울 때도 마찬가지다. 그냥 목표만 세우는 것과 목표를 세워놓고 세부적인 실행과정을 떠올리는 것 사이에는 큰 차

이가 난다. 심리학자들이 학생들에게 두 가지 방법으로 목표를 정해 실행하도록 해보았다.

* A그룹 : "나는 앞으로 매주 조깅을 하겠다"라는 문장을 완성토록 했다.
* B그룹 : "나는 앞으로 매주 조깅을 하겠다"라는 문장을 완성토록 한 다음, 다음과 같은 문장을 추가로 완성토록 했다. "나는 (　)부터 매주 (　)요일마다 (　)에서 최소한 (　)분간 조깅을 하기로 했다."

한 달 후 두 그룹이 목표를 달성한 비율은 각각 얼마나 됐을까?

* A그룹 학생들 중 29퍼센트가 목표 실행
* B그룹 학생들 중 91퍼센트가 목표 실행

공 부 안 하 는 아 이 공 부 하 게 만 들 기

만일 당신의 아이가 공부는 안 하고 매일 TV나 보며 빈둥거린다면? 속이 터질 것이다. 그렇다고 "빨리 네 방에 가서 공부해!" 하고 버럭 소리 지른다면? 그것도 별 효과가 없다. 강요받은 마음은 공부를 잘 받아들이지 못하기 때문이다.

셰필드 대학의 쉬랜(Paschal Sheeran)과 웨브(Thomas Webb) 교수는 학생들에게 "다음 주에는 몇 시간이나 공부할 거죠?" 하고 물었다.

"35시간요."

"40시간은 해야죠."

교수들이 다시 말했다.

"그럼 목표로 정한 공부시간을 종이에 적어볼래요?"

학생들이 지시대로 목표 시간을 적은 뒤, 교수들이 일부 학생들을 따로 불러 딱 한 가지 질문을 보태보았다.

"언제, 어디서, 몇 시간씩 공부할 건가요? 그것도 종이에 적어볼래요?"

학생들이 또 시키는 대로 종이에 적었다. 일주일이 지났다. 이들은 몇 시간이나 공부했을까?

* 총 공부 시간만 목표로 적은 학생들 : 평균 10시간 공부
* 언제, 어디서 공부할 건지도 함께 적은 학생들 : 평균 35시간 공부

아이가 영 공부를 안 해 속이 상하는가? 아이에게 스스로 목표를 정하도록 유도한 뒤 구체적인 실행과정을 종이에 적어보도록 하라. 백 번 잔소리 하는 것보다 백 배 낫다.

걸림돌을 미리 바라보면 넘어지지 않는다

고등학교 시절 시험지만 받아들면 너무 긴장해 얼굴이 벌게지고 손이 달달 떨리는 친구가 있었다. 그런 상태로는 머리가 제대로 돌아가지 않는

다. 그래서 그런지 그는 시험만 끝나면 늘 "오늘 시험도 또 망쳤어!"라고 버릇처럼 중얼거리곤 했다. 이른바 '시험 불안증(test anxiety)'이다. 이처럼 목표를 실행하는 과정에는 대개 장애물이 생기기 마련이다.

골비처 교수는 이를 간단히 해결하는 방법을 발견했다. 그는 어느 날 수학시험지를 들고 들어가 학생들에게 엄포를 놓았다.

"오늘 치는 시험은 아주 어려운 수학시험입니다. 고도의 집중력과 사고력을 요하는 시험이죠."

그 말을 듣고 학생들은 더욱 불안해졌다. 설상가상으로 교수는 학생들의 책상 위에 놓여 있는 컴퓨터 스크린에서 재밌는 동영상 광고까지 흘러나오도록 했다. 마음을 어수선하게 만드는 소음공해까지 겹치니 학생들의 불안은 극에 달했다.

그런 다음 교수는 학생들을 강의실 오른편과 왼편 두 편으로 갈라놓더니 오른편 학생들에게 이렇게 말했다.

"시험문제를 풀면서 동영상 광고가 거슬리면 '수학문제에만 집중해야지' 하고 생각해보세요."

동영상 광고로 인한 불안한 마음을 억지로 외면하고 목표에만 집중하라는 얘기였다. 그러나 왼편 학생들에게는 다른 주문을 했다.

"시험문제를 풀면서 동영상 광고가 거슬리면 '그냥 무시하면 되지'라고 생각해보세요."

불안한 마음이라는 장애물을 외면하지 말고, 오히려 정면으로 바라보고 그 해결책까지 미리 생각해보라는 얘기였다.

불안한 마음을 억누르고 목표에만 집중하려 든 오른편 학생들과, 목표 실행 과정에서 나타날 장애물에 대한 해결책까지 미리 생각해둔 왼편 학생들… 과연 어느 편 학생들이 문제를 더 많이 풀었을까? 결과는 이랬다.

* 오른편 학생들 : '수학에만 집중해야지'
  → 54문제를 풀었다
* 왼편 학생들 : '광고가 나오면 그냥 무시하면 되지'
  → 78문제를 풀었다

불안한 마음이 들 때 투지나 의지로 억지로 덮어버리거나 저항하려 들면 오히려 역효과가 난다. 억누를수록 더욱 거세게 일어나는 생각의 속성 때문이다. 덮어버리려거나 저항하지 말고, 있는 그대로 바라보고 그냥 흘러가도록 내버려두는 게 훨씬 낫다. 앞으로 시험을 앞두고 마음이 불안하다면 조용히 이렇게 되뇌보라.

"만일 시험 칠 때 불안한 마음이 생기면, 그럼 무시하고 흘려보내면 되지 뭐!"

이렇게 해결책까지 미리 상상해두면 불안한 마음이 닥치더라도 금방 사라진다. 이게 바로 골비처 교수가 개발해낸 걸림돌 자동 제거 장치 'if-then'(만일 ~하면, 그럼 ~하면 되지 뭐) 공식이다.

알코올 중독자들은 "난 앞으로 절대 술 안 마시겠어!" 하고 아무리 단단히 결심해도 막상 술을 보는 순간 그 결심은 온데간데없이 증발해버린다. 음주 욕구가 잠재의식에 깊이 각인돼 있으니 의지만으로 눌러버리기 어려운 게 당연하다. 따라서 마음속으로 잠재의식에 신호를 보내야 한다. 음주 욕구가 솟아오르는 순간, 즉각 'if-then' 공식을 떠올려라.

"만일 음주 충동이 들면, 그럼 껌을 씹으면 되지 뭐.(혹은 그럼 물을 마시면 되지 뭐.)"

이렇게 해결책까지 미리 상상해두면 설사 술자리에 앉아 있더라도 유혹에 넘어가지 않는다.

외팅겐과 골비처 교수는 독일 고등학교 3학년 여학생들을 두 그룹으로 나누어 수학시험을 치도록 해보았다. 객관식 14문제였다. 시험을 치기 전 A, B 두 그룹에게 똑같이 다음과 같은 지시사항을 읽고 암기하도록 했다.

"나는 최대한 많은 문제를 침착하게 풀 것이다!"

목표의식을 갖도록 하는 글이었다. 그런 다음 B그룹에게만 따로 다음과 같은 내용을 추가로 암기하도록 했다.

"만일 어려운 문제와 마주치면, 그럼 '난 풀 수 있어' 하고 다짐해야지!"

목표를 실행해가는 과정에서 풀기 어려운 장애물이 나타나더라도 그 장애물에 대한 마음가짐까지 상상해두라는 말이었다. 어떤 그룹이 더 많은 문제를 풀었을까? 난제를 미리 상상한 B그룹이 두 배나 더 많은 문제를 풀었다.

우 산 을 깜 빡 하 지 않 는 법

한 남학생이 비를 흠뻑 맞은 채 헐레벌떡 강의실에 뛰어들어왔다. 보기에 민망할 정도로 머리며 옷이 젖었다. 웬일이냐고 물으니 지하철 선반에 우산을 깜빡 놓고 내렸다는 거였다.

"관찰자 효과를 이용하지 그랬어요?"

지하철로 통학하거나 통근하는 사람치고 우산을 잃어버리지 않은 사람은 드물 것이다. 나도 꽤나 많은 우산을 잃어버렸다. 나는 빈 좌석이 생기더라도 그냥 서 있는 버릇이 있다. 그래서 우산은 대개 문 옆에 기대어 세워둔다. 그러고 나서 신문이나 책을 꺼낸 뒤 가방을 선반에다 올려놓는다. 하지만 내릴 때 가방을 깜빡한 적은 없다. 왜냐하면 읽던 신문이나 책을 가방에 도로 집어넣어야 하므로 자동적으로 가방을 찾기 때문이다. 하지만 문 옆에 기대어 둔 우산은 까맣게 잊는 경우가 많았다.

이젠 그런 일이 사라졌다. 'if-then' 공식대로 우산을 기대어 놓으면서, '만일 내가 선반의 가방을 집어들면, 그럼 우산도 함께 집어들면 되지' 하고 미래의 내 행동을 미리 바라보기 때문이다. 가방을 집어들면 자동적으로 우산을 집어들도록 상상 속에서 연결고리를 맺어두는 것이다.

잘 게 쪼 개 면 가 벼 워 진 다

토익 성적 올리는 방법은 없느냐고 물었던 한 여학생이 하소연했다.

"남들은 900점 이상 척척 받는데 저는 아무리 해도 어림도 없어요.

500쪽짜리 토익 책을 여는 순간, 아휴, 이걸 언제 떼나 싶어 골치가 지끈지끈 아파와요."

몇 달째 씨름을 해오고 있었지만 겨우 100쪽 언저리에서 제자리걸음이었다.

"500쪽짜리 영어책을 바윗덩어리처럼 무겁게 바라보고 있군요? 그러니 머리가 짓눌리는 거죠."

짓눌린 머리는 새 정보를 받아들이지 못한다. 억지로 책상 앞에 붙어 있어봐야 말짱 헛거다. 잡념만 무성하게 피어오른다. 잡념은 심신을 더욱 지치게 한다. 악순환이다. 그럼 시각을 돌려 500쪽짜리 책을 잘게 쪼개 바라보면 정말 머리에 쏙쏙 들어올까?

이스라엘 헤브루 대학의 심리학자 브레즈니츠(Shlomo Breznitz)가 그 해답을 찾아보았다. 그는 몇 그룹의 군인들에게 똑같이 40킬로미터 행군을 시켰다. 하지만 각 그룹에게 다른 말을 들려주었다.

한 그룹에게는 이렇게 말했다. "오늘 행군거리는 30킬로미터입니다." 그리고 30킬로미터 행군이 끝난 뒤 다시 10킬로미터를 더 행군하도록 했다.

다른 그룹에게는 이렇게 말했다. "오늘 행군거리는 60킬로미터입니다." 하지만 그 그룹이 실제로 행군한 거리도 역시 40킬로미터였다.

브레즈니츠는 행군이 끝난 뒤 각 그룹의 혈액을 채취해 스트레스 호르몬 수치를 측정해보았다. 측정 결과, 스트레스 호르몬 수치는 실제 행군거리와는 상관없이 앞으로 얼마나 더 걸어야 하느냐 하는 생각에 따라 요동쳤던 것으로 나타났다.

즉 군인들의 몸은 현실에 반응하는 게 아니라 그들이 현실로 바라보는 이미지에 반응하는 것이었다. 쉽게 말해 모든 군인이 똑같이 40킬로미터를 행군했지만, 30킬로미터짜리 행군이라고 상상하며 걸었던 군인들은 30킬로그램의 짐을 짊어지고 걸었던 것과 비슷한 신체적 반응을 보였고, 60킬로미터짜리 행군이라고 상상하며 걸었던 군인들은 60킬로그램의 짐을 짊어지고 걷는 것처럼 탈진상태의 신체적 반응을 보였던 것이다.

생각해보라. "60킬로미터 행군"이라는 말을 듣는 순간 어떤 이미지가 떠오르는가? 60킬로미터나 되는 먼 거리가 이역만리처럼 까마득한 이미지로 떠오른다. 출발 전부터 피곤해진다. 하지만 60킬로미터를 1킬로미터씩 쪼개서 행군한다고 생각하면 어떨까? 1킬로미터 행군은 그리 힘겨운 일이 아니다. 다음 1킬로미터도 역시 힘겹지 않다. 그다음 1킬로미터도 역시 마찬가지다. 이렇게 생각하며 걸으면 60킬로그램의 바윗덩어리를 짊어진 게 아니라 1킬로그램의 가벼운 짐을 짊어진 기분으로 바뀐다.

이 원리는 무슨 일을 하든 똑같이 적용된다. 내가 지금 책을 쓰는 것도 그렇다. 300쪽에 가까운 책을 끝내야 된다고 생각하면 한숨부터 나온다.

머리가 짓눌려 지끈지끈 아파온다. 하지만 300쪽을 쪼개 오늘 하루 사이 오직 두 쪽만 쓴다고 생각을 돌리면 마음이 거뜬해진다.

내가 매일 한 시간씩 걷기로 결심했다고 하자. 결심하자마자 '어휴, 한 시간을 지루해서 어떻게 걷지?' 하고 생각하면 걷기가 무거운 짐으로 둔갑한다. 걷고 나서도 몸이 가뿐해지는 게 아니라 중노동을 한 것처럼 피로독소만 쌓인다.

마라톤 선수들도 42.195킬로미터를 그냥 뛰는 게 아니다. 한 번에 그 긴 거리를 뛰어야 한다고 생각하면 힘이 쭉 빠진다. 대신 이를 여러 구간 으로 쪼개놓고 각 구간별로 목표 시간을 정해놓는다. '이번 5킬로미터는 15분 내에 달려야 해.' 그리고 5킬로미터 구간만 생각하며 달린다. 그럼 몸도 가볍다.

운동생리학자들은 이렇게 잘게 쪼갠 목표들을 '서브 골(sub goal)'이라 부른다. 널리 알려진 것처럼 1마일(1,609m) 경주에서 세계 최초로 4분 벽이 깨진 건 1954년이었다. 1852년 4분 28초의 기록이 세워진 이후 102년간 내로라하는 세계 최고의 선수들이 4분 안에 돌파해보겠다며 도 전했지만, 모두 실패하고 말았다. 언론들은 불가능한 일이라고 입을 모았 다. 무리하게 4분 내에 달리면 폐와 심장이 파열돼 죽음을 초래할 것이 라고 경고하는 의사들도 있었다. 당시 영국 옥스퍼드대학 의대생이었던 배니스터(Roger Bannister)는 마의 4분 벽이 심리적 장벽이라고 생각했다. 이를 어떻게 깨야 할까? 그는 연습할 때마다 3분 59초라고 적은 작은 종 이쪽지를 운동화에 집어넣고 달렸다. 그는 뛸 때마다 이렇게 되뇌었다.

"난 이미 4분 1초의 기록을 세워놓았어. 1초만 더 빨리 달리면 4분, 거기서 1초만 더 빨리 달리면 3분 59초야. 바로 그거야. 내 기록보다 2

최초로 마의 4분 벽을 깬 배니스터

초만 더 빨리 달리면 되는 거야."

다른 선수들의 마음속엔 도저히 넘어설 수 없는 4분 장벽이 버티고 있었다. 하지만 그는 2초만 단축시키면 그만이라고 생각했다. 2초를 둘로 쪼개면 1초, 우선 1초를 뛰어넘으면 되는 거였다. 드디어 1초를 뛰어넘었다. 그러자 더욱 자신감이 생겼다. 1954년 26세의 그는 1마일 경주의 출발선에 섰다.

'오늘 또다시 1초만 더 단축시키면 성공이야.'

그는 죽기를 각오하고 달렸다. 마침내 1마일을 3분 59초 4의 기록으로 주파해내는 데 성공했다. 목표의 실행 과정을 1초 단위로 잘게 쪼개 바라본 결실이었다.

잘게 쪼개면 행복해진다

내가 방송국에 입사한 지 2년쯤 됐을 때의 일이다. 어느 날 아침 보도국장이 불렀다.

"사장이 한 달 뒤에 유럽 출장을 간대. 자네가 함께 가줘야겠어."

사장 비서실에 한 달간 파견근무 명령을 받았다. 알고 보니 사장이 국

내 언론사 사장단과 함께 20여 일간 유럽에 가는데 통역 겸 비서로 따라 가라는 것이었다. 아마 내가 대학원에서 통역을 전공했으니 통역으로는 적격이라고 판단했던 것 같았다.

출장 일정은 환상적이었다. 국제 언론협회 회의는 오스트리아의 빈에 서 열리는데 그 전후로 영국, 프랑스, 독일, 스페인, 이탈리아 등의 주요 방송국을 방문하는 것이었다. 그 일정 사이사이로 세계적인 관광명소들도 들르게 되어 있었다. 그전까지 내가 외국을 가본 건 입사한 지 얼마 안 돼 파리를 가본 게 전부였다. 그 이전엔 비행기 한 번 타보지 못한 왕 촌놈이었다. 하지만 나는 출발 전부터 마음이 편치 않았다.

'내가 사장 비서나 하려고 방송국 들어온 줄 알아? 기자 시험을 쳐서 들어왔어. 근데 왜 나한테 이런 일을 시키는 거지?'

이런 마음을 갖고 있으니 모든 게 힘겹게 느껴졌다. 출장 일정을 확인하고 외국 방송사 사장들과의 면담자료를 준비하는 일들이 번거롭기 짝이 없었다. 한 술 더 떠 사장이 여행중 불시에 던질지 모를 잡다한 질문에 대한 답변까지 외워두라고 하니 더욱 짜증이 났다. 이를테면 이런 거였다. 만일 사장이 여객기를 탔을 때 "이 비행기 길이는 몇 미터나 되지?" 하고 묻거나, "BBC 방송국의 직원은 총 몇 명인가?" 하고 물을 때 주저 없이 척척 대답할 수 있어야 한다는 게 비서실장의 주문이었다.

공항에서 보니 함께 출국하는 언론사 사장단 부부는 10여 쌍이 넘었다. 그 큰 무리를 보니 더욱 기가 질렸다. '타 언론사 사장 부부들까지 내가 안내해야 할 판인가?'

사실 안내하는 일이 그리 큰 문제는 아니었다. 정해진 일정대로 움직이면 그만이었다. 또 유럽의 최고급 호텔에 머물며 책에서나 봤던 최고의 역사적 명소들을 돌고 유럽 최고의 방송사 사장들과 면담하는 일들은 호기심을 자극하기에 충분했다. 하지만 내 생각이 문제였다. 시시콜콜한 잡일까지 해야 한다는 게 갈수록 짜증스럽게 느껴졌다.

"미스터 김, 사진 좀 찍어주세요."

"우리도요!"

관광지에 가면 여기저기서 사진 찍어달라는 말이 쏟아져 나왔다. 물건을 사오라면 가게에 뛰어가 사다 줘야 했다. 사장단 부인들이 쇼핑할 땐 지루하기 짝이 없었다. 사장이 일어나기 전에 먼저 일어나 그날 일정은 물론 심부름할 일이 없는지도 확인해야 했다. 사장이 외국 방송사 사장과 면담하기 전에는 면담내용을 준비하고, 통역하고, 면담이 끝나면 보고서도 써야 했다. 내 머릿속에서는 볼멘소리가 끊임없이 흘러나오고 있었다.

'난 비서가 아니고 기자야. 내가 왜 이런 일을 해야지?'

'내가 자기네들 몸종인가?'

'난 이 사람들과 다니는 게 싫어.'

나는 최고의 호텔에서 최고의 대우를 받으며 최고의 구경을 하고 있었다. 하지만 생각은 늘 다른 곳에 떠다니고 있었다. 난 점점 지쳐가고 있었다. 급기야 독일 방송국에서 회의 도중 코피까지 터뜨리고 말았다.

내가 그토록 지쳐갔던 이유는 내게 주어진 일을 지겹고 성가신 일로 바라보았기 때문이다. 그러다 보니 내 머릿속은 잡념으로 꽉 들어차 있었다. 예를 들어 내 몸뚱이는 대영박물관에 와 있는데도 머릿속은 '난 비서처럼 따라다니는 게 정말 싫어'라는 불만이 가득했다. 사장 부인들의 쇼핑을 지켜보면서는 '남들 쇼핑하는데 난 괜히 이게 뭐하는 짓이야?'라고 투덜대고 있었다. 몸은 현재에 와 있는데 생각은 과거나 미래에 매달려 현재의 순간들을 비웃거나 심판하고 있었다. 몸과 생각이 완전히 따로 놀았다. 만일 내가 그때 나에게 주어진 일들을 잘게 쪼개 바라보았더라면 어땠을까?

'오늘 하루는 어떤 일을 해야지?'

'앞으로 한 시간 동안 뭘 해야지?'

'지금 당장 내가 할 일은 뭐지?'

이렇게 쪼개서 바라보았더라면 몸과 마음이 일치를 이뤄 일도 가볍고 잡념도 비집고 들어서지 못했을 것이다. 나는 일도 하고 관광도 하면서 여행을 즐겼을 것이고, 덕분에 나와 함께 했던 사장단 일행도 더욱 편안했을 것이다. 하지만 어쭙잖은 자존심이 피워낸 불필요한 잡념으로 인생의 귀중한 순간들을 허공에 날려버리고 말았다.

지능을 껑충 높이려면?

"지극히 평범한 아이를 천재로 만들 수 있을까?"

호기심을 못 이긴 한 심리학자가 마침내 신문에 이색 광고를 냈다.

"저와 결혼해주실 지극히 평범한 여자분 급구. 천재 만들기 실험용 아기 낳아주실 여자분."

광고를 보고 사람들이 수군거렸다.

"망측해라. 실험 목적으로 구혼광고를 내다니."

"머리가 헷가닥 돌아간 사람인가 보군."

하지만 신통하게도 그 광고를 보고 결혼하겠다는 여자가 나타났다. 크게 똑똑하거나 크게 멍청하지도 않은 어중간한 지능의 여자였다. 얼마후 계획된 대로 첫 아이도 낳았다. 딸이었다. 딸아이는 예상대로 네 살이 될 때까지 아무런 특별한 재능도 보이지 않았다.

"이 아이를 어떤 분야의 천재로 만들까? 과학? 수학? 음악? 철학? 문학?"

고민 끝에 그는 첫 아이를 체스 천재로 만들기로 결정했다. 이유가 있었다. 당시만 해도 여자는 선천적으로 체스를 못한다는 고정관념이 팽배해 있었다. 실제로 전 세계적으로 체스 명인 가운데 여성은 단 한 명도 없었다. 그는 그게 고정관념 때문이라는 걸 입증하고 싶었다.

또한 그가 깨고 싶었던 것은 지능이 유전된다는 고정관념이었다. 그는 사실 체스엔 문외한이었다. 부인은 더더욱 체스엔 젬병이었다. 또, 양가 선조들 가운데 체스 말을 만져본 사람조차 없었다. 따라서 만일 딸아이가 체스 천재가 된다면 그건 성별로 보나, 유전적으로 보나, 타고난 재능과는 전혀 무관한 일이었다.

그는 천재성을 이끌어내는 가장 큰 힘은 동기유발이라고 보았다. 그래서 아이가 볼 때마다 너무나 재미있는 표정을 지어 보이며 혼자서 체스를 두었다. 호기심이 동한 아이가 다가와 체스 말을 만지면 이렇게 말했다.

"좀 참아. 이렇게 재밌는 건 좀더 커야만 할 수 있단다."

아이는 체스를 하고 싶어 도저히 못 견디고 마구 울곤 했다. 그는 그제야 조금씩 알려주었다. 체스에 관한 그림책들도 많이 사다 놓았다. 아이의 체스 실력은 쑥쑥 늘었다. 그 자신도 아이를 가르치기 위해 직장을 그만두고 체스 공부에 전념했다. 체스에 관한 모든 책을 사다 아이와 함께 읽었다. 체스 명인들의 대국 비디오도 많이 사다 보았다. 서가에는 어느새 만 권이나 되는 체스 책들이 빽빽하게 꽂혀 있었다.

그는 아이를 학교에 보내지 않고 부인과 함께 집에서 가르쳤다. 학교에 보내면 지능에 대한 유전적, 성별적 고정관념에 물들어버릴 게 불을 보듯 뻔해서였다. 대신 집에서 국어, 수학, 과학, 외국어 등 다른 과목들을 틈틈이 가르쳤다. 주입식이 아니라 스스로 재미를 느껴 깨우치도록 자극만 주는 방식을 택했다. 5년 후 둘째 딸이 태어났고, 또다시 2년 뒤엔 셋째 딸도 태어났다. 그들에게도 똑같은 방법으로 체스를 가르쳤다. 온

최연소 체스 챔피언이 된
막내 주디트(좌)와 언니 소피아(우)

식구가 체스에 파묻혀 살았다. 세 딸들은 정말 체스 천재가 됐을까?

첫째 딸은 17세 때 여성으로는 세계에서 처음으로 세계 체스 명인전 예선을 통과했다. 하지만 당시 여성은 본선에 진출할 자격이 없었다. 그런 전례가 없었기 때문이다. 2년 후엔 세 자매가 한 팀으로 세계 대회에서 우승했다. 다시 1년 후, 첫 딸은 역시 여성으로는 사상 처음으로 세계 최고 명인이 됐다. 한동안 세계 정상에 섰다가 최근 은퇴를 선언했다. 둘째와 셋째 딸도 역시 최고 명인 자리에 올랐다. 셋째 딸의 경우 15세에 세계 체스 사상 최연소 명인이 됐다. 그녀는 지금도 세계 1위의 여성 체스 명인인데다, 지난 수년간 남녀를 통틀어 꼬박꼬박 세계 10위 안에 꼽힌다.

"어느 아이든 천재가 될 수 있다고 바라보면 천재가 된다"는 아버지의 신념이 정확히 현실로 나타났다. 헝가리의 교육 심리학자 폴가(Laszlo Polgar)의 이야기다.

지 능 에   대 한   두   가 지   착 각

양자물리학자들은 지능에 대한 두 가지 고정관념을 지적한다. 첫째는 "지능은 타고나는 것"이라는 고정관념이다. 둘째는 "지능은 내 머릿속에서 나오는 것"이란 고정관념이다. 이런 고정관념들이 지능을 고정시킨다.

1. "지능은 타고나는 것, 즉 고정된 것"으로 바라본다.
   → 관찰자 효과에 따라 지능은 더 이상 높아지지 않는다.
2. "지능은 내 머릿속에서 나오는 것"으로 바라본다.
   → 관찰자 효과에 따라 내 머릿속에 든 생각만 돌고 돈다.
   → 새 아이디어는 떠오르지 않는다.

이 두 가지 착각을 떨쳐버리면 닫혀 있던 지능은 저절로 열리게 된다. 즉, "지능은 내가 바라보는 대로 변화하는 것", "지능은 내 머리 밖에서 나오는 것"이라고 생각하면 사고의 폭이 획기적으로 넓어지고 지능도 저절로 껑충 올라간다.

"설마, 지능이 그렇게 쉽게 변할까? 그럼 머리 나빠 출세 못 하는 사람이 세상에 왜 그리도 많단 말인가?"

아마 당신은 즉각 이렇게 반문할 것이다. 그건 당신이 착각의 감옥에 갇혀 있기 때문이다.

첫 번째 착각을 살펴보자. 지능은 정말 고정된 것일까?

빈에서 회의를 마치고 한 음식점에 들렀을 때의 일이다. 우리 일행은 현지 교민들까지 합쳐 30명이 넘었다. 그런데 웨이터가 그 많은 손님의 식사주문을 종이에 적지도 않고 받는 게 아닌가?

"저러다가 다 까먹고 엉뚱한 식사 내놓는 거 아냐?"

사람들마다 한 마디씩 했다. 하지만 그건 기우였다. 30여 명분의 식사는 주문대로 아무 실수 없이 척척 나왔다. 더구나 웨이터는 누가 어떤 주문을 했는지까지 빠삭하게 기억하고 있었다.

"거 참! 여기 웨이터들은 천재들인가?"

나는 나중에 러시아의 심리학자 차이가르닉(Bluma Zeigarnik)이 쓴 책을 보고서야 빈의 웨이터들의 전설적인 기억력이 왜 가능한지 알게 됐다. 그녀도 어느 날 빈의 커피숍에서 커피를 홀짝거리다가 한 웨이터가 무려 20명이나 되는 손님들의 주문을 외우는 걸 목격했다.

그들은 머리가 좋아서 그 많은 주문을 한 번 듣고 척척 외우는 걸까? 그녀는 여러 차례 실험을 해보았다. 대답은 놀랍도록 간단했다. 그건 단지 상황을 바라보는 시각에 달려 있었다.

'주문을 받아야지' 하고 마음먹으면 두뇌도 활짝 열린다. 다른 건 모두 잊고 온 신경이 오로지 주문 내용에만 쏠린다. 그럼 손님들의 주문 내용은 물론 얼굴 표정까지 생생하게 입력된다. 차이가르닉은 이를 '심리적 긴장(psychic tension)' 상태라고 불렀다. 하지만 신기하게도 주문이 끝나는 순간 언제 그 많은 주문을 외웠었느냐는 듯 한꺼번에 깡그리 잊어버린다.

'주문은 다 끝났어. 머리를 비워야지.'

이렇게 생각하고 두뇌를 바라보면 실제로 두뇌가 깡그리 비워지는 것이다. 즉, '내 머리는 활짝 열렸다'고 생각하고 어떤 정보를 받아들이면 실제로 두뇌가 활짝 열려 천재적인 암기력이 생기고, '내 머리를 몽땅 비웠어'라고 생각하면 정말 두뇌에 들어 있던 내용들이 마치 먼지를 털어내듯 일시에 털려나가 깜깜해지는 것이다.

독일의 심리학자 지그프리트(Siegfried Lehrl) 교수는 '머리를 비운다'는 생각이 정말 IQ를 떨어뜨리는지 조사해보았다. 신기하게도 '난 머리를 비웠어'라는 마음가짐으로 2주간 해변에 휴가를 간 사람들의 IQ는 실제로 무려 20포인트나 떨어졌다. 더 신기한 건 휴가가 끝난 뒤 '일하려면 머리를 다시 채워야지' 하는 마음가짐으로 직장에 나가면 불과 나흘 만에 떨어졌던 IQ 20포인트가 다시 제자리로 되돌아간다는 것이었다. 내가 내 머리를 어떻게 바라보느냐에 따라 실제로 내 지능도 오르락내리락하는 게 틀림없지 않은가?

그럼 우리나라 여학생들이 수학에 약한 것도 바로 그런 시각 때문일까? 한 설문조사 결과, 수학교사들의 66퍼센트가 "여학생들이 남학생들보다 수학에 약하다"고 응답한 바 있다. 우리 문화는 성차별도 심하다. 반면 성차별이 존재하지 않는 스칸디나비아 국가들에서는 신기하게도 남녀 간의 수학 성적 차이가 아예 존재하지 않는다.

여학생들을 바라보는 시각이 정말 수학 성적을 춤추게 하는 걸까? 한 교수가 시험 직전 남녀학생들에게 딱 한 마디씩 던져보았다.

한 그룹에게는 이렇게 말했다.

베일록 교수

"편견 한 마디가 평생을
좌우할 수 있다."

uchicago.edu

"과거 시험의 결과, 남녀 간의 차이가 꽤 크게 나타났던 시험입니다."

여학생들에게 '여학생은 수학에 약해'라는 편견을 떠오르게 하는 한 마디였다. 그리고 다른 그룹에게는 이런 편견이 들지 않도록 말해보았다.

"과거 시험의 결과, 남녀 간의 차이가 나타나지 않았던 시험입니다."

결과는 짐작대로다. '여학생은 수학에 약해'라는 편견을 퍼뜩 떠올린 채 시험을 치른 여학생들의 성적은 남학생들보다 떨어졌다. 반면 이런 편견을 잊은 채 시험을 본 여학생들은 남학생들과 같은 수준의 성적을 거뒀다. 스탠퍼드 대학의 스틸(Claude Steele) 교수가 실시한 실험이다.

그럼 만일 여교사가 학생들 앞에서 무심코 이런 말을 중얼거린다면 어떨까?

"어휴, 난 왜 계산이 서툴지? 여자라 그런가 봐."

1년 후 수학시험을 쳤더니 그 반 여학생들의 수학성적이 형편없이 떨어졌다. 기이하게도 남학생들의 성적이나 다른 반 여학생들의 성적엔 별 변화가 없었다. 이는 실제로 시카고 대학의 베일록(Sian Beilock) 교수가 초등학교 1~2학년생들을 대상으로 실험해 얻은 결과다. 여교사가 무심코 흘리는 편견의 말 한 마디가 어린 여학생들의 평생 수학 능력에 돌이킬 수 없는 상처를 냈던 것이다.

그럼 거꾸로 여학생들의 수학점수를 끌어올리는 편견은 없을까? 미국에서는 한국, 중국, 인도 등 아시아계 학생들은 남녀를 불문하고 수학을 잘한다는 고정관념이 널리 퍼져 있다. 신기하게도 수학시험을 칠 때 이 고정관념을 퍼뜩 떠올리도록 유도하면 아시아계 여학생들의 수학점수도 쭉 올라가는 기현상이 일어난다.

"이런 고정관념이 수학점수에 얼마나 강력하게 나타날까?"

하버드 대학의 쉬(Margaret Shih) 교수는 아시아계 여성들을 세 그룹으로 나눠 수학시험을 쳐보도록 했다. 먼저 시험을 치기 직전 각기 간단한 설문조사에 응하도록 했다.

* A그룹 : 인종에 관한 설문조사
  → '수학 잘하는 아시아계'라는 고정관념을 상기시킴.
* B그룹 : 성에 관한 설문조사 → 고정관념과는 상관없음.
* C그룹 : 전화서비스에 관한 설문조사 → 고정관념과는 상관없음.

예상은 적중했다. 자신을 '수학 잘하는 아시아계'로 바라보며 시험을 친 A그룹의 수학점수가 B나 C그룹보다 삐죽하게 솟아올랐다.

"정말 신기한 일이야. 자신을 어떻게 바라보느냐가 이런 차이를 만들어내다니. 그럼 고정관념이 존재하지 않는 곳에서는 점수 차이도 안 날까?"

교수는 이번에는 캐나다의 밴쿠버를 실험장소로 택했다. 미국과는 달리 그곳은 중국, 홍콩, 대만, 한국, 인도의 일반 이민자들이 워낙 많이 뒤

섞여 사는 곳이다. 수학 잘하는 유학생들이 몰려 있는 미국과는 다르다. 따라서 "아시아인은 수학 잘 한다"라는 고정관념도 사실상 존재하지 않는다. 교수는 그곳에 사는 아시아계 여성들도 앞서와 똑같이 A, B, C 세 그룹으로 나눠 똑같은 실험을 해보았다. 이번에도 A그룹의 수학점수가 높았을까? 결과는 그렇지 않았다.

"정말 신기하군. 고정관념이 없는 곳에서 시험 치니 점수 차이도 생기지 않는걸."

자신이 특별한 수학적 재능을 가졌다고 바라보는 사람들이 없으니 특별한 수학점수가 나올 리 없었던 것이다.

미국에서는 "흑인들은 백인들보다 머리가 나빠"라는 고정관념도 팽배하다. 아무리 똑똑한 흑인들이라도 자신도 모르게 이런 편견에 빠져든다. 그래서 백인들과 지능이 비교된다는 생각이 드는 순간 지능은 저절로 떨어진다.

스탠퍼드 대학의 스틸 교수는 SAT 시험을 치르기 직전 흑인학생들에게 인종을 명시하도록 해보았다. 인종을 명시하는 난에 '흑인'이라는 단어를 기입하는 순간, 흑인학생들의 머릿속에서는 '머리 나쁜 흑인'이라는 편견이 번쩍 떠올랐다. 그러면서 '나도 머리 나쁜 흑인이라는 말을 듣게 되면 어쩌지' 하는 불안이 머리를 꽉 채워버렸다. 풀어야 할 문제는 머리에 들어오지 않았다. 결국 그들의 점수는 형편없이 떨어졌다.

이번에는 대학원 수능시험 격인 GRE의 고난도 문제들만 골라 흑인과 백인 대학생들에게 동시에 풀게 했다. 먼저 한 그룹에게 이렇게 말했다.

"이 시험은 중요한 거 아니니까 마음 푹 놓고 편하게 풀어보세요."

스틸 교수

"'난 머리 나쁜 사람'이라는 편견을 상기하는 것 자체만으로 성적이 크게 떨어진다."

harlemworldblog.wordpress.com

또 다른 그룹에게는 몹시 중요한 시험이라고 강조했다.

"이 시험은 여러분의 지능을 정확하게 알아 보려는 거니까 최선을 다하세요."

점수를 채점해본 스틸 교수는 깜짝 놀랐다. 가벼운 마음으로 시험을 친 첫 그룹의 흑인 대학생들 점수는 백인들과 비슷했다. 하지만 지적 능력을 시험한다는 말을 들었던 둘째 그룹 흑인들의 점수는 크게 떨어졌다. 왜일까? 그들은 자신들을 바라보는 고정관념에 휩싸였다. 그래서 스스로를 '난 머리 나쁜 흑인'이라는 시각으로 바라보았고, 그런 시각이 실제로 점수를 떨어뜨렸던 것이다. 이와는 반대로 백인들은 자신감에 가득 찼다. 그래서 '흑인들은 공부 못하는 사람들'이라는 시각으로 시험 친 흑인들은 평소보다 점수가 나빴고, '백인들은 공부 잘하는 사람들'이라는 마음으로 시험 친 백인들은 오히려 점수가 더 올라갔던 것이다.

흥미로운 사실은 백인 학생들에게 시험 직전 "지금 우리가 치려는 시험의 과거 성적을 보면 동양인이 백인들보다 점수가 좋았다"고 말하면, 백인들의 성적이 평소보다 정말 떨어진다는 것이다.

한 교수가 평소 공부를 잘하는 백인 남학생들에게 시험지를 나눠주며 말해보았다.

"아시아계 학생들은 수학을 잘한다고 하죠. 이 시험은 바로 그 비결을 캐내려는 실험의 일부입니다."

그 말을 듣는 백인 남학생들의 표정이 순간적으로 바짝 얼어붙었다. '백인들은 아시아계보다 수학에 약해'라는 고정관념이 불쑥 떠올랐기 때문이다. 아니나 다를까. 그들의 점수는 어이없이 툭 떨어졌다. 고정관념을 암시받지 않은 남학생들보다 열여덟 문제 중 무려 평균 세 문제나 더 틀렸다. 실험을 주도한 뉴욕 대학의 아론슨(Joshua Aronson) 교수는 혀를 끌끌 찼다.

"그 학생들은 모두 SAT 점수가 800점 만점에 750점 이상인 우수한 학생들인데. 말 한 마디에 그처럼 큰 폭으로 점수가 떨어지다니…."

그 남학생들은 교수의 말 한 마디를 듣고 자신들을 '아시아계들보다 수학에 약한 백인들'이라고 바라보았고, 바라본 대로 고스란히 현실로 나타났던 것이다.

정말 거짓말처럼 간단한 일 아닌가? 나의 지능을 높이고 싶다면 나의 지능을 높게 바라보면 그만이다. 전적으로 내 두뇌를 어떻게 바라보느냐에 달린 문제다. 그래서 컬럼비아 대학의 심리학자 드웩(Carol Dweck) 교수는 "내 지능은 내가 어떻게 바라보느냐에 따라 고무줄처럼 줄기도 하고 늘어나기도 한다"고 말한다.

정말 신기한 일 아닌가? 고정된 건 줄로만 알았던 지능이 고무줄처럼 늘었다 줄었다 하다니? 지능은 전혀 고정된 게 아닌 것이다.

그럼 두 번째 착각은 어떤가? 과연 "지능은 내 머릿속에서 나오는 것"일까?

미국 펜실베이니아 주에 사는 샌트하우스(Christina Santhouse) 양은 여덟 살 때 두뇌가 바이러스에 감염돼 두뇌의 좌반구를 완전히 들어냈다. 수술한 지 2년이 지나 기자들이 방문해보니 그녀는 마당에서 친구들과 자유롭게 깡충깡충 뛰어놀고 있었다. 근처 호수에서 보트도 탔다. 수영도 했고, 다이빙도 즐겼다. 교회 성가대의 일원으로도 활약했다. 기자들이 물었다.

"학교에선 무슨 과목이 가장 재미있니?"

"물론 수학이죠."

그녀는 반쪽 두뇌로 학교에서도 우등생이었다. 전 과목에 걸쳐 최고 점수를 받아 대학에도 진학했다. 영국의 버사(Bursa)라는 소녀도 역시 똑같은 수술을 받았지만 몇 년 후 네덜란드어와 터키어를 유창하게 구사하게 되었을 만큼 머리가 좋다. 두뇌의 반쪽을 잃었다고 해서 반드시 반쪽짜리 지능이 되는 건 아니다. 이런 일이 어떻게 가능할까? 특정기억은 두

샌트하우스
반쪽밖에 없는 두뇌지만 반쪽짜리 인간은 아니다. 그녀는 최우등으로 졸업했다.

뇌의 특정 부위에 저장된다는 의학계의 오랜 정설이 왜 들어맞지 않는 걸까?

미국의 신경생리학자 래실리(Karl Lashley) 박사는 쥐들에게 미로를 달리는 훈련을 시켰다. 그런 다음, 쥐들의 뇌를 외과적으로 제거한 뒤 다시 미로를 달리도록 해보았다. 쥐들은 종종 비틀거리기는 했지만 뇌의 상당 부분이 제거됐는데도 기억력을 유지한 채 미로를 제대로 찾아갔다.

이번에는 인디애나 대학의 생물학자인 피취(Paul Pietsch) 교수가 도마뱀을 대상으로 실험해보았다. 먼저 도마뱀들에게 먹이를 찾아 먹는 방법을 완전히 기억할 때까지 가르쳐주었다. 그런 다음 두개골을 열고 두뇌의 거의 대부분을 끄집어내 고기 저미는 기계에 넣고 잘게 갈았다. 도마뱀들의 기억을 완전히 지워버린 것이다. 그러고는 두개골에 도로 집어넣었다.

"이젠 도마뱀들이 먹이 찾아 먹는 방법을 기억해내지 못하겠지?"

하지만 웬걸? 도마뱀들은 두뇌가 산산조각나기 전에 배웠던 것들을 그대로 기억해냈다.

더 단적인 예는 아메바이다. 아메바는 두뇌도, 신경조직도 없는 단세포 원생동물이다. 하지만 위족偽足(가짜다리)으로 세균이나 다른 원생동물을 끌어들여 잡아먹는다. 두뇌도 없는 아메바가 뭘 잡아먹고, 어떻게 싸우거나 도망칠 것인지를 척척 궁리해낸다. 두뇌는 없지만 분명히 생존을 위한 지능을 갖고 있다. 이 지능 덕분에 수백만 년간 생존해올 수 있었다.

지능이 두뇌에만 국한된 것이라면 대체 이게 가능한 일인가?

스탠퍼드 대학의 세계적인 신경생리학자 프리브램(Karl Pribram) 교수도 수많은 환자들을 치료하면서 의문이 들었다.

"환자들은 뇌의 상당 부분을 제거했는데도 왜 기억의 일부가 상실되지 않는 거지?"

심지어 치매환자들도 그랬다. 한 환자는 치매가 워낙 심해 마지막 10년간을 식물인간 상태로 지냈다. 아들들을 봐도 누가 누군지 알아보지 못하고 말도 못했다. 그러다가 어느 날 돌연 얼굴빛이 회색으로 변하더니 의자에서 앞으로 고꾸라졌다. 아들이 의사를 부르려 하자 뜻밖에도 정신이 깜깜하던 아버지가 말을 하는 것 아닌가?

"아들아, 의사 부를 필요 없단다. 어머니에게 사랑한다는 말을 전해주렴. 나는 괜찮다는 말도 함께."

아버지가 숨을 거둔 직후 부검을 해보니 뇌세포 대부분이 치매로 파손돼 있었다. 사실상 두뇌가 없는 거나 마찬가지였다. 그런데도 마지막 순간 어떻게 돌연 정신이 말짱해져 그런 말을 할 수 있었을까?

또한 영국의 뇌과학자 로버(John Lorber) 박사가 뇌세포의 90퍼센트가 파손된 뇌수종 환자들을 조사해보니 지능지수(IQ)는 놀랍게도 발병 이전과 변함이 없는 것으로 나타났다. 어떻게 이런 일이 가능할까? 두뇌는 지능이 생기는 곳이 아니라, 어디선가 지능을 받아들이는 기능만 하는 걸까?

두뇌과학자들은 오랫동안 아인슈타인의 지능이 그의 두뇌에 들어 있는 것으로 착각했다. 그래서 그가 죽은 뒤 두뇌를 방부제인 포름알데히드가 든 유리병에 넣어 보관해뒀다. 결국 나중에는 여러 과학자들이 연구를 한다며 서로 여러 조각으로 나눠 가졌다. 그럼 그의 지능도 여러 조각들로 쪼개졌을까? 그의 지능은 그중 어느 조각에 들어 있을까?

창밖을 내다보면 왜 성적이 오를까?

이처럼 지능이 두뇌에서 나오는 게 아니라면 도대체 어디서 나올까?

한 초등학교 이야기다. 그 학교는 창문이 거의 없는 낡은 건물이었다. 낮에도 형광등을 켜야 할 만큼 어두컴컴했다. 설상가상으로 선생님들은 학생들의 집중력을 높인다며 수업할 때 커튼까지 쳐놓곤 했다. 학생들의 성적은 전국에서 꼴찌를 맴돌았다.

선생님들은 한탄했다.

"이 아이들은 머리가 너무 나빠. 아무리 가르쳐도 따라가지 못해."

얼마 후 창문이 널찍한 새 학교 건물로 이사를 갔다. 밖이 훤히 내다보였다. 학생들은 공부하다가도 문득문득 무한히 펼쳐진 창공과 확 트인 들판을 바라보며 마음까지 확 트임을 느꼈다.

그러자 놀랍게도 1년 만에 학생들의 평균 성적이 20퍼센트 이상 수직 상승했다. 꼴찌였던 학교가 일등으로 올라섰다. 미국 캘리포니아 주 포오우크스Four Oaks 초등학교에서 일어난 일이다.

이 소식을 전해 들은 캐나다 앨버타 교육청도 다섯 개 초등학교에 일제히 널찍한 창문을 달도록 해보았다. 놀랍게도 똑같은 결과가 나왔다. 성적만 좋아진 게 아니었다. 불과 2년 만에 학생들의 평균 키도 2센티미터 넘게 쑥 커졌다. 충치 발생률은 9분의 1로 뚝 떨어졌다. 이 소식이 전해지자 북미의 초등학교들이 일제히 창문을 넓히기 시작했다.

고등학생들은 안 그럴까? 미시간 대학의 마쯔오카(Rodney Matsuoka) 교수는 101개 고등학교들을 대상으로 조사해보았다. 결과는 마찬가지였다. 창밖의 자연을 얼마나 많이 내다보느냐에 따라 성적도 들쭉날쭉했다. 조사결과를 요약하면 이렇다.

"창밖으로 내다보이는 식물들이 많으면 많을수록, 자주 내다볼수록, 창문이 크면 클수록 학생들의 성적도 좋고, 대학진학률도 높았다."

왜 창밖의 자연을 내다보면 성적이 오를까? 굳이 창밖이 아니라도 그렇다. 방 안에서 자연을 연상하기만 해도 지능이 오른다. 일본의 심리학자 시바타 세이지와 스즈키 나오토는 어떤 사무실에는 화분을 놓아둔 반면, 다른 사무실에는 전혀 놓지 않았다. 식물 대신 잡지걸이를 놓아둔 사무실도 있었다. 그런 다음 직원들에게 다양한 창조적 활동을 해보도록 했다. 실험 결과, 식물을 바라본 직원들의 창조성이 단연 압도적으로 높았다.

텍사스 A&M 대학의 울리치(Robert Ulrich) 교수는 식물을 사무실에 놓아두면 아이디어 제안 건수가 15퍼센트나 증가한다는 사실을 발견했다. 어린이들도 마찬가지였다. 황량한 야외 공간보다는 식물이 가득한 뜰에서 놀게 했을 때 훨씬 더 창조적인 놀이를 하는 것으로 나타났다.

세계적인 철학자들이나 예술가들, 과학자들은 어떤가? 그들이 하나같이 자연을 바라보며 산책했던 것도 지능의 마력에 홀려서였을까?

독일의 철학자 이마누엘 칸트는 평생 자신이 살던 도시 쾨니히스베르크를 벗어나 본 적이 없었다. "난 여행을 하지 않는다. 자연 속에서 모든 해답을 얻을 수 있는데 왜 굳이 돈과 시간을 들여 여행을 하는가?" 그는 매일 정확하게 오후 3시 30분에 늘 똑같은 거리를 산책했다. 걷는 속도도 변함이 없었다. 동네 사람들이 그가 집 앞을 지나가는 시간을 보고 시계를 맞추었다는 유명한 일화도 여기서 나왔다.

우울증에 시달렸던 베토벤은 심지어 비가 억수같이 쏟아지는 날에도 우산이나 모자도 쓰지 않은 채 성곽의 큰 공원을 산책했다. 산책하지 않으면 새로운 아이디어가 떠오르지 않는다고 생각했기 때문이다. 루소와 에머슨, 키르케고르는 산책할 때 반드시 작은 노트를 챙겼다고 한다. 걷다가 생각이 떠오르면 기록하기 위해서였다. 《리바이어던》을 쓴 영국의 철학자 홉스는 지팡이 끝에 아예 작은 잉크병을 집어넣고 다녔다고 전해진다. 궁금하기 짝이 없다. 창밖을 내다보거나 밖에 나가 자연을 바라보며 산책하면 왜 머리가 더 잘 돌아가거나 생각이 더 잘 떠오를까?

한 신기한 자연현상에서 힌트를 얻어보자.

일본인들이 많이 기르는 관상어 중에 '고이'라는 잉어가 있다. 고이는 작은 어항에 넣어두면 5센티미터 정도밖에 자라지 않지만 연못에 풀어주면 25센티미터까지 자라게 된다고 한다. 또, 강물에 방류하면 무려 1미터 안팎까지 자란다. 그런데 알고 보면 고이만 그런 게 아니다. 우리가 흔히 보는 금붕어도 큰 연못에 넣어두면 40센티미터가 넘게 자란다. 네덜란드의 한 남성이 길렀던 금붕어는 47.4센티미터나 자랐던 것으로 기네스북은 기록하고 있다. 강물에 방류하면 1미터도 넘게 자란다. 그뿐인가? 큰 곳에 살면 수명도 늘어난다. 영국의 '티시(Tish)'라는 이름의 금붕어는 무려 43년간이나 살아 역시 기네스북에 올랐다. 얼마나 넓고 멀리 바라보며 자라느냐에 따라 물고기의 크기가 스무 배나 넘게 차이 나고, 수명도 부쩍부쩍 늘어난다.

그럼 지능은 어떨까? 지능도 넓고 멀리 바라보면 부쩍부쩍 늘어날까?

사람도 자연의 섭리를 벗어나지 못한다. 방 안에 갇혀 지내면 지능이 떨어지고 확 트인 자연을 바라보면 지능이 높아지는 게 당연하다. 그럼 아예 자연이 아닌 우주를 바라보면 어떨까? 관찰자 효과에 따라 우주만큼 사고의 폭도 넓어지는 걸까?

기발한 아이디어는 우주에서 떨어진다

특이한 방법으로 대박을 터뜨린 사람이 있다.

그녀는 1년 동안 백수였다. 자신이 방송작가로 일하던 TV 프로가 졸지에 폐지됐던 것이다.

"시청률이 너무 떨어져 어쩔 수 없네요. 광고가 안 들어와요."

눈앞이 캄캄했다. 이제 겨우 유치원에 다니는 딸아이 얼굴이 퍼뜩 떠올랐다. 불행은 한꺼번에 찾아온다더니, 바로 1년 전부턴 해외 연수를 간다고 미국에 갔던 남편마저 연락을 끊은 상황이었다.

그녀는 무슨 영문인지도 몰랐다. 조금 지나니 차라리 잘 됐다는 생각도 들었다. 늘 밖으로만 나돌던 남편, 어차피 바늘방석처럼 불안했던 결혼생활이었기 때문이다. 하지만 잘리고 나서 어디를 둘러봐도 비집고 들어갈 직장이 없었다. 평범한 외모, 30대 중반의 나이, 싱글 맘, 실무경험 전무… 스스로 생각해봐도 자신 있게 내놓을 만한 장점이 아무것도 없었다. 그렇다고 남을 탓할 수도 없었다. 남을 탓하는 건 자신의 운명을 스스로 남의 손에 넘겨주는 짓이라는 걸 잘 알고 있었다. 딸아이는 어떻게든 먹여 살려야 했다. 그러다가 눈에 띈 게 TV 단막극 공모 광고였다.

"가장 자신 있는 것 딱 한 가지, 거기에 혼신의 힘을 쏟아라. 그럼 반드시 길이 뚫린다."

어느 책에선가 읽었던 말이 떠올랐다. 그녀는 방송작가 시절 끼적거리다 처박아두었던 극본 원고를 다시 끄집어냈다. 그리고 거기에 정말 미친 듯이 매달렸다. 쓰고 고치고 쓰고 고치고… 딸아이가 잠들거나 혼자 노는 틈만 나면 오로지 그 생각뿐이었다. 석 달 동안 그 짓만 했다. 어느덧 마감 시한이 일주일 앞으로 다가왔다. 그런데도 원고가 영 제대로 풀리지 않았다.

"내 머리로는 도저히 안 되는 건가 봐."

어느 날 새벽, 그녀는 쪽방 책상 앞에서 앉아 이렇게 중얼거렸다. 몸으로 때우는 거라면 몸이 부서져라 수백 번이고 수천 번이고 해보겠는데, 머리가 안 돌아간다 생각하니 정말 어쩔 수 없다는 절망감이 들었다. 한겨울의 냉기가 뼛속까지 파고들었다. 춥고 외로웠다. 하지만 포기할 수도 없는 일이었다. 자신과 딸아이의 실낱같은 희망은 오로지 거기에 걸려 있었다. 머리가 쪼개질 듯 아파왔다. 벌떡 일어서서 벽에 걸린 긴 거울에 비친 자신의 모습을 바라보았다. 며칠째 감지 않아 기름이 조르르 흐르는 생머리, 핏기 하나 없는 피부, 앙상해진 몰골, 퀭한 눈….

"세상살이 참 힘들지? 네 힘으로 안 되면 하늘의 힘을 빌려보렴."

거울 속에서 스며 나오는 나지막하고 따스한 음성. 그녀는 소스라치게 놀랐다. 3년 전 돌아가신 아버지의 음성이었다. 환청이었을까? 그녀는 그 자리에 스르르 구겨져 내렸다. 울음이 터져 나왔다. 엉엉 울었다. 잠시 후 정신을 차린 뒤 원고를 다시 움켜잡았다.

"하느님, 제발 완벽한 원고를 보내주세요."

자신도 모르게 굴러 나온 말이었다. 그러고는 기절하듯 잠이 들었다. 다음날 눈을 뜨는 순간 부리나케 볼펜부터 찾았다. 뭔가에 홀린 듯 정신없이 메모해나가기 시작했다.

"그건 분명히 내 머리에서 나온 건 아니었어요. 완벽한 원고가 고스란히 보였으니까요. 제목까지도—."

예감대로 그녀는 응모에 당선됐고, 대박을 터뜨렸다. 신기하지 않은가? 자신의 머릿속만 바라보고 머리를 쥐어짤 땐 기발한 아이디어가 튀어나오지 않았다. 하지만 너무나 절박한 나머지 자신도 모르게 하늘을 향해 애원하는 순간 고대하던 아이디어는 저절로 굴러떨어졌다. 이런 비결을 터득한 사람들은 의도적으로 매번 그렇게 한다.

공포소설의 천재 스티븐 킹은 《미저리》의 아이디어를 어떻게 얻었느냐는 질문을 받고 이렇게 대답했다.

"비행기를 타고 영국에 가던 중이었죠. 졸음이 쏟아지기 직전 우주에 이렇게 부탁했어요. '멋진 공포소설 줄거리가 떠오르게 해주세요.' 그러고 나니 꿈속에서 여성 테러범이 나타났어요. 그 여성은 한 작가를 인질로 잡더니 금방 죽여버리고는 탑승객들이 보는 앞에서 칼을 꺼내 죽인 작가의 피부를 모두 벗겨내는 것이었어요. 그리고 시체는 돼지한테 집어던져 아귀아귀 씹어먹게 하고, 벗겨낸 피부는 책을 장정하는 데 썼죠. 잠에서 깬 후 그 장면을 얼른 메모해뒀다가 《미저리》로 완성했답니다."

《보물섬》을 쓴 로버트 스티븐슨도 자서전에서 비슷한 방법을 썼다고 털어놓았다. 그는 잠들기 전 손가락으로 머리를 가리키며 이렇게 주문했다.

"머리야, 똑똑히 들어라, 우주에서 어떤 이야깃거리들이 쏟아지는지 잘 기억해다오. 많은 사람들이 읽고 싶어 안달할 이야기 말이야."

뉴턴은 아침에 일어나자마자 침대에 쪼그리고 앉아 밤사이 우주에서 떨어진 생각들을 반추하곤 했다. 그럴 땐 식사하라는 소리도 듣지 못했다. 이처럼 우주에 존재하는 가능성을 믿고 바라보는 사람에겐 바라보는 대로 나타나는 것이다.

두뇌가 잠들어 있을 때 문제가 저절로 풀리는 신기한 현상은 실험으로도 입증된다. 독일 루에벡Luebeck 대학의 보른(Jan Born) 교수는 사람들에게 골치 아픈 수학문제들을 내주고 풀어보라고 했다. 아무도 풀지 못했다. 그래서 한 그룹에게는 밤을 새워 문제를 계속 풀어보라고 했다. 다른 한 그룹에게는 잠을 잔 뒤 다음날 아침에 일어나 다시 풀어보도록 했다. 어느 그룹이 문제를 풀었을까? 밤새워 끙끙거린 피험자들은 여전히 문제들을 풀지 못했지만, 잠을 푹 자고 난 피험자들은 일어나자마자 세 배나 더 많은 문제들을 풀어냈다. 두뇌가 잠들어 있는 사이 문제를 술술 풀어낸 건 누구인가?

가능성을 닫으면 두뇌도 닫혀버린다

그럼 우주엔 얼마나 많은 가능성이 들어 있을까?
이런 상상을 해보자.

* 당신이 차를 타고 가다가 아슬아슬한 사고를 당했다.
  다행히 사고는 모면했다.
* 다른 우주에 사는 또 다른 당신은 똑같은 사고를 당해
  불행히도 숨지고 말았다.
* 또 다른 우주에 사는 당신은 간신히 목숨을 건져
  병원에서 치료를 받고 퇴원했다.
* 또 다른 우주에 사는 당신은 치료를 받고 퇴원하다가
  돌부리에 걸려 넘어졌다.

당신은 아마 "말도 안 되는 허튼소리" 혹은 "공상과학 같은 소리"라
고 생각할 것이다. 하지만 이 모든 가능성이 사실이라면? 사실이 아니라
는 걸 당신은 어떻게 입증할 수 있는가? 이 세상 아무도 입증할 수 없다.

옥스퍼드 대학의 도이치(David Deutsch) 교수 등 저명한 과학자들은
2007년에 위와 같은 상상이 수학적으로 완벽한 사실이라는 걸 입증했다.
프린스턴 대학과 UCLA 대학 등의 많은 과학자들도 이른바 평행우주
(parallel universes)들의 존재가 수학적으로 딱 들어맞는 사실이라고 입을 모
은다. 천체물리학의 천재 스티븐 호킹 박사도 동의한다. MIT의 물리학자
구스(Alan Guth) 교수는 "엘비스 프레슬리가 아직 살아 있는 우주는 존재

148

카쿠 교수

"평행우주는 반드시 존재한다."

한다"고 단언한다. 이 우주에 살고 있는 당신은 지금 안락한 의자에 앉아 책을 읽고 있지만, 다른 우주에선 똑같은 얼굴을 가진 또 다른 당신은 돌도끼를 쳐들고 새끼 공룡과 사투를 벌이고 있을 수도 있다. 노벨물리학상 수상자인 와인버그(Steven Weinberg)는 이런 가능성들을 라디오 채널에 비유한다.

"당신이 살고 있는 공간은 여러 나라의 수십 개 방송국에서 송출한 수백 가지 전파로 가득하다. 그러나 당신은 그 가운데 단 한 가지만 청취할 수 있다. 나머지 전파들은 그저 가능성으로만 존재하다가 채널을 돌리는 순간 현실로 나타난다."

당신이 상상할 수 있는 모든 상황이 무수한 평행우주에서 실제로 펼쳐진다는 얘기다. 뉴욕 시립대학의 물리학자 카쿠(Michio Kaku) 교수는 앞으로 수조 년 후 우리가 사는 우주가 완벽하게 얼어붙기 전, 인간은 다른 평행우주로 대이동할 기발한 방법을 고안해낼지 모른다고 예측하기도 한다.

그럼에도 불구하고 대부분의 사람들이 이를 "허튼소리"로 치부하는 이유는 단 하나다. 모르기 때문이다. 우리는 머릿속에 든 지식을 잣대로

나를 바꿔놓는 요술 일곱 가지

우리 현실과 너무 동떨어진 일은 무조건 "허튼소리"라고 일축하고 가능성의 문을 완전히 닫아버린다. 하지만 가만히 생각해보자. 우리 머릿속에 들어 있는 게 뭔가? 어릴 적부터 가정에서, 학교에서, 사회에서 배우고 체험한 것들이 전부다. 그걸 찧고 까불러 굴려내는 생각들이 고작이다. 그런데도 그게 틀림없는 사실이라고 믿고, 그 믿음의 틀 속에 틀어박혀 꿈쩍도 하지 않는다.

다시 한 번 생각해보라. 우리가 틀림없다고 믿었던 지식들이 늘 들어맞았는가? 우리는 오랫동안 태양계가 속한 은하수가 우주의 전부라고 믿었었다. 그러다가 관측기술이 좋아지면서 은하수와 같은 은하가 수십억 개도 넘게 존재한다는 사실에 눈을 떴다. 우리 우주엔 지구의 모래알보다 더 많은 별들이 존재한다는 것이었다. 하지만 놀랍게도 그게 다가 아니었다. 최첨단 인공위성과 우주왕복선이 전송한 데이터들을 분석해보니, 우리 우주와 비슷한 또 다른 우주들이 무수히 존재할 가능성이 어마어마하게 컸다. 우리는 사막의 모래알보다 작은 사고의 틀 속에 꼭꼭 틀어박혀 있었던 것이다. 당신은 여전히 이렇게 생각할지 모른다.

"설사 무수한 평행우주가 실제로 존재한다 한들 그게 나와 무슨 상관인가? 내가 벌어먹고 사는 데 무슨 쓸모가 있는가?"

평행우주는 무한한 가능성을 뜻한다. 이 우주에 사는 당신은 봉급쟁이에 불과할 수 있지만, 다른 우주에 사는 똑같은 당신은 수천억 원대의 재산가일 수도 있다. "난 머리가 나빠"라고 한탄하는 당신이 다른 우주에선 천재 과학자일 수도 있다. 이 우주에 사는 당신은 다리뼈가 부러졌을 수 있지만, 다른 우주에 사는 당신의 다리는 멀쩡할 수도 있다. 이 우주에 사는 당신은 한숨을 푹푹 내쉬며 신세한탄만 할 수 있지만, 다른 평행우주에선 재산가일 수도, 천재 과학자일 수도, 다리뼈가 멀쩡할 수도 있는 것이다. 당신과 외모도, 머리도, 유전자도 똑같은 사람들이다. 단지 생각만 다를 뿐이다. 다시 말해 생각만 돌려 바라보면 당신이 바로 그렇게 변신하는 것이다.

"나는 무수한 평행 우주에 존재하는 무수한 나 가운데 어떤 나를 선택할 것인가?"

진심으로 이렇게 마음을 먹고 선택하면 그 선택이 바로 현실이 된다. 당신은 여전히 의심을 품고 있을지 모른다. 하지만 가능성만큼은 열어놓아야 한다. 가능성을 열어놓아야 머리도 열린다. 반면 가능성을 닫아버리면 관찰자 효과에 따라 머리도 닫혀버린다. 우주의 무한한 가능성이 접근 금지 상태가 된다.

평행우주의 가능성을 받아들여 온갖 심신의 병을 치료하는 사람들도 있다. 킨슬로우(Frank Kinslow) 박사도 그 중 하나다.

예를 들어 내가 교통사고로 허리를 다쳤다고 가정해보자. 병원에 가서 촬영해보니 네 번째 척추 마디가 삐끗 어긋났다. 앞서 언급했듯 우주엔 무수한 가능성이 존재한다. 네 번째 척추 마디가 삐끗한 척추가 있는가 하면, 다섯 번째가 어긋난 척추도 있다. 멀쩡한 척추도 있다. 몽땅 망가진 척추도 있다. 이 모든 가능성을 다 받아들이면? 마음의 시야가 무한히 넓어진다. 무한한 마음 상태에서 내가 원하는 멀쩡한 척추를 골라 내 몸속에 옮겨놓는다. 건강한 척추와 다친 척추가 교체되는 순간 눈을 떠보면 거짓말처럼 척추가 완치된다. 킨슬로우 박사는 이것이 사람의 지능으로 되는 일이 아니라고 설명한다.

킨슬로우 박사

"우주엔 무한한 가능성이 존재한다. 그 가능성을 진심으로 받아들이면 심신의 온갖 질병도 즉각 적으로 치유할 수 있다."

"나는 몸만 빌려준다. 무한한 마음의 지능을 빌리면 즉각적인 치유 효과가 나타난다."

그는 전 세계의 많은 환자들을 그런 식의 상상으로 치료한다. 인터넷 동영상으로 치료법을 강의하기도 한다(www.quantumentrainment.com, 그의 저서는 참고문헌에 수록돼 있음).

여전히 황당무계한 소리로만 들릴지 모른다. 하지만 이런 가정을 해 보자.

당신은 시간여행을 통해 원시인들을 만난다. 그들에게 당신이 쓰는 핸드폰의 존재에 대해 열심히 설명한다.

"말도 안 되는 허튼소리로군!"

"어디서 튀어나온 미친놈이야!"

당장 이런 반응이 나올 것이다. 원시인들은 자신들이 갖고 있는 지식을 잣대로 당신을 "미친놈"으로 치부하는 것이다. 그들의 고정된 두뇌는 도저히 휴대폰을 상상할 수 없다. "휴대폰은 미친놈이 만들어낸 엉뚱한 쇠붙이" 정도의 상상만 가능하다. 새로운 가능성을 진실로서 받아들일 수 없는 것이다.

만일 어떤 원시인이 "휴대폰은 존재할 수도 있어"라고 모든 가능성을 열어놓고 귀를 기울인다면? 그는 진실을 보게 될 것이다. "지구가 태양을 돈다"는 사실을 발견했던 코페르니쿠스나 "지구는 둥글다"는 사실을 수학적으로 증명했던 갈릴레오는 온갖 조롱과 핍박, 박해를 받았다. 진실이 아닌 허튼소리를 퍼뜨린다는 이유였다. 모든 사람들이 "지구는 평평하다"고 믿던 시대에 그들은 미치광이들이었다. 수백만 년, 수억 년 후의 후손들이 어떤 진실을 밝혀낼지는 아무도 모른다. 그들은 우리를 "무식한 21세기 원시인들"로 여길 수도 있다. 우주에 대한 진실을 "허튼소리"라고 일축하던 원시인들 말이다.

물리학자 에버렛 3세(Hugh Everett III)는 "조금이라도 가능성이 있으면 그 사건이 발생하는 우주가 반드시 존재한다. 각 우주에 살고 있는 사람들은 자신의 우주만이 유일한 현실이며 다른 우주는 허구라고 믿는다"라고 꼬집었다. 옥스퍼드 대학의 도이치 교수는 "우주에 모든 물음에 대한 모든 답이 들어 있다"고 말한다. 아인슈타인도 "우주에 완벽한 두뇌가 존재한다"고 누누이 말했었다.

두뇌를 활짝 열어젖히고 우주의 모든 가능성을 바라보는 것, 이게 바로 지능을 획기적으로 높이는 비결이다. 실제로 새롭고 기발한 아이디어로 성공한 사람들에게 물으면 대답은 한결같다. 우주에서 떨어졌다는 것이다.

두 뇌 를 활 짝 열 어 놓 아 라

해리포터 시리즈로 단숨에 세계적인 거부가 된 영국의 작가 롤링(J.K. Rowling)은 기자들이 어디서 영감을 얻었느냐고 묻자 이렇게 대답했다.

"마치 누군가가 내 머리에 아이디어를 확 집어넣는 것 같았어요. 그 아이디어가 전개되는 걸 선명하게 볼 수 있었죠. 나는 보았던 걸 적어놓은 것뿐이에요."

미국의 시인인 롱펠로도 자신의 뛰어난 작품이 투지가 아니라 대부분 갑작스런 영감에 의해 탄생했다고 털어놓았다.

"지난밤, 나는 12시가 넘도록 난롯가에 앉아 담배를 피우고 있는데 문득 〈헤스페러스 호의 발라드(Ballad of the Hesperus)〉 구상이 떠올랐다. 그 구상은 그림으로 생생하게 보였다. 그래서 얼른 써놓고 잠자리에 들었는데 잠은 안 오고 다른 생각들이 역시 그림으로 계속 떠올랐다. 그래서 또 그 생각들을 추가했다. 전혀 어떤 노력도 필요하지 않았다. 몇 줄씩 떠오른 게 아니라 작품 전체가 통째로 떠올랐다."

러시아의 작곡가 차이콥스키도 비슷한 말을 했다.

J.K. 롤링

"기차를 타고 가는데 누군가가 내 머리에 아이디어를 확 집어넣는 것 같았어요."

"작품에 대한 아이디어는 갑작스럽고 돌발적으로 떠오른다. 그 아이디어는 놀라운 힘으로 땅을 가르고 솟아올라 가지와 잎을 내밀며 꽃을 활짝 피운다."

그것들을 생생하게 보았다는 말이다.

아버지를 따라 유럽 연주 여행을 다니던 열네 살의 모차르트는 이탈리아의 시스티나 성당에서 알레그리의 유명한 성가곡 〈미제레레〉를 단 한 번 듣고는 숙소에 돌아가 그대로 옮겨 적었다. 당시 교황은 이 아름다운 악보가 외부에 흘러나가는 걸 엄격히 금지시키고 있었다. 만일 옮겨 적었다가 들키면 파문하겠다는 포고령까지 내렸다. 1년에 딱 한 주간만 연주하고는 악보를 금고에 넣고 잠가두었다. 그런데 모차르트는 기억만으로 교황청의 금기를 깨버렸다.

물리학자 라즐로 박사는 이렇게 설명한다.

"모차르트와 같은 천재 음악가들에게 그건 대단한 일이 아니다. 그들은 기발한 영감과 아이디어로 가득한 곳을 알고 있다. 그곳에서 그런 악보들을 끊임없이 본다. 그러니 쉽게 기억할 수밖에 없다."

UCLA 연구진이 천재들의 두뇌를 촬영해보니 그들은 뭔가를 깊이 생각하는 순간 두뇌 에너지가 뚝 떨어졌다. 반면 보통 사람들은 애써 생각할 때마다 두뇌에너지가 급증했다. 천재들은 두뇌를 열어놓고 우주에서 아이디어를 얻으니 많은 에너지를 소모할 필요가 없는 것이다.

이처럼 지능은 내 머릿속에 고정돼 있는 것도 아니요, 내 머릿속에서 나오는 것도 아니다. 두뇌의 문을 활짝 열어놓고 우주의 모든 가능성을 바라볼 때 저절로 흘러들어온다. "난 그런 거 안 믿어" 하고 가능성을 닫아버리면 관찰자 효과에 따라 지능도 닫혀버린다. 지능은 시야를 넓혀 바라보기만 하면 저절로 높아지는 요술방망이 같은 것이다.

세상을 깜짝 놀라게 하는 아이디어를 얻는 비결도 바로 이거다. "아이디어는 내 머릿속에서 나온다"고 생각하면 기존의 생각들을 벗어나기 힘들다. 아무리 머리를 쥐어짜도 그 생각이 그 생각이다. 비슷한 생각이 돌고 도는 것이다. 그러다 보면 골치만 지끈지끈 아파와 쥐가 날 지경이다. 반면 생각을 돌려 '아이디어는 우주에서 떨어진다'라고 본다면? 우주에 무수하게 떠다니는 온갖 새롭고 기발한 아이디어들이 모두 내 선택의 대상이다. 나는 그저 머리를 활짝 열어놓고 사냥하다가 그중의 하나를 덥석 낚아채면 그만이다. 아무리 오랫동안 생각에 잠겨 있어도 골치가 지끈지끈하거나 머리에 쥐가 나는 경우는 없다. 비좁은 두뇌 속이 아닌 무한한 우주를 사냥하기 때문이다. 오히려 마치 최면에 걸린 듯 생각에 점점 깊이 빠져든다. 식사도 잊고 잠도 잊은 채 생각에 잠긴다. 천재들이 한 가지 문제에 몇 달, 혹은 몇 년씩 몰입할 수 있는 것도 바로 이 때문이다.

"난 머리가 좋은 게 아니다. 그저 문제를 오래 생각할 따름이다."

아인슈타인의 말은 그냥 나온 말이 아니었다.

지능에 대한 착각의 위험성

그럼 만일 '내 지능은 타고난 것, 내 머릿속에 들어 있는 것'이라는 생각을 갖고 살아가면 어떻게 될까? 관찰자 효과에 따라 내 지능은 정말 꼼짝없이 감옥에 갇혀버릴까?

컬럼비아 대학의 드웩(Carol S. Dweck) 교수는 초등학교 5학년생 400여

명에게 간단한 문제들을 풀어보도록 한 뒤 다음과 같은 두 가지 문장으로 칭찬해보았다.

* "넌 참 똑똑하구나!" → '지능'을 칭찬해주었다.
* "넌 참 열심히 공부했구나!" → '노력'을 칭찬해주었다.

'지능'을 칭찬받은 아이들과 '노력'을 칭찬받은 아이들 간엔 어떤 차이가 생겼을까? 드웩 교수는 얼마 후 이들을 다시 한 번 시험해보았다.

"여기 쉬운 문제와 어려운 문제, 두 가지 문제가 있어. 어떤 문제를 풀어보겠니?"

어떤 칭찬을 들었느냐에 따라 아이들의 반응은 정반대였다. '노력'을 칭찬받았던 아이들의 90퍼센트는 어려운 문제를 선택했다. 반면, '지능'을 칭찬받았던 아이들은 대부분 쉬운 문제를 골랐다.

칭찬 한 마디가 왜 이런 차이를 만들어낼까?

'지능'을 칭찬받은 아이들은 '지능은 타고나는 거야'라고 생각하게 된다. '지능은 고정돼 있는 것'이라고 생각하니 어려운 문제를 기피하게 된다. 노력해도 문제가 풀리지 않을 수도 있기 때문이다. 반면, '노력'을 칭찬받은 아이들은 '지능은 노력에 따라 변하는 것'이라고 생각한다. 그러니 어려운 문제가 두렵지 않다. 설사 지금 안 풀리더라도, 노력하면 곧 풀릴 것이기 때문이다.

이런 자세는 나중에 성적에도 영향을 미쳤다. '노력'을 칭찬받았던 아이들은 처음보다 성적이 30퍼센트나 뛰어올랐다. 그러나 '지능'을 칭찬받았던 아이들은 거꾸로 20퍼센트나 떨어졌다. 드웩 교수 스스로도 이런 결과에 크게 놀라워했다. 아이들에게 노력을 칭찬해주면 '난 뭐든지 노력하면 할 수 있어'라고 믿게 되지만, 타고난 지능을 칭찬해주면 '내가 잘할 수 있는 건 타고날 때부터 정해진 것'이라고 생각하게 되는 것이다.

드웩 교수는 지능을 칭찬받으며 자라난 아이들이 중학교에 들어가서는 어떤지 더 오래 추적해보았다. 그랬더니 점입가경이었다. 지능의 힘만 믿고 중학생이 된 아이들은 일단 성적이 떨어지면 회복불능 상태에 빠져버렸다. 성적을 올리기 위해서는 노력을 해야 하지만, 이들은 노력의 힘을 믿지 않았던 것이다.

드웩 교수는 나중에 이런 진리를 교육현장에서 생생히 확인할 수 있었다. 그녀는 어느 날 뉴욕 할렘가의 한 중학교로부터 전화를 받았다.

"교수님, 학생들의 수학성적이 해마다 떨어져요. 방법이 없을까요?"

드웩 교수는 학교로 달려갔다. 가장 큰 문제는 학생들의 지능에 대한 착각을 뜯어고치는 거였다.

"이 지역의 가난한 아이들은 원래 공부를 못해요."

"저희 부모님도 공부를 못했대요."

그는 학생들 700명을 두 반으로 나눠 A반에겐 효율적인 공부법만을 가르쳐주었다. 그리고 B반에게는 공부법과 함께 "지능은 타고나는 게 아니야"라고 자세히 설명해주었다. 적절한 자극을 받으면 지능도 높아진다는 내용의 글을 읽어주기도 하고, 과학 비디오도 보여주었다.

"사람의 뇌는 고정돼 있는 게 아니야. 근육처럼 많이 쓸수록 좋아지는 거란다."

6개월 후 학생들에게 수학시험을 치게 했다. 놀라운 변화가 일어났다. 공부법만 배운 A반 학생들의 수학성적은 별 변화가 없었지만, "지능은 변화하는 것이다"라는 사실을 깨닫게 된 학생들의 수학성적은 극적으로 상승했던 것이다.

제아무리 IQ가 높은 사람도 '나는 IQ 천재'라고 바라보면 마치 마법에 걸린 듯 지능의 감옥에 갇혀 버린다. 세계에서 가장 IQ가 높은 미국의 사반트(Marilyn vos Savant)라는 여성을 보자. 그녀는 영국 기네스북에 세계 최고의 IQ 기록 보유자로 기록된 사람이다. 10세 때 치른 IQ 시험성적이 228이었다. 그때부터 '난 IQ 천재'라는 딱지를 붙이고 살아왔다. 얼핏 생각하면 굉장한 칭찬으로 들린다. 하지만 사실은 지능을 두뇌라는 비좁은 감옥에 집어넣는 말이다. 그러면 'IQ 천재'라는 한계를 벗어날 수 없다. 실제로 그녀는 벌써 중년이 됐지만 아직 이렇다 할 천재적 재능은 보이지 않는다. 한 잡지의 일요판 칼럼니스트로 일하면서 이따금 책을 쓰고 강연하는 게 고작이다. IQ 천재들이 대개 그녀와 같은 운명을 맞는다. 어릴 땐 천재로 반짝 유명세를 날리다가 나중엔 지능의 감옥에 갇혀 버린다.

이렇게 보면 "난 머리가 나빠", "내 머리로는 도저히 안 돼", "난 IQ 150이야", "난 하버드 대학을 나온 사람이야" 하는 식의 말들이 얼마나 무의미하고 위험한 것인지 알 수 있다. 자신의 지능을 무한한 우주를 향해 열어놓지 못하고 비좁은 두뇌에 가둬놓는 말들이다. "우주에 존재하는 완벽한 우주의 지능과 비교하면 인간의 모든 생각과 행동은 너무도 무의미하다"라는 아인슈타인의 말이야말로 불변의 진리인 것이다. 그렇다면 우주에 있는 이 "완벽한 지능"의 정체는? 이 궁금증은 〈제3부 : 나 이상의 나 바라보기〉에서 스르르 풀리게 된다.

착각의 감옥에서 풀려난 재능

골칫덩어리 소녀가 있었다. 나이는 이제 겨우 여덟 살. 숙제를 내주면 늦게 내거나 아예 안 해 가기 일쑤였다. 글씨체도 도저히 알아볼 수 없을 정도로 엉망이었다. 시험을 치면 반에서 늘 꼴찌였다.

"너만 보면 골치가 아파!"

선생님들은 노골적으로 그녀를 싫어했다. 아이들도 그랬다. 소녀는 수업중 자리에 채 1분도 진득하게 앉아 있지 못했다. 좀이 쑤시는 듯 몸을 이리저리 뒤틀다가 도저히 못 참겠다는 듯 책상 위에 있던 것들을 가방에 도로 집어넣거나, 가방에서 도로 털어내곤 했다. 벌떡 일어서서 소리를 지르는 경우도 있었다.

"조용히 못하겠어?"

선생님들이 버럭 소리를 질러도 그때뿐이었다. 못된 아이, 골칫덩어리, 조용히 해! 얼른 꺼져버려! … 그녀에겐 이런 말들이 아무렇지도 않았다. 귀가 따갑도록 들어봤기 때문이다. 채 한 학기가 끝나기도 전, 참다 못한 담임선생님이 부모에게 편지를 보냈다.

"주의력 결핍증세가 너무 심각합니다. 우리 학교에서는 도저히 다루지 못하겠어요. 약을 먹이거나 특수학교에 보내세요."

부모는 가슴이 철렁 내려앉았다. 드디어 올 게 온 것이었다. 다음날 엄마는 소녀에게 가장 멋진 옷을 갈아입히고 구두를 신겼다. 머리도 정성스럽게 빗긴 다음 함께 나가자고 했다. 소녀는 덜컥 겁이 났다.

"엄마, 어디 가요?"

엄마는 그냥 멋진 데 가보자고 했다. 지하철을 타고 가다가 다시 버스로 갈아탔다. 버스에서 내려 10분쯤 걷다 보니 큼지막한 건물이 나타났다. 엘리베이터를 타고 어느 방에 들어갔다.

"안녕하세요?"

검은 뿔테 안경을 쓴 키 큰 남자가 인사했다.

"넌 여기 조용히 앉아 있어."

엄마가 나지막하면서도 엄숙하게 명령했다. 소녀는 무서웠다. 소파에 앉아 있자니 또 손이 들썩거렸다. 무서운 마음에 두 손을 소파에 꽉 깔고 앉았다.

엄마는 그 남자와 오래 이야기를 나눴다. 학교에서도 문제가 많고, 집에서도 문제가 많다는 늘 듣던 얘기였다. 그 남자는 대화를 나누면서 간간이 소녀의 행동을 가만히 살펴보곤 했다. 소녀는 그런 눈길이 더욱 무서웠다.

'난 특수학교는 싫어. 절대로 안 가! 내가 왜 특수학교에 다녀야 해?'

그녀는 특수학교가 어떤 곳이라는 걸 잘 알고 있었다. 선생님들이 그런 말을 하는 걸 여러 번 들어봤기 때문이다. 모든 사람들이 그녀를 심한 문제아로 낙인찍어놓고 있었다. 선생님들도, 아빠도, 엄마도, 친구들도… 이 세상 사람 누구나 다 그렇게 생각한다면 자신이 정말 문제아인지도 모른다는 생각이 퍼뜩 들었다.

마침내 그 남자가 엄마와의 대화를 끝내고 벌떡 일어섰다. 뚜벅뚜벅 걸어와 소파에 앉았다.

"애야, 지루했지? 그런데도 용케 잘 참았다."

부드러운 말투였지만 소녀의 가슴은 사정없이 콩닥거렸다.

"애, 아저씨가 엄마랑 옆방에 가서 좀더 얘기할 게 있단다. 여기서 몇 분만 더 기다릴 수 있겠니? 금방 돌아올 거야."

소녀가 고개를 끄덕이자 남자가 책상 쪽으로 걸어가더니 은은한 음악을 틀어놓았다. 그러고는 엄마와 함께 밖으로 나갔다. 그가 복도에서 벽을 가리키며 말했다.

"이 벽에 작은 구멍이 뚫려 있죠? 이 구멍으로 따님이 뭘 하는지 가만히 들여다보세요."

잠시도 가만히 앉아 있지 못하는 소녀는 곧 일어서더니 몸을 움직이기 시작했다. 그들의 입이 딱 벌어졌다. 소녀는 음악에 따라 마치 물결처럼 우아하게 춤을 추는 것이었다! 어린아이가 그토록 자연스럽게 춤을 추다니!

그 남자가 조용히 속삭였다.

"따님은 문제아가 아닙니다. 저거 보세요. 타고난 댄서예요. 댄스 학교에 보내세요."

그는 유명한 심리학자였다. 엄마의 눈에 눈물이 핑 돌았다.

댄스학교에 들어간 소녀는 물을 만난 물고기였다. 그녀는 나중에 이렇게 술회했다.

"댄스 연습실에 처음 들어갔더니 모두가 나와 똑같은 사람들이었어요. 몸을 움직이지 않으면 좀이 쑤셔서 못 견디는 사람들요. 몸을 움직이지 않으면 아무 생각도 못하는 사람들 말입니다."

그녀는 신명이 났다. 학교에서도, 집에서도 매일 춤을 추었다. 아무도 시키지 않는데도 새벽 일찍 일어나 연습하기도 했다.

마침내 그녀는 런던왕립 발레학교에 지원해 합격했다. 거기서 실력을 인정받아 왕립 발레단에 들어가 솔로이스트로 세계적인 명성을 날렸다.

20세기 최고의 발레리나이자
안무가인 질리언 린

은퇴 후엔 뮤지컬 극단을 창립해 런던과 뉴욕 등에서 대성공을 거두었다. 우리나라에서도 공연된 뮤지컬 〈캣츠Cats〉와 〈오페라의 유령(The Phantom of the Opera)〉이 역사상 가장 성공적인 명작으로 꼽히는 것도 그녀의 안무 없이는 불가능한 것이었다. 질리언 린Gillian Lynne의 이야기다.

그녀가 만일 "문제아"라는 착각의 감옥에서 풀려나지 못했더라면 그녀의 인생은 어떻게 달라졌을까? 지금도 얼마나 많은 사람들이 비좁은 착각의 감옥에 갇혀 자신의 재능을 사장시키고 있을까?

부정적 생각 꺼버리기

왜 자꾸만 휩싸이는 걸까?

한 여직원이 주말에 남자친구를 만나러 대전에 내려갔다. 그가 대전의 연구단지에서 일하기 때문이다. 그날은 두 사람이 만난 지 1주년이 되는 특별한 날이라 그녀는 콧노래를 부르며 차를 몰았다.

'오늘 하루는 영화도 함께 보면서 환상적으로 보내야지….'

두 시간 넘게 날아가듯 운전해 드디어 대전에 도착했다. 남자친구는 근사한 음식점에서 그녀가 좋아하는 스파게티를 사준 뒤, 평소 갖고 싶다던 음반도 선물로 주었다. 그녀는 정말 하늘을 날 것 같았다.

"우리 오후엔 영화 보러 갈까?"

그러자 남자친구 얼굴이 갑자기 어두워졌다.

"어? 어떡하지? 오후엔 다른 약속을 잡아놨는데. 친구들과 먼 데 가기로 했거든."

그녀의 얼굴이 하얗게 굳어졌다.

"엉? 이런 날 다른 약속을 잡아놨다고?"

그녀는 휙 토라졌다. 더 이상 변명을 듣고 싶지 않았다. 세상에 이럴

수가! 대전까지 일부러 차를 몰고 찾아왔는데 이런 냉대를 당하다니….
그가 자신을 무시한다고 생각했다. 태도가 달라진 거 같다는 의심도 들었
다. 그녀는 핸드백을 집어 들고는 벌떡 일어섰다. 당황한 남자친구는 멍
한 눈으로 앉아 있었다. 그녀는 또각또각 걸어나가 핸드백에 집어넣은 음
반을 꺼내 쓰레기통에 탁 집어던졌다.

'저런 남자를 사귀어온 내가 바보지. 다시 만나주나 봐라.'

이튿날 남자친구가 전화를 걸어왔지만 받지 않았다. 그다음 날도 그
가 메시지를 보내왔지만 답신하지 않았다. 관계는 그것으로 끝장나고 말
았다. 하지만 지금 그녀는 그때 일을 후회한다.

"내가 홧김에 너무 충동적으로 행동했다는 생각이 들어요. 헤어진 건
인연이 그런가 보다 쳐도, 내가 어린애처럼 행동한 게 자존심이 상해요."

그녀는 평소 차분한 성격이고 지적인 능력도 갖추고 있다. 하지만 남
자친구에게 무시당했다는 생각이 들자 앞뒤 안 가리고 폭발해버렸다.

지능이 높은 사람은 후회할 짓을 하지 않고 살아갈까?

미국 플로리다 주에서는 이런 사건이 일어났다. 고등학교 2학년 학생
인 제이슨 군이 물리교사를 부엌칼로 찔렀다. 단순한 살인미수나 상해사
건이 아니었다. 그는 전 과목 성적이 A로 늘 전교 1등을 놓치지 않던 수
재였다. 미국 최고 명문인 하버드 의대 진학을 목표로 하던 공부벌레가
왜 그런 야만적인 짓을 저질렀을까? 이유는 단순했다. 얼마 전에 치른 물
리시험에서 B를 받았다는 것이었다. 그는 점수를 보는 순간 분노가 폭발
했다. 분노를 주체하지 못해 부엌칼을 가방에 숨긴 채 등교했다가 실험실
에서 물리교사를 만났다.

"선생님, 점수를 A로 올려주실 수 없나요? 다른 과목은 모두 A인데 물리만 B거든요."

"그렇게는 안 돼. 공정하게 채점한 점수야."

"그럼 하버드 의대에 진학하려는 제 꿈은 물거품이 돼버려요."

"그건 네 사정이고. 점수를 그렇게 흥정해서 줄 수는 없어. 다른 학생들에게도 불공평하고."

대화 직후에 일어난 일에 대해서는 양측의 진술이 엇갈렸다. 분명한 건 잠시 후 제이슨 군이 부엌칼로 교사의 빗장뼈 부위를 찔렀다는 것이다. 그는 격투 끝에 교사에게 칼을 빼앗겼다.

판사는 제이슨 군에게 무죄를 선고했다. 정신과 의사 네 명이 법정에서 범행 당시 제이슨 군은 제정신이 아니었다고 진술했기 때문이다. 제이슨 군도 물리교사를 살해할 의도가 전혀 없었다고 주장했다.

"저는 선생님을 찌르기 위해 찾아간 건 아니었어요. 단지 설득해서 실패하면 선생님 앞에서 자살할 계획이었습니다. 하지만 선생님이 저의 간절한 생각을 무시한다고 느끼는 순간 완전히 정신착란 상태에 빠졌어요. 제가 선생님을 찔렀는지조차 기억나지 않는 걸요."

제이슨 군은 곧바로 다른 학교로 전학했다. 거기서도 그는 전교 1등을 하더니 수석으로 졸업했다. 사람들은 몹시 의아해했다. 그처럼 똑똑한 아이가 아무리 홧김이라지만 어떻게 그런 짐승 같은 끔찍한 짓을 저질렀을까? 왜 어떤 사람들은 부정적 감정에 휩싸여 인생을 망치기까지 하는 걸까?

자나깨나 생존에만 집착하는 요물 아미그달라

아래의 그림을 보라.

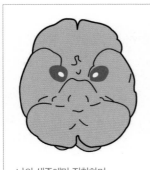

나의 생존에만 집착하며
모든 부정적 감정에 불을 붙이는
아미그달라

우리 두뇌 속의 모습이다. 양쪽 뇌의 빨간 부위가 바로 분노, 증오, 슬픔, 절망, 공포 등 모든 부정적 감정에 불을 댕기는 아미그달라(편도체)이다. 아미그달라는 생존을 책임진 만큼, 두뇌 한가운데의 변연계 가장 깊숙한 곳에 튼튼히 자리잡고 있다. 엄지손가락만 한 크기나 기능은 원시시대나 지금이나 변화가 없다. 그래서 생존에 위험이 닥치면 현대인도 원시인과 똑같이 폭발하고, 증오하고, 절망한다. 두뇌과학자들이 '원시적 두뇌(primitive brain)'라고 부르는 이유다.

원시시대를 생각해보자. 나는 가족과 함께 칠흑같이 어두운 동굴 속에서 잠을 자고 있다.

"부스럭! 부스럭!"

밖에서 부스럭 소리가 난다. 아미그달라가 순식간에 위험신호를 켠다. 호랑이? 소름 끼치는 뱀? 혹은 돌도끼를 든 낯선 원시인? 부스럭 소리는 점점 가까워진다. 벌떡 일어나 가시나무 몽둥이를 집어든다. 부스럭 소리가 동굴 입구에까지 이르렀다. 나는 방망이를 홱 내리친다.

"꽥! 꽥! 꽥!"

꽥꽥거리는 소리를 따라가며 몽둥이를 마구 내리치고 휘두른다. 나의 생존을 위해서는 어쩔 수 없다. 무조건 내 생존부터 챙기지 않으면 나와 내 가족이 당할 수 있다. 이처럼 내 생존에 위험이 닥치면 무조건 빨간불을 켜놓고 보는 위험경보장치가 아미그달라다. 시카고 대학의 클링(Arthur Kling) 박사가 아미그달라를 다친 원숭이 일곱 마리를 야생지대에 놓아주었더니 일곱 시간 만에 한 마리만 빼고 전부 맹수들에게 잡아 먹혔다. 생존을 위해서는 부정적 감정이 필수적인 것이다.

뇌신경과학자들에 따르면, 사람은 하루 평균 2만 가지 상황을 겪게 된다고 한다. 아미그달라는 이 모든 상황을 늘 '내 편'과 '네 편', '나'와 '적'의 두 가지로 분류해 두뇌 전체에 전달한다. 철저하게 나의 생존이라는 시각으로 모든 상황을 분류한다.

아 미 그 달 라 의   분 류 법

* 유쾌(pleasant) : 생존에 위험이 없다고 판단되면 '유쾌'로 분류한다. 어떤 사람이 나를 인정해주고 칭찬해주거나 높여주면 '유쾌'로 분류해 더 가까이 지내고 싶어한다.

* 불쾌(unpleasant) : 위험이 닥치거나 불안하게 느껴지면 '불쾌'로 분류한다. 나를 무시하는 행위, 남이 내 생각대로 움직이지 않는 상황 등도 불쾌다. 불쾌로 분류되면 위험신호를 켜서 분노, 공포 등의 부정적 감정을 일어나도록 한다. 불쾌로 분류된 사람은 잠재적 적으로 인식돼 기피하게 된다. 첫눈에 불쾌한 인상을 준 사람이 이유 없이 점점 싫어지는 것도 이 때문이다.

르두 박사

"아미그달라는 부정적 감정을 켜고 끄는
스위치이다."

* 중립(neutral) : 유쾌도 불쾌도 아닌 상황으로 별 의미가 없다면 분류
하지 않는다.

아미그달라가 유쾌, 불쾌의 분류장치라는 사실은 우연히 발견됐다.
뉴욕 대학의 르두(Joseph LeDoux) 박사가 쥐들에게 여러 가지 실험을 하다
가 두뇌에 탐침을 투입한 뒤 아미그달라를 마비시켜보았다. 그랬더니 쥐
들이 화, 공포 등의 불쾌한 감정이라곤 티끌만큼도 느끼지 못하는 것이었
다. 예를 들어 반복적으로 먹이를 줬다가 빼앗아도 화를 내지 않았다. 고
양이가 앞에 나타나도 눈 하나 까딱하지 않았다.

"흠, 쥐가 고양이를 겁내지 않다니? 그럼 함께 놀도록 해볼까?"

쥐들은 끝내 고양이에게 잡아먹히면서도 신음소리 하나 내지 않았다.
르두 박사는 원숭이의 아미그달라도 마비시켜보았다. 역시 아무리 괴롭
혀도 화를 내지 않았고, 전에는 낯선 음식을 보면 고개를 돌리더니 이제
는 겁 없이 덥석덥석 받아먹는 것이었다. 심지어 독버섯까지 먹고 숨지는
사례도 있었다.

남가주 대학의 뇌신경과학자인 다마시오(Antonio Damasio) 박사는 아미

그달라에 칼슘이 쌓여 기능을 못하는 환자에게 공포에 질려 비명을 지르는 여성의 비디오를 보여주었다. 그런 비디오를 보면 보통 사람들은 바짝 몸을 움츠리며 함께 공포를 느낀다. 그러나 그 환자는 전혀 딴판이었다.

"왜 저러는 거죠?"

환자는 공포에 질린 여성의 표정을 전혀 이해하지 못했다. 주삿바늘로 찌르거나 마취시키지 않고 이를 뽑아도 통증을 느끼지 못했다. 아무리 무시하거나 모욕적인 말을 던져도 화내는 일도 없었다. 아미그달라가 마비된 사람은 마치 불쾌한 감정의 스위치를 완전히 꺼버린 것처럼 행동했다.

내 정신연령은 5세 유아

상대의 얼굴을 모른 채 만나는 블라인드 데이트^{blind date}를 해본 적 있는가? 이성과 첫눈이 마주치는 바로 그 순간 사실상 '저 여자는 마음에 안 들어' 혹은 '휴, 오늘 데이트는 꽝이야'라고 판결을 내려버린 적 없는가? 낯선 남자를 처음 만난 바로 그 순간 '이 남자는 왠지 가까이하기 싫어' 혹은 '이 남자는 좀 괜찮아 보이는군'과 같은 식으로 심판해버린 적 없는가? 아미그달라는 낯선 사람을 만나면 대번에 친구인지 적인지부터 가려내려 든다. 이렇게 첫눈에 호불호가 정해져 버리면 그대로 잠재의식 속에 저장된다.

신입생들이 대학 4년간 친하게 지낼 친구를 선택하는 것도, 학생들이 처음 대하는 교수들의 실력을 분간해내는 것도, 직장 친구를 정하는 것도 불과 몇 초 만에 결단난다. 프린스턴 대학의 토도로프(Alexander Todorov) 교수는 사람들에게 2000년, 2002년, 2004년 의회선거 출마자들의 흑백 사진들을 1초씩 보여주었다. 낯익은 출마자들의 사진은 제외했다.

"얼굴 사진만 보고 당선됐는지 낙선됐는지 알아 맞춰보세요."

출마자들에 대한 아무런 사전지식 없이 전적으로 얼굴만 살짝 보고 당락 여부를 맞춰보라는 것이었다. 사람들의 예측은 얼마나 들어맞았을까? 놀랍게도 적중률이 무려 70퍼센트에 달했다. 그들은 뭘 보고 당락을 점쳤을까?

"능력이 있어 보이는 인상이거든요."

"경험도 많고 성숙한 인상을 풍겨요."

아미그달라가 첫인상만으로 단숨에 내 편을 골라냈던 것이다.

수십 명이 모이면 대번에 친한 사람들과 그렇잖은 사람들로 양분되는 것도 아미그달라의 이분법적 본능 탓이다. 서로 말싸움 한 번 않고도 적이 생긴다. 심리학자 셰리프(Muzafer Sherif)가 흥미로운 실험을 해보았다. 미국 각지에서 모인 열두 살 안팎의 어린이 캠핑 참가자들을 두 반으로 나눠본 것이다. 지연이나 학연, 취미, 적성 등과는 전혀 관계없이 무작위로 말이다. 그런데 신기하게도 두 반으로 갈리자마자 그들 사이엔 미묘한 경쟁의식이 싹트기 시작했다. 두 반이 맞붙는 스포츠 경기를 시켰더니 경쟁의식은 순식간에 노골적인 적대감으로 발전했다. 경기에 진 팀은 이긴 팀이 부정행위를 저질렀다고 비난했고, 이긴 팀은 그런 비난을 비웃었다. 그러더니 야간에 서로 상대편의 숙소에 몰래 침입해 들어가 깃발을 훔쳐 불태우거나 침대를 뒤집어놓고 도망치기도 했다. 나중엔 캠프 관리자들에게 이렇게 호소하고 나섰다.

"우리 반은 야만적인 저런 친구들과는 같은 식당에서 식사할 수 없어요. 제발 식사를 따로 하게 해주세요!"

생면부지의 어린이들이 단지 두 반으로 나뉘었다는 사실 하나만으로 졸지에 원수지간이 됐던 것이다. 이렇게 철저하게 네 편과 내 편으로만 생각하려 드는 아미그달라의 정신연령은 그다지 높지 않다. 겨우 5세 유아 수준이다.

우리는 5세 이전에는 무의식적으로 아미그달라를 통해 분노, 증오, 절망 등 원시적 감정을 배우고, 5세부터는 두뇌를 통해 사회생활에 필요한 개념적인 걸 언어로 배운다. 우리가 5세 이전의 일들을 기억하지 못하는 것도 그래서다. 프로이트(Sigmund Freud)는 이처럼 5세 이전의 일들을 기억 못하는 현상을 '유아기 기억상실(childhood amnesia)'이라고 불렀다. 두뇌과학자들은 기억력이 원시적 감정에서 개념적으로 바뀌는 5세를 '기억 전환 나이(Memory Transition Age)'라고 지칭하기도 한다.

원시적 감정은 5세를 넘으면 더 이상 발달하지 않는다. 이 때문에 5세 유아나 어른이나 원시적 감정은 똑같다. 제아무리 학식과 덕망을 갖춘 사람이라도 분노나 증오, 절망 등의 감정에서 완전히 해방될 순 없다. 만일 그런 감정을 못 느낀다면 그건 아미그달라가 고장 났다는 얘기다. 다시 요약하면 모든 부정적 감정은 생존에만 집착하는 머릿속의 5세 유아가 만들어내는 것이다. 이 유아는 생존에 위험이 닥쳤다고 판단되면 앞뒤 안 가리고 무조건 빨간불을 켜놓고 본다. 생존문제가 걸려 있는 만큼, 이 빨간불은 저절로 꺼지는 법이 없다. 반드시 위험이 사라졌다는 해제 신호를 보내줘야 꺼진다.

해제신호를 보내주지 않으면 꺼지지 않는다

이영지 씨는 얼마 전 초등학교 동창으로부터 이런 전화를 받았다.

"영지야. 네 남편 오늘 늘씬한 여자와 호텔서 나오더라. 보통 사이가 아닌 거 같았어. 여자가 스스럼없이 팔짱까지 끼던걸."

너무나 충격적인 말이었다. 내 남편이 정말 맞느냐고 물었다.

"두 눈으로 똑똑히 봤어. 네 남편 오늘 빨간 넥타이 매고 나갔지? 양복은 짙은 감색이고?"

틀림없는 남편이었다. 동창은 "넌 너무 순진해서 탈이야. 잘 감시해. 앉아서 당하지 말고"라며 전화를 끊었다. 갑자기 숨이 턱 막혀오고 기절할 것만 같았다.

"이 이중인격자!"

남편이 말로만 듣던 겉 다르고 속 다른 이중인격자일 줄이야! 그녀의 머릿속 어린아이는 빨간불을 켰다. 남편의 배신은 곧 자신의 생존에 대한 위협이었다. 빨간불이 켜지니 눈앞이 캄캄하고 아무 일도 손에 잡히지 않았다. 학원에서 돌아온 딸아이가 외쳤다.

"엄마, 배고파. 밥 줘."

딸이고 밥이고 보이지 않았다. 그래서 소리를 빽 질렀다.

"그놈의 밥, 한 번쯤 굶으면 병나니? 네가 차려 먹어!"

귀가한 남편의 얼굴을 쳐다보기조차 역겨웠다. 후다닥 화장실에 뛰어들어갔다가 남편이 옷을 갈아입는 사이 다시 밖으로 뛰쳐나갔다. 남편은 호텔에서 그 늘씬한 여자와 뭘 했을까? 그동안 얼마나 오랫동안 서로 놀아났으면 보란 듯이 팔짱까지 끼고 돌아다닐까?

"뻔뻔스러운 이중인격자! 더러운 철면피!"

그녀는 길가에 "퉤!" 하고 냅다 침을 뱉었다. 집에 돌아가서도 도저히 남편과 가까이할 수 없었다. 잠도 따로 잤다. 하지만 잠이 오지 않아 하얗게 샜다. 다음날 아침 남편이 출근하고 나서도 도무지 손가락 하나 까딱할 힘조차 없었다. 그동안 속고 살아왔다고 생각하니 오장이 뒤틀렸다. 그렇게 침대에 꼼짝 못한 채 누워 있는데 전화가 걸려왔다.

"언니, 형부가 어제 저녁 사줬어. 취직 축하한다고. 멋진 호텔에서."

"멋진 호텔?"

알고 보니 동창이 목격한 바로 그 호텔이었다. 동창은 그녀의 동생을 남편과 바람피우는 늘씬한 여자로 오해했던 것이다. 오해가 풀어지는 순간 그녀의 머릿속 어린아이가 켜놓았던 빨간불도 즉각 꺼졌다. 그녀는 하늘을 날 것 같았다. '그럼 그렇지. 그렇게 착실한 남편을 의심하다니.' 신바람이 절로 났다. 영문도 모른 채 아침을 굶고 나간 남편에게 미안한 생각이 가득 차올랐다. 장바구니를 낚아 들고 저녁을 준비하러 나가는 그녀의 발걸음은 나비처럼 가뿐했다.

머릿속 5세 유아는 이처럼 생존에 대한 위험을 감지하는 순간 반사적으로 빨간불을 켠다. 빨간불이 켜지면 머릿속에서는 부정적 생각이 꼬리를 물고 일어난다. 생존을 위해 상상가능한 온갖 최악의 상황을 가정해보는 것이다. 이런 상태가 계속되면 병이 된다. 하지만 위험이 사라졌다고 판단되는 순간 거짓말처럼 쉽게 꺼진다. 그러나 위험 해제 신호가 이처럼 명백하지 않을 수도 있다. 그럴 땐 5세 유아를 달래줘야 한다. 달래주는 최선의 방법은 바라보는 것이다. 바라보는 것만으로 5세 유아의 빨간불은 꺼진다.

5 세 유 아 의 ‘ O f f ’ 스 위 치

한 여학생이 들려준 이야기다.

일요일 오전이었다. 그녀는 아침 늦게까지 방 안에서 나뒹굴고 있었다. 엄마가 먼지떨이로 톡톡 거리는 소리가 들렸다. 그녀가 부스스 일어나 화장실에 들어가려는 순간 엄마가 뒤에서 한 마디 쏘아붙였다.

“다 큰 여자애가 그게 뭐냐? 밤늦도록 쏘다니다 점심때나 겨우 일어나고. 네 동생은 벌써 도서관에 갔어.”

또 그 잘난 남동생 타령이었다. 공부 잘하고 말 잘 듣는 아들. 이젠 정말 지긋지긋했다. 하지만 엄마는 멈추지 않았다.

“동생 하는 거 반만 따라 해봐. 누나가 돼가지고 동생 절반도 못 따라 하니?”

그 말을 듣는 순간 머리가 홱 돌았다.

“엄마는 남하고 비교하는 버릇 좀 제발 고치세요!”

그렇게 말하고는 화장실 문을 쾅 닫아버렸다. 툭 하면 동생과 비교하는 엄마가 정말 지겨웠다. 어떻게 저런 엄마와 시집갈 때까지 견디고 산단 말인가? 끔찍했다. 과거의 분노와 증오, 절망감까지 꼬리를 물고 피어오르며 마구 소용돌이치기 시작했다.

그녀는 얼굴에 찬물을 끼얹었다가 거울을 보았다.

‘분노로 일그러진 저 얼굴. 저 여자는 왜 저러고 있지?’

문득 화가 나면 머릿속의 어린아이를 바라보라는 말이 생각났다. 눈을 감았다. 머릿속에서 빨갛게 달아오른 어린아이를 떠올렸다.

‘10, 9, 8, 7, 6, 5, 4, 3, 2, 1…’

속으로 숫자를 거꾸로 세면서 빨간 어린아이가 점점 파란색으로 식어 가는 모습을 그려보았다. 그러자 화가 멈췄다. 신기하게도 평화가 찾아 왔다.

이번에는 엄마의 머릿속을 상상해보았다. 어린아이가 만들어낸 온갖 부정적 생각들에 휩싸여 얼마나 고통스러울까? 돌연 고통에서 탈출하지 못하는 엄마가 불쌍하다는 생각이 들었다. 알고 보면 아빠 사업이 부도난 뒤 음식점에서 뼈 빠지도록 일하느라 병까지 얻은 엄마였다. 고교시절 시험 때면 아무리 피곤해도 잠든 딸의 잠자리를 토닥거린 후에야 눈을 붙였고, 꼭두새벽에 늘 먼저 일어나 딸을 깨워주곤 했었다. 그런 몸으로 온종일 음식점에 나가 일해야 했다. 대학 합격을 확인하는 순간 엄마는 아예 그 자리에 퍽 주저앉아 엉엉 울기까지 했었다.

그녀는 화장실 문을 열었다.

"엄마, 죄송해요. 실망만 시켜 드려서 힘드시죠?"

빗자루를 들고 있던 엄마가 잠시 멍한 얼굴로 쳐다보았다. 그러더니 눈에 눈물이 가득 고이는 것이었다.

부정적 감정에 딱지를 붙여 바라보는 방법도 있다.

UCLA의 심리학자 리버만(Matthew Lieberman)은 부정적 감정이 일어날 때 사람들에게 "이건 분노야", "이건 불안이야", "이건 스트레스야" 등의 식으로 딱지를 붙여 제3자의 눈으로 객관적으로 바라보게 했다. 그랬더니 아미그달라는 거의 즉시 진정되는 것으로 나타났다.

"자신의 감정을 남의 눈으로 바라보는 순간 아미그달라는 식어버리기 시작합니다."

바라보는 단순한 행위가 머릿속 어린아이의 불쾌신호를 꺼주는 'off' 스위치라는 것이다.

부 정 적   감 정 의   자 연   수 명 은   9 0 초

정신의학자인 카바트 진(Jon Kabat-Zinn) 박사는 부정적인 감정이 소용돌이칠 때 조용히 주시하노라면 우리 두뇌가 만들어내는 그 소용돌이의 경이로움을 느낄 수 있다고 말한다.

"우리가 스스로 만들어내는 부정적인 소리에 귀를 기울여보세요. 인간이 부정적인 감정을 스스로 만들어낼 수 있다는 게 얼마나 경이로운 일인가요? 때로는 분노에 파묻혀 치를 떨기도 하고, 때로는 절망의 늪에 빠져 허덕이는 것도 다 우리 스스로 창조해내는 겁니다."

부정적인 감정이나 생각은 내 생존을 위해 생겨나는 것인 만큼, 그 존재를 인정하고 따뜻하게 받아들이라는 것이다.

"두뇌야, 고마워. 내 생존을 위해 이런 소용돌이 감정을 만들어내다니. 어차피 몇 분 만에 사라지겠지? 나에게 오늘은 어떤 깨달음을 주려고 이런 감정을 선사하는 거니?"

이렇게 반갑게 인사를 건네고 나면 어느새 평화가 온다.

하버드 대학의 테일러(Jill Taylor) 박사 역시 조용히 주시하는 것만으로 부정적인 감정이나 생각이 90초 내에 식어버린다고 말한다.

"부정적 생각이나 감정의 자연적 수명은 90초이다. 우리가 화를 내는

테일러 박사

*"부정적 감정의 자연적
수명은 90초이다."*

순간 스트레스 호르몬이 온몸의 혈관을 타고 퍼져 나가는데, 90초가 지나면 저절로 완전히 사라진다."

그래서 화는 뿌리 없는 나무에서 활활 타오르는 불길과 같다고 한다. 시간이 흐르면 저절로 꺼지게 돼 있다. 그런데도 분노가 90초 이상 지속되는 건 우리 스스로 화에 기름을 붓기 때문이다. 예를 들어 어떤 운전자가 내 차 앞에 갑자기 끼어들어 화가 치밀어 오른다고 해보자.

"뭐, 저런 사람이 다 있어? 정말 이해 못할 놈이네."

이렇게 스스로 기름을 부으면 화는 90초가 넘어도 계속된다.

테일러 박사는 어느 날 음악에 도취돼 과속으로 차를 몰고 가다가 딱지를 떼이게 됐다. 몹시 기분이 상했다.

"음악에 빠져 잠시 과속을 했기로서니 벌금을 100달러나 물리다니. 정말 못된 경찰관이야."

이렇게 생각하니 화가 더욱 불길처럼 치솟아 몹시 고통스러웠다. 그러나 곧 자신이 화에 파묻혀 있음을 깨닫고는 머릿속의 어린아이를 남처럼 조용히 바라보며 달래보았다.

"나를 생각해줘 고맙구나. 그런데 90초가 지났거든. 위험한 상황은 아니란다. 그런데도 여전히 화를 낼 필요가 있니? 조용히 물러가렴."

이렇게 달래자 화는 곧 가라앉았다.

억 누 르 면 병 이 된 다

전작인《아버지도 천재는 아니었다》를 출간한 뒤 학부모들을 대상으로 강연할 기회가 있었다. 강연이 끝난 뒤 한 학부모가 이런 걱정을 털어놓았다.

"우리 애가 통 공부와 담쌓고 있으니 어떡하죠?"

얘기를 들어보니 정말 걱정할 만했다. 중2 때 상위권에 들던 현수는 웬일인지 성적이 떨어지기 시작해 고1 때 급기야 전교 255명 중 200등 언저리까지 떨어졌다.

"그래서 어머니께선 어떻게 하셨나요?"

"성적표를 받던 날 넋이 빠지도록 혼내줬죠."

초조해진 엄마는 갈수록 발악에 가까운 잔소리를 해댔다. "그 모양으로 공부해서 대학에나 들어가겠니?", "친구 아들은 또 전교 1등 했다더라", "다른 엄마들 만나기가 창피하다" 등등. 대부분 엄마들이 보통 안타까움과 초조함을 그런 식으로 표출시킨다. 하지만 부정적인 잔소리는 부정적인 감정만 부추긴다. 다행히 현수는 밖으로 나돌아다니지는 않았다. 그럴 품수도 아니었다. 늘 책상 앞에 붙어 있는데도 성적은 날로 곤두박질하는 것이었다. 초조한 엄마는 속이 바싹바싹 타들어갔다.

"현수가 엄마의 잔소리를 좋아합니까?"

세상에 잔소리를 좋아할 사람은 아무도 없다.

"듣기 싫어 죽으려고 하죠. 요즘엔 손으로 귀를 틀어막기도 하고 문을 쾅 닫고 제 방으로 쑥 들어가 고슴도치처럼 처박혀 있기도 해요."

한번은 아무리 불러도 대답 않기에 문을 쾅쾅 두드려 열도록 했다. 현수는 양쪽 귀에 이어폰을 꽂은 채 음악을 듣고 있었다. 나는 물론 정신과 의사는 아니다. 하지만 뭐가 문제인지는 불을 보듯 뻔했다. 나는 충격을 주기 위해 일부러 이렇게 말했다.

"현수 성적이 떨어지는 건 어머님 때문이네요."

그녀는 뒤통수에 한 방을 된 탕 맞은 듯 두 눈을 동그랗게 떴다.

"쉴 틈 없이 싫은 소리를 퍼부어대면 현수의 머릿속은 오로지 싫은 소리로 가득 찰 수밖에 없지요. 생각해보세요. 싫다는 생각으로 가득 찬 머리가 뭘 받아들이겠습니까?"

싫다는 생각이 꽉 들어찬 머리는 모든 걸 거부한다. 아무리 책을 읽어도 비집고 들어갈 구석이 없다. 대부분의 사람들은 눈에 안 보이는 생각 덩어리쯤이야 무시하고 짓눌러도 아무 탈 없으려니 착각한다. 하지만 생각 덩어리도 엄연히 지능과 자존심을 갖고 있다. 무시하고 짓누르면 없어지는 게 아니라 머릿속에 똬리를 틀고 틀어박힌다. 쌓이고 쌓이면 병이 된다.

미 국립보건원의 정신과 의사인 헤이즈(Steve Hayes) 등 심리학자들은 100여 건이 넘는 연구보고서들을 분석한 결과, 대부분의 정신질환이 부정적 생각을 억누르기 때문에 일어난다는 사실을 확인했다.

"그럼 어떡하죠?"

"싫다는 생각부터 몽땅 털어내도록 해야죠. 그래야 뭔가 하고 싶다는 생각이 들어설 틈이 생길 거 아닙니까?"

그녀도 그럴싸하다고 생각했는지 고개를 끄덕이며 사라졌다.

몇 주 후 전화가 걸려왔다. 흥분한 목소리였다.

"선생님, 작전이 주효했어요!"

자초지종은 이랬다. 그녀는 그날 밤 현수와 마주 앉았다.

"현수야. 넌 엄마가 네 속마음을 전혀 모른다고 생각하지? 상위권이
던 성적이 어쩌다 딱 한 번 떨어졌는데 그렇게 막무가내로 야단만 쳤으
니."

그 순간 현수의 눈에 눈물이 핑 돌았다.

"엄마가 그렇게 혼내지만 않았더라도 나 스스로 잘 회복할 수 있었을
텐데, '성적이 갑자기 떨어져 나도 엄청 스트레스 받았는데…' 이런 생
각이 들지? 가뜩이나 힘 빠졌을 때 엄마가 힘이 돼주기는커녕 오히려 힘
만 빠지게 했구나. 그동안 무척 힘들었지?"

울먹거리던 현수가 갑자기 걷잡을 수 없는 울음을 터뜨렸다. 그녀의
눈에도 눈물이 고였다.

"그렇게 힘들었으면 왜 진작 말하지 그랬니?"

그러자 현수는 가까스로 울음을 억제하며 엄마의 눈을 노려보며 외
쳤다.

"엄마가 언제 제 아픔을 귀담아 들어보려고 한 적이나 있어요?"

그녀도 끝내 울음보가 터졌다.

"그래. 이 미련한 엄마는 자기 새끼 어려운 것도 모르고 몰인정하게
몰아붙이기만 했구나. 그동안 얼마나 힘들고 외로웠니?"

모자는 난생처음 서로 부둥켜안고 한참 울었다.

그녀가 내게 말했다.

"선생님, 전 그 후로 현수한테 공부하란 잔소리 절대 안 해요. 오히려 거꾸로 하죠. 좀 쉬면서 하라고. 그런데 어떤 일이 일어났는지 아세요? 현수가 완전 딴판이 됐어요!"

그날 이후로 현수는 표정이 점점 밝아져 갔다. 콕콕 찌르는 말 대신 온정어린 말이 들어가니 핏기없던 얼굴엔 화색이 돌기 시작했다. 공부도 머리에 쏙쏙 들어온다며 좋아했다. 머릿속에 잔뜩 구겨 넣었던 '공부는 싫다'는 생각 덩어리들을 끄집어내 따뜻하게 바라보게 되니 저절로 사라졌던 것이다.

거울처럼 비춰주면 저절로 꺼진다

한강 다리 5미터 높이의 트러스트 꼭대기.

한 남자가 아슬아슬하게 버티고 서 있다. 한강에 뛰어내리겠다며 벌써 30분 넘게 경찰과 대치중이다. 당장 생명을 집어삼킬 듯 아가리를 딱 벌리고 있는 무시무시한 부정적 감정이라는 괴물을 어떻게 잠재울 것인가? 경찰이 파악한 인적 사항은 대강 이렇다.

32세의 차영호. 2년 전 직장에서 쫓겨났다. 그 후 부인이 아이를 데리고 친정으로 도망쳤다. 곧 월세 집에서도 쫓겨나 친구들 집을 전전하다가 거기서도 쫓겨났다.

경찰이 확성기에 대고 계속 설득을 시도한다.

"차영호 씨, 사랑하는 가족들에게 슬픔을 안겨주지 마세요. 어서 마음을 풀고 내려오세요."

남자가 소리친다.

"개수작 떨지 말고 꺼져!"

몸을 수그리며 당장에라도 강에 뛰어들 태세다.

"영호 씨 생명은 소중합니다. 어서 가족의 품으로 돌아오세요."

"너도 주둥이만 살았구나! 이 세상 모든 놈들이 다 똑같아!"

그 사이 새로운 정보가 들어온다. 남자는 직장에서 상사와 말싸움 끝에 부당하게 해고됐으며, 고향의 부모는 직장을 구할 때까지 고향 근처에는 얼씬거리지도 말라고 했다는 것이다.

대치 상태가 한 시간을 넘어가면서 아침 러시아워가 다가온다. 운전자들의 볼멘소리가 여기저기서 터져 나오기 시작한다.

"뛰어내릴 거면 빨리 뛰어내리지, 저게 뭐야?"

"뛰어내릴 용기도 없으면서 왜 올라갔어?"

이런 험악한 말들이 귀에 들어가면 자살시도자들은 십중팔구 뛰어내리게 된다. 가느다란 희망의 끈마저 뚝 끊어버리는 차가운 말들이기 때문이다. 정말 일촉즉발의 상황이다.

그때 어디선가 한 중년 남자가 나타나 경찰로부터 확성기를 건네받는다. 설득전문가다.

"이봐요, 젊은이. 젊은이는 이 세상 아무도 젊은이 속마음을 모른다고 생각하죠? 가족들을 먹여 살리기 위해 발버둥쳤지만, 더 이상 손 쓸 수 있는 방법은 없다고 생각하죠?"

남자의 입에서 갑자기 뜻밖의 말이 나온다.

"당신이 그걸 어떻게 알아?"

설득전문가가 다시 말을 잇는다.

"맞아요. 이 세상 아무도 젊은이가 안고 있는 고통과 배신감을 모를 거라고 생각할 겁니다. 열심히 일했지만 직장에서 어이없이 쫓겨나고, 아내도 위로는 못해줄망정 아이를 데리고 도망치고. 게다가 친구들까지 등을 돌리고."

"맞아. 이 더러운 세상, 믿을 놈은 한 놈도 없어!"

남자의 목소리가 흔들리기 시작한다.

"그래요. 믿을 사람 아무도 없다는 생각이 들 수밖에 없을 거요. 모든 걸 끝장내고 영원히 쉬고 싶은 생각밖에 안 들 거요."

남자가 돌연 흐느끼기 시작한다. 그도 악한 사람은 아니었다. 단지 직장에서 못된 상사를 만났고, 차가운 아내와 결혼했고, 얄팍한 친구들을 사귄 게 죄였다.

"도대체 직장에선 어떤 일이 있었던 겁니까? 젊은이를 해고시킨 작자는 대체 어떻게 되먹은 인간이었나요?"

남자는 드디어 엉엉 울기 시작한다. 설득전문가가 슬그머니 사다리차에 오른다. 남자에게 다가가며 말을 계속한다.

"젊은이, 실컷 울어보세요. 나도 그런 억울한 일을 당해 울어본 적이 있다오."

사다리차가 트러스트에 닿는 순간, 설득전문가가 두 손을 뻗어 마치 어린아이를 얼싸안으려는 듯 남자의 두 손을 덥석 감싸 잡는다.

이 남자는 왜 뛰어내리지 않았을까? 설득전문가는 어떤 해답도 제시하지 않았다. 단지 그 남자의 감정을 거울처럼 비춰주어 그가 자신의 감정을 객관적으로 바라보도록 했을 뿐이다. 바라보는 순간 자신을 집어삼킬 듯했던 거대한 감정 덩어리도 맥없이 사그라졌다.

반 박 하 면   반 발 한 다

평소 툭하면 아들 자랑인 50대 중반의 한 여선배가 어느 날 식사를 하다가 불쑥 이런 말을 꺼냈다.

"우리 아들 형철이가 말이야. 갑자기 자살하고 싶다는데 도대체 어떻게 해야지?"

그녀의 목소리에 공포가 배어 있었다. 형철이는 서울의 명문의대에 다닌다. 얼굴도 잘생기고 키도 훤칠한데다 공부까지 잘한다고 마냥 자랑스러워하던 아들이다. 그런데 그게 아니었다. 대학에 1년쯤 다니고 나서부터 아들이 이상증세를 보이기 시작했다. 공부하러 책상 앞에만 앉으면 가슴이 두근거리고 머리가 터질 듯 아파서 도저히 집중하지 못한다는 거였다.

"엄마, 의대 공부는 못할 것 같아요. 제 적성이 아니에요."

그녀는 속이 터질 것 같았다. 어떻게 고생고생 공부시켜 집어넣은 대학인데, 1년 만에 하차하도록 내버려둘 수는 없는 노릇이었다. 어떻게든 위기만 넘기면 된다고 생각했다. 엄마가 다그치자 아들도 꾹 참고 억지로 몇 개월 더 다녔다. 공부는 형편없이 뒤쳐졌다. 그러다가 난데없이 날벼락을 터뜨렸다.

"엄마, 인생은 살 만한 가치가 없는 것 같아요. 엄마만 없었다면 이미

자살하고 말았을 거예요."

그녀는 공황상태에 빠졌다. 아들이 그런 극단적인 생각까지 할 줄은 미처 몰랐다.

"아니야. 넌 똑똑하고 인물 좋고 탁월한 의사가 될 사람이야. 넌 참 행복한 거야. 그런 생각은 꿈에도 하지 마."

그녀는 어떻게든 삶의 의욕을 북돋아 줄 양으로 이렇게 말했다. 하지만 그녀가 그런 식으로 말하면 말할수록 아들은 오히려 더욱 큰 절망에 빠져들었다. 이제는 아예 학교도 가지 않으려 들었다. 나는 그녀의 설득 방법에 문제가 있다는 걸 금방 알아챘다.

"선배가 그렇게 말하면 형철이는 더 좌절감을 느낄 수밖에 없죠. 선배의 말은 형철이의 아픔을 받아들이는 게 아니라 거꾸로 반박하는 거니까요."

형철이는 책상 앞에만 앉으면 부정적 생각이 한꺼번에 마치 봇물 터진 듯 밀려드는 '봇물 현상(flooding)'을 겪고 있었다. 공부에 넌더리가 난 머릿속의 어린아이가 책상만 보면 빨간 '불쾌' 신호를 켜놓는 것이었다. 그런데 엄마가 이 빨간불을 꺼줄 생각은 하지 않고 자신의 말을 반박하기만 하니 아들은 더욱 막다른 골목에 들어섰다는 생각에 빠질 수밖에…. 아들이 바라는 건 엄마가 자신의 정신적 고민과 고통을 공감하고 이해해 달라는 것뿐이었다.

며칠 후 선배로부터 전화가 걸려왔다. 우리가 대화를 나눈 그날 밤, 그녀는 아들 방에 들어가 슬며시 손을 잡고 말했다.

"형철아, 네 마음을 아무도 몰라줘서 고통스러웠지? 자나깨나 로봇처럼 책상 앞에만 달라붙어 있어야 하니, 이러려고 대학 들어왔나 하는 생각도 들고 넌더리가 났지? 머리는 쪼개질 거 같은데 공부만 하라고 을러 대는 엄마아빠가 야속하고 비정하게 느껴졌지? 네 말대로 인생은 힘겹고 고통스러운 순간도 참 많아. 나도 그럴 때가 있었단다. 너도 지금 그 힘겨운 순간을 맞은 것 같구나. 엄마한테 네 가슴속에 있는 고통을 털어놓아 보렴. 내가 친구가 돼줄게."

그 말을 들으며 형철이는 눈물을 주르륵 쏟았다. 엄마가 자신의 마음을 거부하지 않고 받아들이자 아들의 빨간불도 꺼졌다. 그러고는 조금씩 입을 열기 시작했다. 다음날도 그녀는 아들의 고민을 부인하지 않고 받아들여 바라보도록 했다. 그러면서 자살 충동도 사라졌다. 형철이의 어린아이는 뾰족한 해결책을 원하는 게 아니라 자신의 고통을 털어내고 싶었던 것이다.

머릿속의 어린아이는 진짜 어린아이와 똑같다. 외면하지 않고 정면으로 받아들여 따뜻하게 바라보면 저절로 잠잠해진다.

우리 둘째 아이가 초등학교 1학년이었던 때의 일이다. 오후에 회사로 아들이 전화를 걸어왔다. 잔뜩 울먹이는 목소리였다.

"아빠, 아빠 때문에 학교에서 창피당했어!"

"아니, 왜?"

가슴이 철렁했다. 퇴근해 자초지종을 알아보니 좀 어이가 없었다. 학교 수업시간에 크리스마스 화환을 만든다고 해서 전날 밤 아이와 함께 문방구에서 몇 가지 장식물을 샀다. 금방울, 장식용 색깔 테이프, 장식용 별 등이었다. 그리고 집에서 철사로 화환 원형을 만들고 신문지를 돌돌 말아 철사를 휘감았다. 이튿날 아이는 준비물들을 챙겨 학교에 갔다. 하지만 학교에 가서 당황하고 말았다. 다른 아이들의 장식물들은 우리 아이와는 비교가 안 될 정도로 휘황찬란하고 요란했기 때문이다. 결국 화살은 준비물들을 초라하게 챙겨준 나에게 돌아왔다. 나는 아이를 이렇게 위로해주었다.

"괜찮아. 사람마다 크리스마스 화환 만드는 생각이 다 달라. 요란하게 만드는 아이도 있고, 좀 수수하게 만드는 아이도 있는 거지 뭐. 그게 그렇게 큰 문제는 아니지 않니?"

"아니야. 아빠는 몰라서 그래. 다른 아이들이 얼마나 많이 준비해왔는지 아빠는 몰라."

아이는 더욱 씩씩거렸다. 다시 생각해보니 나의 대처방법이 틀렸다는 걸 깨달았다. 아이의 아미그달라는 체면이 깎였다고 판단해 '불쾌' 신호를 켜놓았다. 그 신호를 꺼주는 게 급선무였다. 그 생각은 안 하고 아이의 분노를 부인하기만 했으니 아이가 더욱 화를 내는 건 당연했던 것이다.

"그래, 다른 아이들은 다 멋진 걸 많이 갖고 왔나 보구나. 너 혼자서만 조금밖에 챙겨가지 않았으니 당연히 속이 많이 상하지. 아빠라도 속이 많이 상했을 거야. 다음엔 좀더 많이 챙겨가자. 알았지?"

이렇게 말하자 아이는 고개를 끄떡였다. 금방 기분이 풀려 웃음을 터뜨리며 함께 놀았다. 아이가 원하는 건 큰 게 아니었다. 자신의 머릿속에 쌓인 불만을 따뜻하게 바라보고 이해해달라는 것뿐이었다. 바라보는 것만으로 기분이 저절로 풀리는 것이다.

응어리진 슬픔, 울음으로 풀어진다

가까이 지내는 지인 중 하나가 맏딸을 먼 지방대학에 입학시킨 뒤 갑자기 우울증에 걸렸다. 기운이 뚝 떨어지고 매사에 의욕을 잃었다. 새벽 늦게까지 뒤척이다 간신히 잠들곤 했다. 통통하던 얼굴도 쏙 빠져 홀쭉해졌다. 참 이상한 일이었다. 평소 활달하고 에너지가 넘치던 그녀였다.

"딸이 떨어져 나가 서운하긴 하지. 하지만 내게 뭔가 문제가 있는 게 분명해."

그녀가 맥없이 말했다.

"그러게요. 방학이 돌아오면 또 만날 텐데."

그녀는 돌연 어머니 얘기를 꺼냈다. 이미 40여 년 전에 세상을 떠난 어머니였다. 뭔가 문제가 있는 것 같았다.

"어머니는 참 좋은 분이셨지. 내가 열두 살 때였어. 초등학교 교사였던 어머니는 학교 운동장에서 학생들의 경주를 지켜보고 계셨어. 난 반드시 1등 해서 어머니를 기쁘게 해드리고 싶었거든."

그녀가 온 힘을 다해 달리던 중 어머니 쪽에서 돌연 소란이 이는 게 느껴졌다. 경주를 끝내고 가보니 어머니가 쓰러져 있었고, 사람들이 부산하게 움직이고 있었다. 그녀는 접근하려 했지만, 다른 사람들이 막았다. 이 대목을 말하면서 그녀의 눈이 그렁그렁해졌다.

"그때 난 들었어. 어머니가 사라져가는 목소리로 '누가 어서 신부님 좀 불러주세요'라고 말하는 것을. 어머니는 독실한 가톨릭 신자였거든. 그게 내가 들은 어머니의 마지막 목소리였어."

어머니는 급성 심장마비에 걸려 앰뷸런스가 채 도착하기도 전에 운동장에서 숨지고 말았다.

"내겐 한이 남아 있어. 어머니를 그렇게 비명에 잃고도 단 한 번도 제대로 울어본 적도 없으니까. 아버지가 워낙 엄하셨거든. '너희 어머니는 너희가 우는 걸 원치 않아. 강인하게 살아가야지'라고 말씀하시곤 하셨어. 그래서 우리는 장례식장에서조차 실컷 울어보지 못했어."

그녀가 솟아오르는 눈물을 억누르며 말했다.

"울음을 참지 마세요. 지금 맘껏 울어보세요."

말이 떨어지기 무섭게 그녀가 울먹이기 시작했다. 그러더니 돌연 '헉' 하는 소리와 함께 울음이 터져 나왔다. 얼마나 참았던 울음이었을까? 울음소리는 점점 커지더니 봇물이 터진 듯 걷잡을 수 없었다. 어찌나 슬프게 우는지 옆에서 지켜보는 나도 저절로 눈물이 나왔다. 그녀가 마침내 울음을 멈췄다.

"슬픔도 분노처럼 꽉 억눌러놓고 있으면 병이 된대요. 수십 년 전 장례식장에서 못 울었던 울음이 단 한 번으로 가라앉지는 않을 것 같네요. 실컷 울어보세요. 매일 밤 잠자리에 들기 전에도 울고, 어머니 묘지에 가서도 실컷 울어보세요."

그리고 나서 2주가 흘렀다. 그녀는 전혀 딴 사람으로 변해 있었다. 예전처럼 생기에 넘쳤고 얼굴엔 화색이 돌았다.

"그날 집에 돌아간 뒤 온종일 정말 목청이 터지도록 울었어. 어머니의 죽음에 대해 남편과 딸아이들에게도 다 털어놓고. 그날 밤엔 울면서 잠들었지."

이튿날 그녀는 개운한 마음으로 아침을 맞았다. 우울 증상은 거짓말처럼 싹 사라졌다.

"거참 신통한 일이야. 실컷 울었더니 몸과 마음이 새 사람처럼 달라지던걸. 의사가 이젠 우울증 약 안 먹어도 된대."

"정말 놀랍네요. 우울증이 하루 만에 싹 나아버리다니."

그녀가 맏딸과 떨어져 지내는 게 그토록 힘들었던 것도 바로 응어리진 슬픔 때문이었다. 그녀의 5세 유아는 어머니의 갑작스런 죽음에 충격을 받아 빨간불을 켜놓고 있었다. 하지만 그녀는 그걸 꺼줘야 한다는 생각은 아예 안 하고 40년간 억지로 짓눌러 놓고만 있었으니 응어리가 질 수밖에…. 응어리진 슬픔은 울음과 함께 털려나갔다.

왓칭 요술 #6

위기를 기회로 뒤집는 설득 원리

머릿속의 5세 유아 아미그달라는 걸핏하면 "불쾌" 신호를 켜댄다. 이렇게 상대의 머릿속에 "불쾌" 신호가 켜져 있으면 내가 아무리 그럴싸한 말을 해도 먹히지 않는다. 따라서 상대를 설득할 땐 "불쾌" 신호를 꺼주는 게 최우선이다. 꺼주는 방법은 아주 간단하다. 불쾌한 감정을 바라보는 것, 즉 외면하지 않고 따뜻하게 인정해주는 것이다. 이것이 모든 설득의 핵심원리다. 이를 이용하면 구제불능의 위기 상황도 단숨에 값진 기회로 반전시킬 수 있다. 학생들에게 강의했던 내용 중 일부를 소개한다.

C학점을 A⁺학점으로 돌려놓기

어느 날 한 여학생이 들어오자마자 스스럼없이 넋두리부터 늘어놓았다.

"선생님, 입사시험에서 또 떨어졌어요. 벌써 일곱 번째예요."

그녀만 떨어진 게 아니었다. 대부분 학생들이 벌써 몇 차례씩 고배를 마셨다. 그해 웬만한 대기업들의 취업경쟁률은 1,000 대 1이 넘는 곳이 많았다. 불과 열 명의 신입사원을 뽑는 방송사에도 시험을 쳤지만 지원자가 9,000명 넘게 몰려들었다.

여학생이 주저주저 물었다.

"선생님, 2학년 때 제 점수가 엉망이에요. 대부분 C 아니면 B거든요. 면접관이 왜 성적이 그리 나쁘냐고 물으면 뭐라고 해야죠?"

정말 큰일이 아닐 수 없었다. 면접시험 때마다 면접관들이 2학년 때 점수를 문제 삼으니 취직이 될 리 없었다. '학점이 뭐 그리 대수인가?' 하는 안이한 생각으로 동아리 활동에만 매달렸던 게 후회막급이었다. 학생들에게 어떻게 그런 위기에서 벗어나겠느냐고 되물었더니 대개 이런 식의 답변을 했다.

"아버님 병구완 때문에 성적이 나빴다고 하면 어떨까요?"

"학비를 벌려고 파트타임으로 일하느라 공부를 못했다고 하면 되지 않을까요?"

이런 핑계에 면접관이 넘어갈까? 면접관이 성적을 따지는 이유는 무엇인가? 면접관의 5세 유아는 '성적이 저렇게 나쁘다니? 불성실한 학생 아니야?' 하는 의구심으로 빨간불을 켜놓고 있다. 이 빨간불을 꺼놓지 않고 구구하게 설명해봐야 면접관의 귀에는 변명으로밖에 들리지 않는다.

"제 점수가 나빠서 우려되시죠? 사실 저 자신도 그런 걱정 많이 했습니다."

이렇게 먼저 아미그달라를 달래줘야 한다. 이 간단한 한 마디로 빨간불이 꺼진다. 그런 다음 성적보다 더 가치 있는 것을 언급하라.

"솔직히 분명한 인생목표를 세우지 못하고 한동안 방황했습니다. 대학 공부도 피상적으로 보였죠. 그래서 대신 많은 책을 읽으며 생각을 거

듭했습니다. 그 결과 인생 목표가 뚜렷해졌고 더욱 강한 내가 될 수 있었어요. 학교 점수는 나빴지만 내면은 가득 차올랐죠. 그 방황기가 없었다면 하루하루 최선을 다해 살아가는 현재의 나는 존재하지 않을 겁니다."

이런 말을 듣고 누군들 깊은 인상을 받지 않을 수 있겠는가? 치명적인 약점이 강점으로 둔갑하는 순간이다. 번번이 고배를 마시던 여학생은 정말 그 방법으로 다행히 다음 면접시험을 무사히 통과했다. 머릿속의 5세 유아는 이처럼 단순하다.

이번엔 당신이 한 작은 회사의 사장이라고 가정해보자. 출장을 보냈던 두 직원이 아주 흡사한 사고를 일으켰다. 첫째 직원은 돌아와 이렇게 인사를 한다.

"사장님, 걱정 많으셨죠? 다행히 잘 해결됐습니다."

둘째 직원은 첫 마디만 약간 다르다.

"사장님, 걱정 마세요. 다행히 잘 해결됐습니다."

그 말이 그 말처럼 들린다. 하지만 당신의 무의식 속에는 두 직원에 대한 평가가 판이하게 갈린다. 첫째 직원에 대한 신뢰가 급상승하게 된다. 왜 그럴까?

직원이 사고를 내면 당신의 아미그달라에는 '불쾌' 신호가 켜진다. "걱정 많으셨죠?"라는 한 마디는 그 불쾌한 감정을 바라보고 인정해주는 말이다. 불쾌감이 싹 지워지고 상대에 대한 호감이 솟아오른다. 반면 "걱정 마세요"라는 말은 불쾌감의 존재를 부정한다. 아미그달라의 '불쾌' 신호가 여전히 켜져 있다. 우리가 일상에서 별생각 없이 툭툭 내뱉는 간단한 말 한 마디의 작은 차이가 우리에 대한 평가나 인상을 결정짓고 나아가 인생까지 가를 수 있는 것이다.

아직 '설마' 하는 생각이 남아 있는가? 미국 유타 대학의 워너(Carol Warner) 교수는 학생들이 강의실 쓰레기통에 빈 깡통을 함부로 버리는 걸 보고 이런 실험을 해보았다. 먼저 강의실 쓰레기통에 스티커를 붙여보았다.

"빈 깡통은 버리지 마세요! 1층 입구의 재활용 쓰레기통에 버리세요!"

하지만 고분고분 응하는 학생은 고작 40퍼센트에 불과했다. 그래서 스티커에 딱 한 문장을 덧붙여보았다.

"빈 깡통은 버리지 마세요! 1층 입구의 재활용 쓰레기통에 버리세요! 귀찮겠지만, 중요한 일입니다!"

그랬더니 학생들의 재활용 참여율이 무려 80퍼센트로 껑충 뛰어올랐다. 왜 그랬을까? 학생들이 빈 깡통을 재활용하려면 일부러 1층 입구까지 가야 한다. 그들의 아미그달라는 1층에 버리라는 명령식 문장에 '불쾌' 신호를 켠다. 워너 교수는 이 불쾌감의 존재를 하나의 문장으로 인정해주고 어루만져주었다. 불쾌 신호가 꺼지니 마음이 열렸고, 그러다 보니 자연히 재활용 참여율이 높아질 수밖에!

못난 외모를 장점으로 바꿔놓은 한 마디

나도 언젠가 입사시험 면접관으로 들어갔던 적이 있다. 많은 지원자들 가운데 지금도 기억에 남는 사람이 있다. 그녀는 누가 봐도 외모가 많이 뒤진다는 평가를 받을 게 뻔했다. 면접관들의 아미그달라는 '저런 얼굴로 감히…'라는 '불쾌' 신호를 켜두었을 것이다. 하지만 그녀는 당당하게 자신을 이렇게 소개했다.

"제 첫인상을 보시고 실망하셨죠? 저런 얼굴로 어떻게 감히 방송국에 지원하나 하고요. 첫인상은 타고난 거라 저도 어쩔 수 없어요. 하지만 끝인상만큼은 책임질 수 있습니다. 노력으로 할 수 있는 일, 뒷바라지가 필요한 일, 끝 인상을 책임질만한 일은 무조건 자신 있습니다."

나는 속으로 감동했다. 그녀는 그 몇 마디로 면접관들의 '불쾌' 신호를 일거에 꺼버렸다. 그런 다음 자신의 외적인 약점을 상쇄시키고도 남는 내적인 장점을 언급했다. 이것이 약점을 장점으로 뒤바꿔놓는 마술이다. 나중에 알고 보니 그녀는 당당히 합격했고, 지금도 그 부서에서 능력을 인정받고 있다는 얘기를 들었다.

약점은 숨기려 들면 오히려 더 커 보인다. 반면 스스로 드러내면 솔직해 보일 뿐 아니라 강점으로 둔갑할 수 있다. 그러기 위해서는 반드시 약점을 보완해주는 관련된 장점을 언급해줘야 한다. 약점과 무관한 장점은 언급해봐야 아무런 도움이 되지 못한다. 더 구체적인 사례를 보자. 어느 음식점의 다음 세 가지 광고 중 어느 게 가장 마음에 드는지 생각해보라.

1. "우리 음식점은 최고의 인테리어와 최신 냉난방 설비를 갖추고 있습니다. 분위기도 아늑합니다."
2. "우리 음식점은 최고의 인테리어와 최신 냉난방 설비를 갖추고 있습니다. 하지만 전용 주차장이 없어서 주차가 불편할 수는 있습니다."
3. "우리 음식점은 전용 주차장이 없을 만큼 공간은 작습니다. 하지만 작은 데서 오는 특유의 아늑함을 만끽할 수 있습니다."

첫 번째 광고는 자랑만 늘어놓아 신뢰가 가지 않는다. 반면 두 번째와 세 번째는 스스로 약점도 함께 언급해 솔직해 보인다. 두 번째 광고를 다시 보라. 장단점을 동시에 언급했지만, 장점과 단점 간에 아무런 관련성이 없다. 단점을 상쇄시키는 관련된 장점이 없다. 이번엔 세 번째 광고를 보라. 단점을 거론한 뒤 그 단점과 관련된 장점, 즉 단점을 상쇄시키는 특징을 함께 거론했다. 그래야만 단점이 장점이 된다.

실제로 사회과학자인 보너(Gerd Bohner) 박사가 조사해보니 사람들은 세 번째 광고가 가장 호소력 있다고 대답했다. 왜 그럴까? 음식점에 가고 싶어하는 고객의 관점에서 그 음식점의 단점을 보면 아미그달라에 '불쾌' 신호가 켜진다. 하지만 그 단점을 보완해주는 관련된 장점을 보면 불쾌 신호가 해제되면서 호감을 갖게 된다.

"흠, 음식점이 작긴 하지만 작아서 오히려 아늑하군."

그럼 같은 물건을 경쟁사보다 30퍼센트나 더 비싸게 팔아야 하는 상황이라면 어떻게 말하는 게 좋을까?

1. "사실 이 신제품은 기존제품보다 30퍼센트나 더 비쌉니다. 하지만 훨씬 빠르고 공간도 덜 차지하죠."
2. "사실 이 신제품은 기존제품보다 30퍼센트나 더 비쌉니다. 하지만 내구성과 전기사용량을 따지면 비싼 비용을 뽑고도 남죠."

정답은 당연히 2번이다. 비용에 관한 단점을 언급했으면 역시 비용에 관한 장점을 언급해야만 고객의 아미그달라에 켜진 불쾌 신호를 해제시킬 수 있다. 개인적인 실수도 마찬가지다. 실수를 어물어물 덮어버리려 들면 실수가 더 커져 보인다. 그보다는 실수를 솔직하게 인정하고 그 실수를 바로잡을 수 있는 능력이 있음을 보여주면 실수가 오히려 재산이 된다.

무경력을 최고 경력으로 둔갑시키기

자신을 30대 초반이라고 밝힌 한 가정주부가 이런 이메일을 보내왔다. "저는 선생님의 강의를 듣는 대학생의 언니예요. 동생이 요즘 '머릿속 5세 유아 바라보기' 강의를 듣고 있다고 자랑하더군요. 요점을 말씀드리면 저는 고등학교를 졸업하고 집안일을 도우며 지냈어요. 아버지 병구완 때문에 직장 다니기도 어려웠습니다. 아버지가 돌아가신 후 20대 초반에 결혼해서 아이 둘을 열심히 키워왔죠. 아이들은 이제 10세, 12세로 제가 직장을 다녀도 괜찮을 것 같다고 생각했어요. 남편 봉급만으로는 생활이 빠듯하기도 하고. 그래서 틈틈이 방송통신대학 강의도 들었습니다.

그런데 문제가 생겼어요. 입사 면접시험 때마다 실무경험이 없다는 게 어김없이 약점으로 지적되는 겁니다. 이 약점을 어떻게 해야죠?"

정말 그렇다. 아이들을 키운 뒤 뒤늦게 취직하고자 하는 주부들의 최대 약점은 실무경력이 없다는 거다. 면접관은 틀림없이 그 약점을 짚고 넘어가기 마련이다.

"이력서를 보니 일해본 경험이 전혀 없으시네요?"

경험 많은 경쟁자들도 많은데 하필 실무경험이 전혀 없는 주부를 써야 할 이유가 뭔가? 이 약점을 어떻게 강점으로 둔갑시킬 것인가? 열쇠는 역시 면접관의 머릿속에 든 아미그달라를 바라보고 달래주는 것이다.

"제가 직장생활 경험이 없어 우려하시는 점 잘 알고 있습니다. 직장경험이 없는 게 사실이죠."

이 단순한 한 마디로 면접관의 아미그달라에 켜졌던 빨간불은 꺼진다. 당신은 이 기회를 놓치지 말고 재빨리 약점을 강점으로 전환시켜야만 한다. 그러려면 직장경험보다 한 차원 높은 경험을 언급하라.

"아이 둘을 키우면서 틈틈이 공부해 방송통신대학도 졸업하고 취업 준비도 해왔어요. 직장경험은 없지만, 아이들을 키우고 살림을 책임지면서 끈기와 열정, 사랑, 인내 등 더욱 값진 인간적 경험을 쌓았습니다."

직장 경험보다는 인간적 경험이 한 차원 더 높게 들린다. 논리가 아니라 가슴에 호소하는 것이다. 또한 정직하고 성실하며 신뢰감을 주는 답변이기도 하다.

불명예 퇴직을 장점으로 돌려놓기

상사와의 말다툼 끝에 직장을 때려치운 한 선배가 있었다. 그는 젊은 혈기에 바른말을 하고 뛰쳐나갔지만, 막상 새 직장을 잡으려니 여간 어려운 게 아니었다. 면접시험을 볼 때마다 그 문제가 꼬리표처럼 따라다녔다.

"그 좋은 직장을 뚜렷한 이유도 없이 왜 그만둔 거죠? 잘린 건가요?"

그 선배는 상사에 대한 반감이 아직 생생했던지라 이런 식으로 대답하곤 했다.

"그 상사는 부하직원들의 의견에 귀를 기울일 줄 몰랐습니다. 독단적이고 몹시 권위주의적이었죠. 다른 직원들도 불만이 많았습니다. 그래서 제가 참고 참다가 용기를 내서 이견을 제시했던 거였어요."

정의의 사도처럼 의로운 말로 들린다. 하지만 당신이라면 이런 사람을 채용할 것인가? 아마 고개를 내저을 것이다. 언제 당신의 권위에 도전하려 들지 모르기 때문이다. 그 선배는 번번이 취직에 실패하자 결국 어렵사리 유학길에 올랐다.

당신이 그 선배였다면 어떻게 대답하는 게 좋았을까?

면접관은 당신이 권위에 도전적인 성격인지 의구심을 품고 있다. 아미그달라에 빨간불이 켜져 있다. 이 불을 꺼주지 않고 구구한 말을 늘어놔 봐야 귀에 들어가지 않는다. 빨간불부터 꺼줘야 한다.

"제가 혹시 권위에 도전적인 성격이 아닌지 걱정되시죠?"

이 한 마디를 먼저 꺼내놓는 것만으로 빨간불은 꺼진다. 그런 다음 그 쓰라린 약점이 왜 장점이 됐는지 설득시켜야 한다. 가장 좋은 방법은 약점을 통해 과거의 '철없던 나'가 현재의 '더 나은 나'로 변신했음을 납득시키는 것이다.

"사실 저는 당시 경험도 없고 독선적이고 남의 의견을 경청할 줄도 잘 몰랐습니다. 설사 상사가 이치에 맞지 않는 말을 해도 이를 상사의 입장에서 다시 생각할 줄 아는 현명함도 없었습니다. 다행히 과거의 뼈아픈 실수는 저 자신을 돌아볼 수 있는 귀중한 계기가 됐습니다. 그런 일이 없었다면 모나지 않고 남의 시각에서 문제를 바라볼 수 있는 '더 나은 지금의 나'는 탄생하지 못했을 겁니다."

이렇게 말하면 직장에서 잘렸던 게 안 잘렸던 것보다 오히려 장점으로 비친다. 상대의 머릿속에 든 5세 어린아이는 마치 전기 스위치 같다. 불쾌하면 켜지고, 바라보면 꺼지니 말이다.

상 대 가 나 를 좋 아 하 도 록 만 드 는 한 마 디

당신이 아리따운 두 여성과 사귀고 있다고 가정해보자. 당신은 누구를 선택해야 할지 막판까지 갈팡질팡한다. 두 여성이 여러모로 너무나 닮은꼴이기 때문이다. 그러자 화가 치민 두 여성이 마침내 최후통첩을 선언한다.

"어서 마음을 정하세요. 삼각관계를 이대로 지속할 수 없어요."

먼저 여성 A가 당신에게 이런 말을 하며 떠난다.

"나를 좋아하는 이유 열 가지만 말해보세요."

여성 B는 좀 달리 말하며 자리를 뜬다.

"나를 좋아하는 이유 딱 한 가지만 말해보세요."

당신은 일주일간 고민한다. 과연 누구를 택해야 하나? 당신의 머릿속에는 두 여성의 마지막 이미지가 각기 다르게 떠오른다. 그들은 둘 다 "나를 좋아하는 이유를 말해보라"는 말을 남기고 헤어졌지만, 당신의 잠재의식 속에 한 여성은 약간 골치 아픈 인상으로 기억됐고, 다른 여성은 정다운 인상으로 새겨졌다. 정다운 인상을 남긴 건 누구일까?

벵케(Michaela Wanke) 교수가 실시한 실험에 그 해답이 담겨 있다. 그는 A그룹의 대학생들에게 BMW 자동차 회사의 이런 광고를 보여주었다.

"BMW와 벤츠 중 어느 차를 타시겠습니까? BMW를 선택해야 하는 이유는 여러 가지가 있습니다. 열 가지를 대보시겠습니까?"

B그룹의 대학생들에게도 비슷한 문구의 광고를 보여주었다.

"BMW와 벤츠 중 어느 차를 타시겠습니까? BMW를 선택해야 하는 이유는 여러 가지가 있습니다. 딱 한 가지만 대보시겠습니까?"

어느 그룹이 BMW를 더 많이 타겠다고 대답했을까? B그룹에서 BMW를 타겠다는 대답이 압도적으로 많았다. 왜 그랬을까?

광고문구는 비슷하지만 풍기는 이미지가 다르다. "좋아하는 이유 열 가지를 대보라"고 하면 골치 아프다는 이미지가 형성된다. 아미그달라에 불쾌 신호가 들어온다. 반면 "딱 한 가지만 대보라"고 하면 정말 좋아하는 이미지가 선명하게 떠오른다. 아미그달라에 유쾌 신호가 켜진다. 사람들은 이처럼 단순하고 선명한 이미지를 좋아한다.

이미지는 오래 남는다. 만일 당신이 사귀던 여성과 어쩔 수 없이 오랜

이별을 해야 한다면 헤어질 때 "나에 대한 가장 좋은 추억을 딱 한 가지만 말해봐요"라고 말하라. 그럼 그녀는 가장 좋은 추억으로 당신을 기억하게 된다.

발음도 그렇다. 사람들은 발음하기 어려운 단어나 이름보다 발음하기 쉬운 단어나 이름을 더 좋아한다. 똑같은 편지라도 필체가 나쁠수록 설득력이 떨어진다. 나쁜 필체에 대한 거부감을 편지 내용이 어려운 탓이라고 착각한다. 또한 똑같은 말이라도 운율이 맞는 말이 내용도 맞는 것처럼 들린다. 아미그달라는 지극히 단순한 잣대로 '유쾌'와 '불쾌'를 결정짓는다는 사실을 기억하라.

내 요청을 꼼짝없이 받아들이도록 하는 법

특파원 시절 노근리 미군만행 사건과 관련해 미국 육군장관을 인터뷰하고 싶었다. 그가 그 사건에 관한 조사를 총 지휘하는 미국 국방부 내의 최고 책임자였기 때문이다. 하지만 녹록지 않은 일이었다. 왜냐하면 미국 기자들과 AP, 로이터 등 세계적인 통신사들도 나와 똑같은 생각을 갖고 이미 인터뷰를 신청해놓은 상황이었기 때문이다. 서면으로 신청해놓은 인터뷰 요청에 대한 답변은 백년하청이었다.

나는 이제나저제나 하다가 육군장관실 대변인에게 전화를 걸었다.

"한국의 MBC 특파원입니다. 인터뷰 요청한 거 어떻게 됐나요?"

"검토중이니까 기다리세요."

의례적인 답변이었다. 나는 일단 전화를 끊고 곰곰이 생각해보았다.

그리고 이튿날 다시 전화를 걸었다.

"오늘도 백악관, 국방부, 국무부 등 세 곳에 전화를 걸었는데 정확한 말을 할 수 있는 곳은 오로지 여기뿐이라고 합니다. 육군장관의 해명이 늦어지니 한국에서는 불필요한 의혹만 자꾸 증폭되고 있어요. 미국에 대한 불신도 커져가고 있구요. 굉장히 절박한 상황입니다."

그러자 대변인은 한 시간쯤 후 전화를 해주겠다고 했다. 마음 졸이며 한 시간을 기다리자 정말 전화가 왔다.

"다음주 월요일 오후 3시에 육군장관실로 오세요."

나는 날아갈 듯 기뻤다. 그는 수백 명의 다른 나라 특파원들을 제치고 왜 하필 내 부탁을 들어주었을까?

남에게 도움을 요청할 때는 그로 하여금 '내가 꼭 도와주지 않으면 안 되겠구나' 하는 불가피성을 느끼도록 하는 게 열쇠다. 예를 들어 목발을 짚은 사람이 책을 떨어뜨리면 옆에 있던 사람은 주저 없이 책을 주워준다. 아무런 보상을 기대하지 않고 선뜻 도와주는 건 '내가 도와주지 않으면 어쩔 수 없는 상황이구나' 하고 불가피성을 느끼기 때문이다. 도와주는 사람의 아미그달라는 이 순간 어떤 기분일까?

'저 사람은 내 도움 없이는 꼼짝할 수 없는 상황이군.'

하늘로 치솟는 존재 가치를 느낀다. 주저 없이 도와주고 싶은 충동을 느낀다.

"이것도 해보고 저것도 해보고 안 해본 게 없어요. 그런데도 안 돼요. 기댈 수 있는 건 당신밖에 없네요."

이런 말을 들으면 누구든 '난 특별한 능력을 가진 사람'이라는 착각에 빠진다.

반즈(Richard Barnes) 등 위스콘신 대학 심리학자들은 대학생들에게 이런 실험을 해봤다.

기말시험을 앞두고 한 동료 학생이 당신에게 전화를 걸어온다. 그리고 필기한 심리학 강의 노트를 좀 빌려줄 수 있느냐고 묻는다.

"안녕하세요. 저는 같은 수업을 듣는 학생인데요. 수업내용을 제대로 필기하지 못했어요. 필기하자면 할 수는 있는데, 왜 그런지 필기를 잘 못하겠어요."

"내 전화번호는 어떻게 알아냈죠?"

"출석부에서 봤어요."

당신은 수업시간에 그 학생을 본 것 같기도 하지만 가까이 지내는 사이는 아니다. 이럴 경우 필기 노트를 빌려주겠는가? 아마 주저할 것이다.

그럼 만일 그 학생이 이런 식으로 말했다면 어떨까?

"안녕하세요. 저는 같은 수업을 듣는 학생인데요. 온 힘을 다해 수업을 따라가려 해도 영 역부족이네요. 제가 난청이 심하거든요. 수업이 끝난 뒤 여러 학생들에게 필기한 내용을 물어봤지만 제대로 필기한 사람이 없어요. 그래서 필기를 가장 잘하는 분이라는 말을 듣고 감히 용기를 내서 이렇게 전화를 드렸어요."

이런 식의 말을 들으면 아마 선뜻 도와주고 싶은 생각이 들 것이다. 왜 그럴까? 그 학생이 겪고 있는 상황이 그의 통제밖에 있는 어쩔 수 없는 상황이라고 느껴지기 때문이다.

'저 학생이 스스로 할 수 있는 건 다 해봤는데 영 안 되는 모양이군. 도와줄 사람이 나밖에 없다니 어떻게 외면할 수 있겠어?'

심리학자들은 이처럼 어쩔 수 없는 상황이라는 느낌을 주면 선뜻 도움을 받게 된다는 사실을 여러 차례의 실험을 통해 거듭 확인했다. 하지만 '내가 부탁할 만한 사람들은 많이 있는데, 그래도 당신이 나를 도와주면 고맙겠어'라는 식으로 여러 선택이 가능한 것처럼 들리면 도움을 받기 어렵다. 왜냐하면 꼭 내가 도와주지 않아도 된다면 굳이 내 시간을 빼앗겨야 할 불가피성이 없기 때문이다.

이런 원리는 일상에서도 활용할 수 있다. 당신의 집에 있는 수도꼭지가 고장 났다고 가정해보자. 아무리 낑낑거려보아도 도저히 못 고칠 것 같다. 그래서 기술자인 이웃집 아저씨에게 도움을 청하기로 했다. 어떤 말로 도움을 청해야 할까?

* 부탁 1 : "저희 집 수도꼭지가 고장 났는데 좀 도와주시겠어요?"

이웃집 아저씨는 아마도 "그것 고치려면 시간 좀 걸릴 텐데요. 수선공을 불러보시지 그러세요?" 하고 말할 공산이 크다. 도와달라는 말은 곧 와서 해달라는 강요로 들리기 때문이다. 그의 아미그달라에 '불쾌' 신호가 켜진다.

* 부탁 2 : "저희 집 수도꼭지가 고장 났는데 저희 식구들 힘으로는 도저히 못 고쳐요. 혹시 어떻게 고칠 수 있는지 아세요?"

이 말을 들으면 이웃집 아저씨는 내심 우쭐해질 것이다. 그의 아미그달라에 '유쾌' 신호가 켜진다. 자신의 존재가치를 높이 띄워주기 때문이다. '내가 도와주지 않으면 꼼짝 못할 사람들이군. 불가피한 상황이야'라는 생각이 든다.

타이타닉호가 대서양에서 침몰했을 때 남성승객들은 겨우 20퍼센트밖에 구조되지 않았지만, 여성들은 70퍼센트나 구조됐다고 한다. 또한 3등실 승객들보다 1등실 승객들이 구조된 경우가 2.5배나 더 많았지만, 그럼에도 3등실 여성이 구조된 비율(47퍼센트)이 1등실 남성이 구조된 비율(31퍼센트)보다 높았다. 건장한 남성들보다는 나약한 여성들이 도움의 손길을 더 많이 필요할 거라는 인식이 낳은 차이였다. 심리학에서는 이를 '사회적 책임 규범(social-responsibility norm)'이라고 일컫는다.

상보성 원리로 인생이 갈린다

인생을 가르는 건 단순한 시각 차이

20여 년 전 앞집과 뒷집에 두 아기 엄마가 살고 있었다. 집 근처를 산책하다 보면 그들의 말소리가 흘러나오곤 했다. 그런데 앞집 사는 엄마의 말투는 늘 긍정적이었다. '할 수 있는 것'에 초점을 맞춰 말했다. 반면 뒷집 엄마는 늘 부정적이었다. "할 수 없는 것"에 초점을 맞춰 말했다.

어느 날 아이들이 동네 놀이터에 놀러가고 싶다고 했다. 뒷집 엄마는 이렇게 말했다.

아이 : "놀이터에 놀러가도 돼?"
엄마 : "안 돼. 아직 숙제도 안 했잖아."

똑같은 내용의 말을 앞집 엄마는 긍정적으로 돌려 표현했다.

아이 : "놀이터에 놀러가도 돼?"
엄마 : "그럼. 숙제하고 가면 되지."

다음날 우연히 또 대화를 엿듣게 됐다. 이번에는 아이들이 친구 집에 놀러가고 싶다고 했다. 뒷집 엄마는 여느 때처럼 "안 돼"라는 말로 대답했다.

아이 : "엄마, 나 친구 집에 놀러가도 돼?"
엄마 : "안 돼. 5분쯤 있다가 점심 먹어야 해."

앞집 엄마는 어떻게 말하는지 귀를 바짝 기울여보았다.

아이 : "엄마, 나 친구 집에 놀러가도 돼?"
엄마 : "그럼, 물론이지. 5분 뒤 점심 먹고 실컷 놀아라."

20여 년이 지난 후 두 집 아이들은 어떻게 됐을까? 기막힌 우연의 일치인지 두 청년 모두 의대에 진학해 의사가 됐고, 각기 병원도 개업했다. 궁금증이 들어 슬그머니 병원에 들러 환자와의 대화를 엿들어보았다. 때마침 시한부 생명의 말기 암환자와 대화중이었다. 부정적인 말을 듣고 자란 뒷집 청년은 말투 역시 부정적이었다.

환자 : "저는 앞으로 얼마나 살 수 있을까요?"
의사 : "잘해야 6개월밖에 버티지 못하실 겁니다."

그 말을 듣고 몹시 낙담한 환자가 한숨을 푹 내뿜는 소리가 들렸다. 그래서 이번에는 긍정적인 말을 듣고 자란 앞집 청년의 병원에 달려가

보았다. 그도 역시 말기 암환자와 대화중이었다. 하지만 그의 말투는 영 달랐다.

환자 : "저는 앞으로 얼마나 살 수 있을까요?"
의사 : "잘하면 6개월간 가족과 행복한 순간들을 즐길 수 있으실 겁 니다."

환자는 황금같이 귀중한 마지막 순간들을 잘 쓰겠노라며 의사에게 연신 허리를 굽혔다. 그로부터 얼마 후 뒷집 청년이 운영하던 병원이 문을 닫았다. 환자들이 모두 긍정적인 말을 해주는 앞집 청년의 병원으로 옮겨 갔기 때문이다.

긍정적인 생각을 품고 자라면 긍정적인 사람이 되고, 부정적인 생각을 품고 자라면 부정적인 사람이 된다는 늘 듣는 얘기다. 진부하기 짝이 없는 이야기 같지만, 그 속에 인생을 결정짓는 신기한 원리가 숨겨져 있다.

아래 사진을 보라.

이 사진을 보는 순간 어떤 생각이 스쳐가는가?

"불쌍하다."

"부모의 마음이 얼마나 아플까?"

"양팔이 없으니 뭘 하며 살아갈까?"

아마 이런 연민을 느꼈을 것이다. 하지만 이 부모는 아이에게 자기연민을 심어주지 않았다. 대신 이렇게 가르쳤다.

"양팔이 없어도 할 수 있는 게 많단다. 매일 네가 새롭게 할 수 있는 게 뭔지 찾아보렴."

할 수 없는 것에만 초점을 맞춰 바라보면 할 수 없다는 생각에 점점 깊이 빠져든다. 거꾸로 할 수 있는 것에만 초점을 맞춰 바라보면 할 수 있다는 생각이 점점 커진다. 아이는 할 수 있는 것만 바라보며 자라니 하루하루가 즐겁고 활기에 넘쳤다. 할 수 있는 게 점점 늘어갔다. 그러다 보니 남들이 하는 건 다하며 성장했다. 손 대신 발로 콘택트렌즈를 끼고, 휴대전화 문자도 보낸다. 피아노 연주도 문제없고, 태권도 검은 띠를 딴 유단자이기도 하다. 마침내 정식 비행기 조종사 자격증까지 땄을 때, 사람들의 입은 딱 벌어졌다. 요즘엔 스쿠버 다이빙과 서핑을 배우려는 꿈에 부풀어 있다.

"양팔 없이 그런 걸 할 수 있다는 걸 증명하려는 게 아니에요. 제가 진심으로 하고 싶어서 하는 것뿐이죠."

제시카 칵스Jessica Cox의 이야기다. 양팔을 잃으면 대개 절망에 빠진다. 하지만 양팔이 있으면서도 절망 속에 살아가는 사람들도 부지기수다. 자포자기에 빠져 심지어 자살하는 사람들도 있다. 할 수 있는 걸 바라보지 않고 할 수 없는 것만 바라보기 때문이다.

"캐롤은 숙제를 해야 한다는 걸 기억해요."

헬싱키 대학의 심리학자 에로넨(Sanna Eronen) 교수는 대학생들에게 다음과 같은 한 컷의 만화를 보여주었다.

캐롤이라는 이름의 한 평범한 여성이 TV를 시청하는 모습이 담긴 지극히 평범한 만화였다. 만화엔 "캐롤은 숙제를 해야 한다는 걸 기억해요"라는 캡션이 쓰여 있었다.

그런 다음 잠시 후 캐롤이 숙제를 해서 교수에게 제출하는 모습이 담긴 다른 만화 한 컷을 또 보여주었다. 교수로부터 숙제에 대한 평가도 받았다고 덧붙여 설명해주었다.

"캐롤은 숙제를 해서 교수한테 평가를 받았어요."

그러고 나서 교수가 학생들에게 물었다.

"여러분은 캐롤이 어떤 사람이라고 생각하나요?"

어떤 학생들은 캐롤이 숙제를 위해 즐겨보던 TV를 끌 줄 아는 부지런하고 똑똑한 여성일 거라고 대답했다. 아마 어려운 숙제도 꽤 잘해낼 것이라고 긍정적으로 평가했다.

하지만 캐롤을 부정적으로 평가하는 학생들도 있었다. 그들은 캐롤이 TV만 보는 게으른 여성이며, 숙제도 쉬운 것만 골라 할 것이라고 부정적으로 응답했다.

아무 감정도 담겨 있지 않은 지극히 중립적인 만화 두 컷을 보고, 어떤 학생들은 긍정적인 감정을 만들어냈고, 또 다른 어떤 학생들은 부정적인 감정을 만들어낸 것이었다. 여기까지는 놀라울 일이 없다. 시각은 사람마다 다르기 마련이니까. 놀라운 일은 훨씬 후에 일어났다.

에로넨 교수는 5년 후 실험에 참가했던 학생들을 추적해보았다. 그런데 캐롤을 부정적으로 평가했던 학생들은 대학을 졸업한 뒤 하나같이 불행한 삶을 살고 있었다. 취직을 못해 백수건달로 지내는 사람이 있는가 하면 직장에서 제대로 풀리지 못해 고민하는 사람들도 있었다. 돈벌이도, 이성관계도 시원치 않았다.

그럼 캐롤을 긍정적으로 평가했던 사람들은 어땠을까? 놀랍게도 하나같이 행복한 삶을 만끽하고 있었다. 좋은 직장에 취직해 좋은 대우를 받으며 승승장구하는 사람들이 많았다. 또, 맘에 드는 이성을 만나 결혼해 아이까지 낳고 보란 듯 살고 있는 사람들도 있었다.

아무 감정도 없는 똑같은 만화를 보고 부정적으로 평가했던 학생들은 불행한 삶을, 긍정적으로 평가했던 학생들은 행복한 삶을 살고 있었다. 신기하지 않은가? 바라보는 시각대로 인생이 펼쳐지는 것은 우연이 아니라 필연인 것이다. 왜 이런 현상이 일어날까?

긍정을 바라보면 부정은 보이지 않는다

다음 쪽의 그림은 흔히 볼 수 있는 것으로 아가씨로 보이기도 하고 노파로 보이기도 한다.

이 흔한 그림 속에도 우주의 진리가 숨겨져 있다.

다시 한 번 살펴보자.

그림을 아가씨로 보는 순간 노파는 의식에서 사라진다. 그렇다고 노파가 머릿속에서 완전히 지워지는 건 아니다. 잠재하고 있다가 노파로 바라보는 순간 표면으로 나타난다. 대신 이번엔 아가씨가 의식에서 사라진

아가씨의 옆얼굴로 보면 노파가 안 보이고, 노파의 얼굴로 보면 아가 씨가 안 보인다.

다. 하지만 한쪽만 보인다고 해서 그 한 쪽이 전부는 아니다. 전체를 이루는 두 쪽이 보완적 관계에 있다. 그래서 양자 물리학에서는 이를 '상보성의 원리 (principle of complementarity)'라고 부른다.

뇌파도 TV 전파처럼 전자기파이기 때문에 일어나는 현상이다. 한 가지 것 을 두 가지로 동시에 바라보지 못한다. TV가 두 가지 채널을 동시에 내보내지 못하는 원리와 똑같다. KBS를 틀면 MBC가 안 나오고, MBC를 틀면 KBS 가 안 나온다.

내가 입사시험에 열 번 떨어졌다 치자.

"제길, 또 실패야. 난 왜 늘 이 모양이지?"

나는 즉각 이런 부정적 감정에 빠져든다. 나는 그게 시험 실패 때문이 라고 생각한다. 하지만 정말 그런가? 상황은 아무런 감정이 없다. 철저한 중립이다.

"이번 실패에선 어떤 교훈을 얻을 수 있지?"

이렇게 돌려 생각하면 부정적 감정도 사라진다. 우리는 어떤 상황을 나름대로 해석하고, 거기에 파묻혀 버리는 습성이 있다.

실패는 더 배우라는 우주의 신호다. 모든 실패에는 어김없이 교훈이 들어 있다. 교훈을 잘 배우면 실패 수업은 곧 끝나지만, 교훈을 못 배우면 실패 수업은 자꾸만 되풀이된다.

캘리포니아 대학의 심리학자 루보미르스키(Sonia Lyubomirsky)는 고등학교 졸업반 학생들이 원하는 대학에 지원했다가 떨어졌을 때 어떻게 반응하는지 궁금했다. 그래서 그녀는 "제 인생은 너무나 행복해요"라거나, 정반대로 "제 인생은 너무나 불행해요"라고 시각이 분명한 학생들만 골라 조사해보았다.

예를 들어 어떤 학생이 미국의 최고 명문 프린스턴 대학과 일종의 안전판으로 무명의 한 지방 대학에 동시에 지원서를 냈다고 치자. 결과를 보니 프린스턴 대학에는 떨어지고 지방 대학에는 붙었다. 이럴 경우 평소 불행하다는 학생들은 이렇게 반응했다.

"난 역시 프린스턴 대학 수준은 안 돼. 수준 낮은 무명 대학에나 가는 수밖에 없어."

쉽게 말해 불행한 학생들은 가장 어두운 면에만 초점을 맞췄다. 자신의 실력과 자신이 다니게 될 학교를 전보다 오히려 더 낮게 평가했다.

그럼 평소 행복하다는 학생들은 어땠을까? 그들은 이런 반응을 보였다.

"프린스턴 대학에 못 들어가면 어때? 지방 대학도 알고 보니 재미난 점이 너무 많은걸. 집에서 다니기도 가깝고. 오히려 잘 됐어."

그들은 불행한 학생들과는 정반대로 가장 밝은 면에만 초점을 맞추는 것이었다.

행복한 사람들은 늘 그렇게 살아갈까? 루보미르스키 교수는 한 번 더 실험해보았다.

사람들에게 자신이 가장 좋아하는 후식을 고르도록 했다. 행복한 사

루보미르스키 교수

"행복은 환경, 운, 머리가 아니라 상황을
바라보는 시각이 결정한다."

chass.ucr.edu

람과 불행한 사람이 각기 치즈케이크, 아이스크림, 바나나 파이 순으로
좋아하는 후식을 골랐다고 가정해보자. 교수는 두 사람이 가장 선호하는
치즈케이크 대신 일부러 선호도가 가장 낮은 바나나 파이를 줘봤다.

반응은 판이하게 달랐다. 불행한 사람은 바나나 파이를 받자마자 강
한 거부감을 보였다.

"어휴! 맛이 형편없군! 오늘 후식들은 다 이 모양이겠지?"

그는 바나나 파이뿐 아니라 자신이 선호했던 치즈 케이크를 포함한
후식 전체를 전보다 형편없다고 평가했다. 하지만 행복한 사람의 반응은
완전 딴판이었다.

"바나나 파이도 뜻밖에 맛있네! 오히려 잘 됐어!"

자신이 가장 낮게 평가했던 후식이었지만 일단 그걸 먹게 되자 거기
에 숨겨진 긍정적인 면을 찾아내 즐겼던 것이다. 교수는 행복과 불행은
이처럼 환경이나 운, 혹은 머리가 만들어내는 게 아니라 스스로 창조해내
는 것이라는 사실을 확인했다.

위인으로 추앙받는 사람들은 알고 보면 밝은 면에만 초점을 맞춰놓았

던 사람들이다. 잘 알려진 대로 링컨은 40대 후반까지 무려 여덟 번이나 선거에 낙선했고, 사업이나 해볼까 시도했지만 두 번 모두 실패했다. 발명왕 에디슨은 평생 1,093가지나 되는 발명품을 만들어냈지만, 그걸 위해 수십만 차례나 실패했다. 특히 축전지를 발명하기 위해서는 무려 5만 번의 실패를 극복해야 했다. 농구 황제 마이클 조던은 자서전에서 고등학교 농구팀에 지원했다가 거절당하자 집에 돌아가 방문을 걸어 잠그고 온종일 울었다고 술회하고 있다.

"저는 선수생활 중 9,000번이나 넘는 슛에 실패했고, 300차례의 경기에서 졌습니다. 제 손에 동점골을 깨라는 기회가 주어진 게 26차례나 됐지만, 모두 실패했습니다. 평생 수없이 실패했습니다. 그리고 그 때문에 슛을 잘 날릴 수 있게 됐습니다."

톨스토이가 죽은 뒤 그의 방을 정리하던 사람들이 방 안에 빼곡하게 쌓여 있는 실패작들을 보고 놀랐다는 유명한 일화도 있다. 셰익스피어도 평생 154편의 시를 썼는데 성공한 몇 편만 빼고는 형편없는 졸작이었다. 또 다윈은 〈진화론〉 말고 평생 119편의 논문을 발표했고, 프로이트는 650편이나 되는 논문을 발표했다. 음악 신동의 대명사인 모차르트도 평생 무려 600편이나 되는 곡들을 발표했지만, 대부분이 작품성이 형편없어 빛을 보지 못하고 있다는 사실을 사람들은 모르고 있다. 이렇게 심혈을 쏟아 만들어낸 작품들의 99퍼센트 이상이 졸작으로 사장되고, 겨우 나머지 1퍼센트 정도만이 인정받아 위대한 인물로 기억되는 것이다.

크게 성공한 사람들은 하나같이 어둠 속에 숨겨진 밝은 면에 초점을 맞춰놓고 몰입했다. 그러다 보면 밝은 면이 점점 커져서 어두운 면을 완전히 덮어버리게 된다.

장점에 초점을 맞추면 단점이 사라진다

그는 수업시간에 늘 뒷줄에만 앉아 있곤 하던 남학생이었다. 키도 크고 인물도 좋았다. 군대에 다녀와 복학을 해서 다른 학생보다 나이가 두세 살 많았다. 허우대도 멀쩡했다. 그런데도 항상 의욕이 없어 보였다. 졸업 후 진로를 모색하는 일에도 관심이 없어 보일 정도였다.

수업이 끝난 뒤 이런저런 이야기를 나누면서 보니 그는 전형적인 '마마보이'였다. 그래서 혼자서는 아무 일도 못했다. 왜일까? 그와 대화를 나누면서 단서를 잡게 되었다.

"어렸을 때예요. 엄마랑 실내 수영장에 갔었는데 저는 물이 겁났어요. 실내 수영장의 그 울림도 싫었고요. 엄마는 계속 들어가서 다른 아이들처럼 재미있게 놀라고 했는데 잘 안 되더라고요. 제가 주저하니까 엄마는 계속 저를 재촉했지요. 그러다 엄마가 갑자기 뒤에서 절 밀었어요. 저는 너무 놀랐고요. 다행히 튜브가 있어 몸은 붕 떴어요. 그걸 보더니 엄마가 '그것 봐. 괜찮잖아!'라고 하는 거예요. 괜찮기는 했지만 충격이었어요. 이후 저는 '난 누가 떠밀어 줘야지만 할 수 있어'라고 생각하게 되었어요. 엄마도 그런 거 같아요. '우리 아들은 내가 떠밀지 않으면 혼자서는 어떤 일도 할 수 없어'라고요. 좋지는 않지만 엄마와 저 모두 동의한 한계였죠. 누가 떠밀어줘야 하는 태도는 고칠 수 있다고 생각하지만, 그조차도 누가 떠밀어줘야 할 수 있을 거 같아요."

어엿한 청년의 입에서 '누가 떠밀어주면 하겠다'는 소리가 나오다니 안타까운 일이었다. 그는 매사에 자신감이 없고, 자신이 경험하는 모든 일을 부정적 시각으로 해석했다. 하루에도 수십 가지의 일을 경험하면서 자신이 스스로 못한 일에만 생각을 모았다.

'난 역시 스스로는 어떤 일도 못해. 오늘도 스스로 한 일이 하나도 없거든.'

하지만 그건 사실이 아니었다. 하루에 스무 가지의 크고 작은 일을 했다고 치면, 그 가운데 적어도 열다섯 가지 이상은 스스로 한 일이었다. 그러나 남이 시켜서 한 일 다섯 가지에만 초점을 맞추다 보니 '난 역시 스스로 못하는 게 맞아'라는 생각을 자꾸만 강화시킬 따름이었다.

그런 습관을 고치는 방법은 뜻밖에도 간단하다. 부정적인 면만 바라본 탓에 부정적 성격이 됐으니 거꾸로 긍정적인 면만 바라보면 긍정적 성격으로 변하게 되는 것이다. 문제는 무기력증에 빠진 그로 하여금 어떻게 자발적으로 실천토록 하느냐였다. 강요하려 들면 더욱 무기력증에 빠진다.

"앞으로 한 달간 형민 군 자신을 남이라고 가정해보면 어떨까요? 자신을 남이라고 생각하고 그가 어떻게 변화하는지 우리 둘이 함께 관찰해 보는 겁니다."

자기 자신을 객관적인 관찰자의 눈으로 바라보면 놀라운 변화가 너무도 쉽게 일어난다는 사실을 자세히 설명해주었다. 성과가 좋으면 성적에 반영해주겠다는 말도 덧붙였다.

의논 끝에 그는 스스로 실험계획을 세웠다. 지극히 단순한 실험이었다. 호주머니에 메모지와 볼펜을 넣고 다니며 남이 시킨 게 아니라 스스로 한 일이나 행동이 있을 때마다 메모지에 동그라미를 그려 넣는다는 것이었다. 그는 하루 일과가 끝나면 동그라미가 몇 개나 있는지 기록했다. 그러고 나서 일주일마다 만날 때 그 기록을 내게 보여주겠다는 거였다.

그는 자신의 의지에 따라 하는 온갖 자질구레한 일들, 이를테면 아침에 잠자리에서 일어나는 것, 옷을 입는 것, 가게에 가는 것, 전화를 거는 것 등을 모조리 적어나갔다. 그러면서 놀랐다.

'우와, 내가 생각한 것보다 나는 자발적인 일을 많이 하네. 오늘도 스스로 한 일이 이렇게 많다니!'

그는 점점 재미가 붙고 자신감도 생겼다. 하루하루 동그라미가 늘어났다. 결국 한 달 만에 마마보이 성격은 완전히 바뀌어버렸다. '난 스스로 할 수 있다'는 생각에 초점을 맞추다 보니 어느새 긍정적 성격이 돼버렸던 것이다. 이처럼 자신의 어느 면에 초점을 맞춰 바라보느냐에 따라 우리는 완전히 새로운 성격으로 탈바꿈할 수 있다.

마찬가지 원리로 집 나간 남편을 제 발로 되돌아오게 한 아내도 있다.

어느 날 평소 꼬박꼬박 일찍 귀가하던 남편이 회식이 있다며 전화를 걸었다.

"오늘 좀 늦을 거야. 기다리지 말고 먼저 자."

처음 있는 일이라 그녀는 잠 안 자고 기다려보기로 했다. 하지만 그게 화근이 됐다. 1시가 넘고, 2시가 넘고… 그녀는 남편 휴대폰에 전화를 걸었다. 꺼져 있었다. 조금씩 짜증이 나기 시작했다. 남편이 지금쯤 무슨 일을 하고 있을까 온갖 추측이 몽실몽실 피어올랐다. 한 친구가 귀띔해준 얘기가 귓가에 생생했다.

'새벽 3~4시 넘어도 귀가 안 하면 잘 살펴봐. 밖에서 의심할 만한 행동을 한 거라고 보면 맞아.' 남편은 새벽 5시가 넘어서야 술 냄새를 폭폭 풍기며 귀가했다. 그녀는 가슴을 두근거리며 밤을 꼬박 새웠으니 초주검

이 다 되어 있었다. 그 얼굴을 본 남편은 대뜸 화부터 냈다.

"아니, 아직도 안 자고 기다렸단 말이야?"

남편은 별 이상한 여자 다 보겠다는 투로 내뱉고는 그냥 픽 쓰러졌다.

그녀는 이튿날 남편의 와이셔츠를 빨려다 눈이 홱 돌았다. 친구들한테 말로만 듣던 일을 당한 것이다. 어깨 근처에 빨간 립스틱 같은 게 묻어 있었다. 그녀는 '친구의 말이 정말 맞구나' 하고 판단했다. 그러나 당장 남편에게 전화를 걸어볼까 하다 참았다. 괜히 자신이 초라해 보일 것 같아서였다. 남편에 대한 별의별 억측이 꼬리에 꼬리를 물고 거세게 피어올랐다.

'남편은 믿을 만한 사람이 아니었어.'

일단 신뢰가 깨지자 그때부터 남편의 일거수일투족을 요모조모 따져보는 습관이 생겼다. 그러자 남편에 관한 것들이 마치 도미노처럼 모조리 부정적으로만 보이기 시작했다. 양말을 아무 데나 벗어놓는다거나 휴일에 낮잠만 자며 빈둥거리는 등, 전에는 아무렇지 않게 받아들이던 면까지 밉고 가증스럽게 보였다. 부정적 생각이 부정적 생각만 끌어들이는 것이었다.

그녀가 남편의 부정적인 면만 골라 바라보니 남편도 점점 그녀의 부정적인 면만 바라보기 시작했다. 귀가 시간이 늦어지는 날도 점점 늘어났다.

"오늘은 또 왜 늦었어?"

"일찍 오면 뭐해? 바가지만 긁어댈걸."

"늦으니까 바가지 긁지."

악순환이었다. 그러더니 남편은 아예 집에 안 들어오기 시작했다. 귀가하지 않는 날이 늘어나기 시작했다. 벌써 한 달째 안 들어오고 있었다. 새 애인을 만나 동거하고 있다는 소문이 흘러들어왔다. 어느 날 그녀는 화장실에서 거울을 들여다보다 정신이 번쩍 들었다. 벌써 양미간에는 가는 홈이 패어 있었다.

"남편 잘못 만나 내 인생이 이렇게…"

그녀는 욕조 가장자리에 의지한 채 엎드렸다. 가는 어깨가 심하게 들먹거리기 시작했다.

그녀의 사연을 들은 정신과 의사는 이런 처방을 내렸다.

"혹시 남편에게 연락이 오면 부정적인 말은 일절 하지 마세요. 오로지 남편의 긍정적인 면에 대해서만 말해야 합니다. 그리고 남편이 전화를 걸어오거나 집에 찾아오는 횟수를 꼼꼼하게 기록해둬요. 그래프로 표시하면 더욱 좋고."

그녀는 시키는 대로 스스로 남편에게 먼저 전화를 걸거나 접촉을 시도하지는 않았다. 다만 남편이 이따금 전화를 걸어오면 최대한 상냥하고 다정한 톤으로 대해주었다. 통화중 남편의 나쁜 점은 철저히 외면하고 좋은 점만 골라 칭찬해주었다. 의도적으로 긍정적인 면만 바라본 것이다.

초기엔 통화시간이 5~10분을 넘지 않도록 자제했다. 통화가 길어지면 감춰놓고 있던 갈등이 표출돼 말싸움으로 번질 소지가 컸기 때문이다. 그러다 보니 남편과의 짧은 통화는 점점 밝아졌다. 남편도 아내와의 통화가 즐거워지자 좀더 자주 전화를 걸게 됐고, 집에 들르는 횟수도 늘어났다. 그녀는 냉장고 벽에 붙여 놓은 그래프용지에 남편의 통화횟수와 방문횟수를 매일 체크해두었다. 마치 실험실 생쥐의 행동을 관찰하는 과학자처럼 정확하고 꼼꼼하게 남편의 행동변화를 기록해 나갔다.

어느 날 남편이 집에 들르자 그녀가 상냥하게 말했다.

"집에 들러서 참 반갑네요. 당신이 좋아하는 매실주를 담가두었어요."

그녀는 남편이 집에 들를 적마다 매실주를 한 잔씩 내놓을 계획이었다. 남편의 기호품을 미끼로 활용했던 것이다. 그녀는 남편이 언제, 무슨 이유로 들르든 변함없이 상냥하게 맞아주었다. 그러자 남편이 집에 들르는 횟수도 크게 늘기 시작했다. 얼마 후 남편은 아내를 찾아와 간절한 표정으로 말했다.

"그동안 못된 나 때문에 속 많이 상했지? 용서해줄 수 있어?"

남편은 집을 나간 지 6개월 만에 함께 살던 애인을 버리고 그녀의 품으로 스스로 되돌아왔다. 그녀가 남편의 결점만 바라보니 남편도 그녀를 점점 부정적으로 보게 됐고, 급기야 가출하기에 이르렀었다. 하지만 그녀가 생각을 돌려 거꾸로 남편의 장점에만 초점을 맞춰 바라보자 남편도 점점 긍정적으로 변했던 것이다.

장점만 바라보면 장점이 점점 더 커진다

내가 초등학교 5학년 때였다. 당시 우리를 몹시도 괴롭히던 못 말리는 문제아가 있었다. 그는 늘 칼을 갖고 다녔다. 그 칼은 칼집에 접어 넣으면 7~8센티미터 정도의 길이였지만, 펼치면 배로 늘어나 아이들에게는 섬뜩한 인상을 줄 만했다.

망나니 친구는 그 칼을 갖고 다니며 수시로 이리저리 던지곤 했다. 특히 아이들이 필기하려고 책상 위에 손을 올려놓고 있으면 불시에 나타나 손 주변에 칼을 홱 내리꽂았다. 그리고 기겁하는 아이들의 표정을 보며 자지러지게 웃어댔다.

공교롭게도 나는 그 친구와 5년 동안 줄곧 같은 반이었다. 등교할 때면 그 친구 얼굴이 떠올라 발길을 돌리고 싶었던 게 한두 번이 아니었다. 다른 아이들도 마찬가지였다. 우리는 그가 멀리 다른 학교로 전학 가버리거나 아예 이 세상에서 제발 싹 꺼져버렸으면 하고 간절히 바랐다.

선생님들도 그를 아예 내놓은 자식으로 취급했다. 교실 창문이 깨지거나 누군가 코피가 터지면 선생님들은 대뜸 이런 말부터 던졌다.

"또 네가 그랬지? 너 말고 그런 짓 할 사람이 누가 있겠니?"

그는 1학년 때부터 줄곧 그런 말을 들으며 자랐다. 그에게 관심을 갖는 사람은 아무도 없었다. 아이들이나 선생님들이나 그저 그가 말썽만 부리지 않으면 다행이라고 여겼다. 따라서 그가 매일 점심을 거르고 있다는 사실을 아무도 몰랐다. 그의 아버지가 알코올 중독자라는 사실도 아무도 몰랐다. 그의 얼굴이 시퍼렇게 멍든 채 나타나도 아무도 몰랐다. 그가 또 누군가와 싸움을 벌였으려니 했다.

그런데 5학년 담임선생님은 달랐다. 어떻게 알았는지 망나니 친구가 점심을 거른다는 걸 알고 도시락을 따로 챙겨왔다. 하루 이틀이 아니었다. 매일 챙겨왔다. 그렇게 6개월쯤 지나자 친구가 변하기 시작했다. 담임선생님을 좋아하기 시작한 것이었다.

하지만 세 살 적 버릇 여든까지 간다고. 어느 날 그가 또 창문을 깼다. 우리는 벌벌 떨었다. 선생님은 인자했지만 잘못에 대해선 몹시 엄했기 때문이다. 누군가 망나니 친구 대신 벌을 뒤집어써야 할 판이었다. 그렇지 않으면 전원이 단체기합을 받아야 할 게 뻔했다. 드디어 선생님이 교실에 나타났다.

"깨진 유리창 빨리 치워."

선생님은 아무 일도 없었던 것처럼 수업을 진행했다. 그리고 수업이 끝난 뒤 망나니 친구를 따로 불러 말했다.

"창문이 깨졌지?"

과거 선생님들은 으레 "또 네가 그랬지?"라고 했었다. 하지만 5학년 담임선생님은 "너"를 지칭하지 않고 "문제"만을 지적했다. 그리고 말없이 고개를 푹 수그린 그의 손을 슬며시 잡고는 미소만 짓는 것이었다. 잠시 후 선생님이 말했다.

"네가 이 세상에서 가장 바라는 게 뭐지?"

친구가 잠시 후 모기만 한 목소리로 대답했다.

"선생님이 제 아버지였으면 좋겠어요."

선생님은 친구의 다른 면을 찾아보기 시작했다. 그러다가 그가 땅바닥이나 종이쪽지에 그림을 끼적거리는 걸 보고 그림에 흥미를 갖고 있음을 알아차렸다. 우리는 미술시간에 선생님이 친구에게 "넌 미술에 소질이 있구나"라고 말하는 걸 자주 들었다.

선생님은 그의 재능을 꿰뚫어보았던 것일까? 아니면 선생님의 칭찬이 없던 재능을 만들어낸 것일까? 친구의 그림 실력은 정말 나날이 좋아졌다. 그림에 취미를 붙이자 서서히 다른 과목에도 관심을 갖기 시작했다. 그러면서 기적이 일어났다. 친구가 남을 괴롭히는 일이 싹 사라진 것이다. 5년 내내 우리를 공포에 몰아넣었던 칼도 자취를 감췄다. 나를 그토록 괴롭혔던 친구가 나의 가장 친한 친구가 됐다. 1년 후 졸업식 날, 그

친구는 최우등상을 받았다. 모든 선생님이 '이 아이는 구제불능이야' 하고 바라보자 그는 정말 구제불능의 망나니가 됐다. 하지만 그 담임선생님이 '이 아이에게도 숨겨진 재능이 있을 거야'라고 바라보자 정말 숨겨진 재능이 튀어나왔다.

잘하는 게 아무것도 없는 소년이 있었다. 공부도 못하고 친구들과 뛰어놀지도 못했다. 늘 교실 구석에 틀어박혀 어서 수업이 끝나기만 기다리는 게 하루 일과였다. 그런데 어느 날 그의 인생을 완전히 뒤바꿔놓는 일이 벌어졌다.

"야! 교실에 쥐가 나타났다!"

삽시간에 교실은 난장판이 됐다. 선생님과 학생들이 쥐를 잡기 위해 난리를 떨었지만 아무도 그 쥐가 어디 숨어 있는지 알아낼 재간이 없었다. 모두 체념하고 있을 때 조용히 앉아 있던 소년이 외쳤다.

"선생님, 그 쥐는 지금 벽장 속에 숨어 있어요."

모두가 단단히 준비를 갖춘 채 벽장문을 슬그머니 열었다. 쥐는 쉽게 잡혔다. 선생님이 그를 불러 칭찬했다.

"너에겐 참으로 놀라운 능력이 있구나. 네 귀는 정말 특별하구나!"

이 한 마디가 소년의 인생을 바꿔놓았다. 그때부터 그는 자신이 갖고 있는 그 유일한 강점을 키워나가는 데 초점을 맞췄다. 그리고 마침내 세계적인 팝 음악가로 성장했다. 앞이 안 보였던 스티비 원더Stevie Wonder의 이야기다. 한 가지 강점만 파고들다 보니 그 강점이 점점 커져서 모든 약점을 완전히 뒤덮고도 남았던 것이다.

빌 게이츠는 직원들을 뽑을 때 학력을 보지 않고 가장 중요하게 여기는 한 가지만 본다고 한다. 그건 바로 창의력이다. 그리고 이렇게 선발된 직원들에게는 최고의 근무환경을 만들어주고, 능력보상제도인 스톡옵션도 전 직원들을 대상으로 시행한다. 실제로 마이크로소프트사에 입사한 사람들 중 2천 명 이상이 2년 만에 백만장자가 된다. 이 때문에 직원들은 주당 80시간 이상의 격무에 시달리지만 불평 한 마디 없이 근무한다고 한다. 빌 게이츠는 학력과 창의력과는 큰 관련성이 없다는 걸 알고 있다.

실제로 노벨상 수상자들은 하버드나 예일 등 명문대에서만 나오는 게 아니다. 평범한 대학에서 오히려 더 많이 배출된다. 2007년 이후 노벨의학상을 수상한 미국인 25명의 학력을 보면 하버드, 예일, 컬럼비아, MIT 등 알려진 명문대를 나온 사람들은 여덟 명뿐이다. 나머지는 안티오크 칼리지, 워싱턴, 드포우, 켄터키 유니온, 홀리크로스, 헌터 등 잘 알려지지 않은 대학 출신들이 많다. 노벨화학상은 어떨까? 역시 명문대 출신은 예닐곱 명 정도다. 나머지는 네브래스카, 베레아, 아우스버그, 호프 등을 졸업한 사람들이다. 사정은 일본도 마찬가지. 과학 분야 노벨상 수상자 열다섯 명 중 열 명이 홋카이도 대학 등의 지방대 출신이다.

창의성은 암기식 학교성적이 좌우하는 게 아니다. 가능성 역시 학벌에 의해 좌우되지 않는다. 10년 후, 20년 후 자신이 무엇이 되어 있을지는 아무도 모른다. 그러나 자신이 잘하는 단 한 가지 강점에 미친 듯이 파고드는 사람이 10년 후, 20년 후에 그 분야의 최고가 된다는 건 분명하다.

진실에 초점을 맞추면 독설은 들리지 않는다

나는 상보성의 원리에 대한 강의를 하면서 이런 말을 해준 적 있다.

"한밤중에 옆집 개가 요란하게 짖어대 잠을 설친 적 있죠? 아니면 도서관에서 누가 눈치 없이 계속 떠들어대 몹시 짜증 났던 일?"

모두들 "네" 하고 대답했다.

"그건 우리가 습관적으로 겉으로 드러나는 소리에만 귀를 기울여서 그래요. 개 짖는 소리나 떠드는 소리 배후에 깔려 있는 침묵의 소리에 조용히 귀를 기울여보세요. 개 짖는 소리나 떠드는 소리는 저절로 들리지 않게 됩니다."

남이 내게 독설을 쏟아 부을 때도 마찬가지다. 독설에만 귀를 기울이면 도저히 견디기 힘들고 나도 모르게 흥분해 같이 진흙탕에 뛰어들게 된다. 하지만 독설 대신 독설 속에 숨겨진 진실을 캐내겠다고 마음먹으면 독설은 시냇물처럼 그냥 흘러가 버려 들리지 않게 된다.

그 말을 유난히 주의 깊게 들었던 한 남학생이 몇 주 후 자진해서 입을 열었다. 시골 출신으로 평소 말수가 적고 발표하라면 뒤로 빼곤 하던 학생이었다.

그가 주말에 고향을 향해 고속도로를 달리던 중이었다. 중간에 가다 보니 바로 앞선 차가 어쩐 일인지 삐뚤빼뚤 차선을 넘나들고 있었다. 그러자 옆 차선에서 달리던 차가 갑자기 그 차 앞에 휙 끼어들더니 차를 멈춰 섰다.

"끼익—!"

그도 급브레이크를 밟았다. 위험천만한 순간이었다. 갑자기 세운 차에서 20대 초반쯤의 운전자가 뛰어내렸다. 그러더니 삐뚤거렸던 그의 앞차로 다가가 삿대질을 하는 것 아닌가?

"야, 이 XX야! 차선 똑바로 지켜!"

앞차에는 중년의 신사가 타고 있었다. 졸음이 쏟아졌었나 보다. 청년은 한참 독설을 쏟아냈다. 신사보다 20년 이상 어려 보였다. 아무리 세상이 막 돌아간다지만 저런 버르장머리 없는 녀석이 다 있나 하는 생각이 들었다. 하지만 어쩔 것인가? 그런 녀석과 맞섰다가는 도로 한복판에서 기막힌 이전투구가 벌어질 게 뻔했다. 봉변을 당할 수도 있다. 그런데 중년 신사의 입에서는 뜻밖의 말이 나왔다.

"죄송합니다. 제가 차선을 좀 벗어났었나 보네요. 놀라게 해드려 죄송합니다."

신사는 공손한 목소리로 사과했다. 욕설을 퍼붓던 청년은 흠칫 놀라는 기색이었다. 마치 뭔가에 뒤통수를 얻어맞은 듯 말없이 자신의 차로 돌아갔다. 그 남학생도 다시 페달을 밟으면서 뿌듯한 깨달음을 느꼈다.

"수업시간에 배운 상보성의 원리가 퍼뜩 떠올랐어요. 신사는 청년의 욕설이 바가지로 쏟아졌지만 그걸 그냥 흘려보낸 거였어요. 대신 '차선을 똑바로 지켜'라는 말에서 진실을 본 거죠. 그 진실을 캐내 자신을 가다듬는 거울로 삼았던 겁니다."

그의 말이 끝나자 한쪽에서 "와!" 하는 소리가 들렸다. 상황을 꿰뚫어 보는 그의 날카로움에 대한 경탄이었다. 나도 그의 분석에 완전 동감이었다. 신사는 쏟아지는 독설은 모두 흘려버리고 오로지 그 속에 숨어 있는 진실의 알갱이를 찾아내는 데 초점을 맞추었던 것이다.

'저 젊은이가 내게 저토록 독설을 쏟아내는 데는 분명히 이유가 있을

거야. 내가 잘못한 게 뭐지?'

그는 자신을 완전히 비웠다. 그리고 자신이 차선을 똑바로 지키지 않았다는 사실을 알고는 공손히 사과했다. 비굴하고 바보 같은 짓일까? 전혀 그렇지 않다. 그는 자신의 몸을 독으로 채우길 거부하는 현명한 길을 택했다. 대신 독설 속에서 자신의 잘못을 캐내 자기 발전을 위한 긍정적 거울로 삼았다. 독설은 독이 된 게 아니라 오히려 득이 됐다.

같은 원리로 악질상사가 퍼붓는 독설 속에서 살아남을 수도 있다. 졸업을 앞둔 학생들에게 이런 질문을 해보았다.

"여러분이 어느 회사에 취직했습니다. 그런데 공교롭게도 악질상사를 만났어요. 그 악질상사가 여러분에게 난데없이 부당한 독설을 퍼붓는다면 어떻게 하겠습니까?"

"아니꼽더라도 참아야죠. 회사를 그만둘 거 아니라면."

학생들은 대부분 참아야 한다는 의견이었다. 역시 생존문제가 걸리면 신중해진다.

"하지만 무조건 꾹 참고만 있으면 독이 됩니다. 어떻게 해야 할까요?"

학생들이 갸우뚱했다. 나는 미국 대학원 시절 한 교수가 소개했던 '악질상사 다루는 법'을 들려주었다.

"상사가 화를 낼 때 절대로 방어하려 들지 마세요. 화낼 때 방어하는 건 휩쓸려 드는 겁니다. 문제는 누구에게 있나요? 나에게 있는 게 아니라 무턱대고 화내는 그에게 문제가 있습니다. 따라서 나를 완전히 잊고 그에게 초점을 맞춰보세요. 그가 왜 화내는지 꼬치꼬치 묻고 또 물어서 진실의 알갱이가 뭔지 적극적으로 찾아보는 겁니다. 철저히 그의 눈으로 바라보세요. 철저하게 묻고, 듣기만 하는 겁니다. 그의 말 속에 과연 내가 건질 만한 진실의 알갱이가 들어 있는지 열심히 들어보는 겁니다."

이렇게 진실을 캐내는 데만 초점을 맞추면 자연히 나를 잊게 된다. 나를 잊으면 화에 휘말려 들지 않는다. 교수는 스스로 악질상사 역을 맡았다. 그리고 한 학생에게 앞으로 나오도록 하더니 말단직원 역을 맡도록 했다. 대화는 이런 식으로 진행됐다.

상사 : "자넨 영 엉터리야!"

직원 : "죄송합니다. 제가 어떤 면에서 엉터리인지 알려주십시오."

상사 : "일을 처리하는 것도 그렇고, 이기적이고. 한 마디로 무능해!"

직원 : "좀더 구체적으로 말씀해주시겠어요? 어떤 일처리가 잘못됐다고 생각하시는지요? 제가 왜 이기적으로 보였을까요? 무슨 일을 못해서 무능하다고 생각하시는지도 궁금합니다. 그걸 고치고 싶습니다."

상사 : "자넨 퇴근 시간이 너무 빨라. 일하는 속도도 느리다구."

직원 : "물론 제가 칼퇴근한 적도 있었습니다. 제가 고쳐야 할 또 다른 점들은 뭔가요?"

상사 : "여하튼 난 자네가 마음에 안 들어."

직원 : "제가 마음에 안 드는 점도 많을 겁니다. 일처리도 그렇고, 이기적으로 보일 때가 많을 겁니다. 저에 대한 불만이 있으시면 또 말씀해주세요. 최선을 다해 고쳐나가겠습니다."

목적이 분명한 사람에겐 누가 무슨 말을 던지더라도 귀에 들어오지 않는다. 직원은 오로지 한 가지 목적에만 초점을 맞춰놓았다.

"저 독설 속에 내가 건져낼 만한 가치 있는 게 들어 있을까?"

이렇게 초점이 맞춰지니 초점을 벗어난 독설은 그냥 허공에 흘러갈 뿐이었다. 악질상사 또한 품고 있던 불만들을 털어내니 금방 김이 빠져 제풀에 꺼져버렸다. 상황이 끝나자 직원은 큰 자부심을 느꼈다. 모든 말싸움이 그렇다. 싸움이 끝나고 나면 화를 터뜨렸던 쪽이 되레 자괴감과 패배감을 갖는다.

아리스토텔레스는 말싸움이나 비난에 대처하는 방법에 대해 이런 말을 남겼다.

"비난은 아주 쉽게 피할 수 있는 것이다. 아무것도 말하지 않고, 아무런 행동도 하지 말고, 나 자신이 아무 존재도 아닌 것처럼 행동하면 된다."

남 탓은 스스로를 무력하게 만든다

그녀는 대학을 졸업한 뒤 직장에 잠깐 다니다 결혼했다. 결혼하자마자 남편이 직장을 그만두라고 했다. 그런데 아이를 낳자마자 남편의 잇따른 사업 실패로 평생 갚아도 절대 갚을 수 없는 엄청난 빚더미에 파묻혀버렸다. 밤이면 밤마다 사채업자들이 찾아와 행패를 부렸다. 갓난아기 딸에게 우유 살 돈조차 없었다. 하도 막막해 몇 번이나 자살을 결심하기도 했다. 자신이 사업하다 망했으면 억울하지나 않지. 그녀는 남편을 잘못 만나 인생을 완전히 망쳤다고 생각했다.

"시댁 식구, 남편 친구들…. 남편과 관련된 사람은 무조건 원수처럼 여겨졌어요. 모든 게 남편 탓이라고 생각했으니까요."

빚더미만 바라보며 남을 탓하다 보니 스스로는 피해자로 전락하고 말았다. 스스로는 아무것도 못하며 신세타령만 하는 무능력자가 돼버렸다. 하지만 갓 태어난 어린 딸은 어떻게든 당장 먹여 살려야 했다. 우윳값이라도 벌어볼 일념으로 그녀는 구인광고를 뒤적였다. 하지만 기가 막히게도 시내버스 토큰 하나 살 돈조차 없었다. 옆집 아줌마에게 토큰 세 개를 빌려 찾아간 곳이 바로 화장품 회사였다.

영업사원 교육시간에 사장은 정신교육부터 시켰다.

"내 생각이 머무는 곳에 내 인생이 있고 현재 내가 불행하다고 생각하는 모든 것은 내 탓입니다. 남을 탓하는 습관부터 버리세요!"

이 말이 어찌나 정곡을 찔렀던지 교육 도중 그녀는 화장실에 달려가 엉엉 소리 내어 울었다. 그리고 그 순간부터 세상을 전혀 다른 눈으로 보기 시작했다. 자나깨나 남만 탓하던 시각이 자신을 탓하는 시각으로 돌아섰다. 그러다 보니 스스로 할 수 있는 게 보이기 시작했다. 시각이 바뀌니 행동이 바뀌고, 행동이 바뀌니 숨어 있던 능력이 튀어나왔다. 마침내 스스로 운명의 주인이 됐던 것이다.

첫 보름 동안 단 한 건의 주문도 받지 못했지만 그녀는 남을 탓하지 않았다. 자신의 능력부족 탓으로 돌리고 때로는 음식점 종업원들을 상대로, 때로는 밤을 새가며 세일즈 연습을 했다. 뼈를 깎는 노력 끝에 그녀는 세일즈 여왕이 됐고, 입사 12년 만에 부회장 자리에 우뚝 설 수 있었다.

우리나라 화장품 업계의 신화로 통하는 박형미 씨가 29살에 겪었던 일이다. 내가 그녀를 만났던 건 2000년대 중반, 그녀가 연봉 12억 원의 화진화장품 부회장이었던 시절이다. 그런데도 그녀는 잠자는 시간이 아까워 겨우 두 시간밖에 자지 않는다고 말했다. 몇 년 후 그녀는 파코메리라는 화장품 회사를 설립해 단숨에 월매출 150억 원이 넘는 기업으로 키워냈다. 20년 전, 인생의 벼랑 끝에서 떨고 있던 그녀였다. 다른 비결은 없다. 단지 상황을 바라보는 시각을 돌린 것뿐이다.

한 여류작가의 이야기도 많이 알려져 있다. 작가가 되기 전 그녀는 군인이었던 남편을 따라 캘리포니아 주 모하비 사막 훈련소로 가게 되었다. 남편이 직장에 나가면 섭씨 45도를 오르내리는 지독한 무더위 속에 오두막집에 달랑 혼자 남았다. 시도 때도 없이 모래바람이 불어닥쳐 입안에서 모래알이 씹히고, 음식을 해두면 금방 쉬어버렸다. 뱀과 도마뱀이 집주변에 기어 다녔다. 몇 달만에 심한 우울증에 빠졌다. 마침내 고향 부모에게 이렇게 하소연했다.

"더 이상 못 견디겠어요. 차라리 감옥에 가는 게 나아요. 정말 지옥이에요."

그러나 아버지의 답장에는 다음과 같은 두 줄만 적혀 있었다.

"감옥 문창살 사이로 밖을 내다보는 두 죄수가 있다. 하나는 하늘의 별을 보고, 하나는 흙탕길을 본다."

이 두 줄의 글이 그녀의 인생을 바꿔놓았다. 그녀는 기피했던 인디언들과 친구가 되었고, 그들로부터 공예품 만드는 기술과 멍석 짜기를 배웠다. 사막의 식물들도 자세히 관찰해보았다. 선인장, 유카식물, 여호수아나무 등, 살펴보니 그것들은 너무나 매혹적이었다. 빨갛게 저무는 사막의 저녁노을에도 신비한 아름다움이 숨겨져 있었다. 그녀는 이 새로운 세계를 발견한 기쁨을 책으로 펴냈다. 사막을 배경으로 한 소설가로 변신한 것이었다.

"사막은 변하지 않았다. 내 생각만 변했다. 생각을 돌리면 비참한 경험이 가장 흥미로운 인생으로 변할 수 있다는 걸 깨달았다."

사막은 지옥이 아니라 온갖 경이로움과 평화가 가득한 천국이었다. 지옥은 스스로 세운 것이었다. 미국의 델마 톰슨Thelma Thomson의 이야기다.

나 이상의 나 바라보기

1 관찰자는 누구인가?

만일 당신이 이 책을 차근차근 읽어왔다면 머릿속 한켠에 몇 가지 의문들이 도사리고 있을 것이다.

"나를 남처럼 바라볼 수 있는 관찰자는 대체 누구인가?"

"넓게 바라볼수록 왜 지능도 점점 높아질까?"

"지능이 우주에서 무한하게 흘러나온다면 우주에 있는 '완벽한 지능'의 소유자는 대체 누구인가?"

짐작대로다. 관찰자는 바로 영혼이다.

하지만 당신은 영혼의 정체를 알고 있는가? 학기가 끝나갈 때쯤, 학생들에게 "영혼은 어디에 들어 있을까요?" 하고 물었더니 "당연히 제 머릿속에 들어 있겠죠"라는 식의 대답이 가장 많았다. 하지만 그건 착각이다. 영적 깨달음을 얻은 극소수를 빼놓고는 모두가 이런 착각 속에 살아간다. 지난 수천 년간 그랬다. 하지만 최근 불과 수십 년 사이에 눈부시게 발전한 양자물리학 덕분에 많은 사람들이 마침내 이런 착각에서 서서히 깨어나고 있다.

영혼은 두뇌의 밖에 있다. 관찰자가 나를 남처럼 바라볼 수 있는 것도, 넓게 바라볼수록 지능이 높아지는 것도, 지능이 우주에서 흘러나오는 것도 모두 완벽한 지능을 가진 영혼이 두뇌 밖의 우주에 퍼져 있기 때문이다.

"갈수록 황당한 소리를 늘어놓는군!"

육신 속에 갇혀 살아온 당신은 이렇게 반응할지도 모른다. 하지만 "영혼은 두뇌 밖의 우주에 퍼져 있다"는 사실을 분명히 깨닫는 순간 당신은 비좁은 육신의 한계에서 벗어나 더욱 폭넓은 변화를 겪게 된다. 그 한계로부터의 탈출을 시도해보자.

비 좁 은   나 로 부 터 의   탈 출

한 청년이 깊은 계곡에서 등반을 하다가 끔찍한 사고를 당했다. 계곡 수십 미터 아래로 내려가고 있을 때 바위 덩어리가 굴러 내려와 오른손에 떨어진 것이다. 피범벅이 된 손을 빼내려 몇 차례 시도해보았지만, 바위는 꿈쩍도 하지 않았다. 아무리 머리를 굴려봐도 바위에 짓눌린 손을 빼낼 재간이 없었다. 외질 대로 외진 계곡 아래에 어떤 도움의 손길이 닿을 리도 만무했다.

'꼼짝없이 이렇게 죽게 됐구나!'

거센 죽음의 공포가 밀려왔다. 먹을 거라곤 작은 빵조각 두 개와 1리터의 물이 다였다. 그것도 닷새가 지나자 완전히 바닥나 버렸다. 닷새 동안 그는 손을 빼내기 위해 사투를 벌였다. 작은 휴대용 칼이 다 닳도록 바위 밑을 쪼아보기도 하고, 죽을힘을 다해 바위를 밀어보기도 했다. 손을 빼내지 못하면 그 자리서 꼼짝없이 죽게 될 판이었다.

"바위는 꿈쩍도 안 해. 이게 내 운명이야."

그는 점점 죽어가고 있었다. 죽음을 피할 수 없다는 걸 깨닫고는 계곡 모래벽에 무뎌진 칼로 자신의 생년월일과 죽는 날짜를 새겨 넣었다. 그러고는 가족에게 남길 유언을 비디오카메라에 담았다. 그런데 죽음을 받아들이기로 하자 뜻밖의 변화가 일어났다.

"처음엔 죽음의 공포에 떨었는데 모든 걸 내려놓으니 이상하게도 평화가 찾아왔어요."

죽음을 받아들이기로 마음먹으니 육신에 대한 모든 집착이 떨어져 나갔다. 자신을 텅 비우자 그제야 자신의 모습이 마치 남을 바라보듯 조용히 시야에 들어왔다. 자신을 바라보는 또 다른 자신은 누구인가?

"제 육신을 바라보는 또 다른 나, 그게 바로 제 영혼이었어요."

한쪽 팔이 사라진다고 해서 영혼도 줄어드는가? 영혼, 즉 '진정한 나'는 육신 속에 들어 있는 게 아니었다. '팔은 나'라고 바라보니, 팔이 바위에 깔려 꼼짝 못하자 '나'도 꼼짝 못했다. 그러나 이제 팔은 영혼을 담는 그릇의 한 작은 파편에 불과했다. 푸른 하늘, 푸른 숲, 푸른 바다를 바라보며 자유로이 살아갈 기쁨에 비하면 팔 하나쯤 없는 건 아무것도 아니었다.

"사랑하는 여자를 만나 결혼도 하고 아들을 낳아 행복하게 사는 제 미래의 모습들이 너무나도 생생하게 떠올랐어요. 세 살배기 아들을 한팔로 껴안은 장면도 현실처럼 눈앞에 펼쳐졌지요."

'나는 팔 이상의 존재'라고 자신을 바라보자 팔을 잘라낼 용기가 샘솟아 올랐다. 그는 일단 등반로프로 바위에 짓눌린 팔을 단단히 묶어 지혈시켰다. 그러고는 무뎌질 대로 무뎌진 칼로 지혈된 부위 아래 손목을 자

애런 롤스턴

"팔다리가 '진정한 나'가 아니라는 걸 깨닫고, 바위에 짓눌린 손을 절단한 뒤 자유의 몸이 됐다."

르기 시작했다. 이미 시퍼렇게 변한 터라 그리 아프진 않았다. 손목을 잘라내는데 한 시간 정도 걸렸다.

"저는 제 손목을 잘라내는 게 너무나 행복했습니다. 미래에 일어날 모든 기쁨과 행복의 순간들이 걷잡을 수 없이 밀려들었고, 손목만 잘라내면 그 모든 걸 누릴 수 있다는 생각 때문이었죠. 통증을 느낄 겨를도 없었어요."

그는 바위를 벗어나 몇 시간 동안 걸어가다가 구조 헬리콥터가 날아오는 걸 보았다. 미국에 사는 롤스턴(Aron Ralston) 씨의 실화이다.

얼마 전 나는 아침에 출근해 해외뉴스를 모니터하다가 그가 NBC TV와 인터뷰하는 모습을 보았다.

앵커가 그에게 물었다.

"만일 할 수 있다면 그때 상황을 되돌려놓고 싶지는 않은가요?"

"그런 생각은 눈곱만큼도 없어요. 그 상황이라면 나는 똑같이 할 겁니다."

"손을 잃는 것까지도요?"

"물론이죠!"

그건 진심이었다. 그 사고를 당하지 않았더라면 '육신 속에 든 게 바로 나'라는 착각 속에 일생을 살아갔을 터였다. 하지만 사고를 계기로 '나는 육신 이상의 존재'라는 사실을 발견했다. 그 결과 인생이 놀랍도록 행복해졌고, 사고의 폭도 경이롭도록 넓어졌다.

마비된 팔다리만 바라볼 것인가?

아예 양쪽 팔다리를 전혀 움직이지 못하는 여성도 있다. 그녀는 40여 년을 그렇게 살아왔다.

불행은 그녀가 막 꽃을 피기 시작하는 열일곱 살의 여고생 때 찾아왔다. 그녀는 언니와 강가에서 수영을 즐기고 있었다. 그러던 중 다이빙을 하겠다며 뛰어내렸다. 불행히도 바위에 머리를 부딪쳐 졸지에 사지마비 환자가 됐다. 목 아래쪽 모든 감각을 완전히 잃어버렸다. 평생 팔다리도 전혀 움직일 수 없게 됐다. 대학에 들어가려던 꿈은 산산조각 나버리고, 모든 걸 남의 손에 매달려 살아가야 했다. 침대에서 일어나고, 세수를 하고, 머리를 빗고, 밥을 먹고, 이를 닦는 것… 이 모든 사소한 일상의 것들을 말이다.

"이렇게 살 바에야 뭐 하러 산단 말인가. 차라리 죽는 게 백 번 낫지."

어쩌다 휠체어를 타고 외출이라도 하는 날이면 굴러떨어질 만한 높은 곳을 찾아 두리번거리곤 했다. 하지만 마음대로 죽지도 못했다. 그녀는 이 세상 그 누구보다 불행한 사람이었다.

지도교사가 처음 붓을 입에 물려주며 그림 그리는 법을 가르쳐줬을 때 그녀는 자신도 모르게 붓을 거칠게 내뱉었다.

"이런 건 장애인들이나 하는 거죠. 난 아니에요."

모든 걸 철저하게 불행의 눈으로 바라보았다. 완전히 마비돼 흐느적거리는 자신의 팔다리만 보고 살았다. 자신의 내면 깊숙한 곳에 무엇이 들어 있는지 거들떠보지도 않았다. 불행, 저주, 죽음만을 꿈꾸며 살았다. 그러던 어느 날, 그녀는 한 사지마비 환자가 연필을 입에 물고 알파벳을 힘겹게 써내려가는 걸 목격했다. 호흡기에 의존한 채 입조차 제대로 움직이지 못하는 남자였다. 그는 경건한 자세로 알파벳 세 글자를 천천히 그러나 또박또박 써나갔다. 평화와 감사에 가득한 얼굴이었다. 순간 그녀의 얼굴이 화끈 달아올랐다. 자신은 그동안 마비된 팔다리만 바라보며 살아왔지만, 그 남자의 얼굴에서는 육신의 한계를 뛰어넘는 찬란한 내면의 빛이 발산되고 있었다. 그제야 그녀는 자신을 남의 눈으로 보다 깊이 있게 바라볼 수 있었다.

"그 순간까지만 해도 저는 남들과 비교해 못 가진 것만 바라보며 살아왔었어요. 혼자서 일어날 수도 없고, 먹을 수도 없고, 이를 닦을 수도 없고… 그런 피상적인 것들만 바라보았죠. 그러다가 팔다리가 인생의 전부는 아니라는 걸 깨달았어요. 그러면서 제 내면에 감춰진 것들을 하나둘 꺼내 나가기 시작했죠."

'팔다리는 나'라고 생각하니, 팔다리가 마비되자 자연히 자신도 마비됐다. 인생은 끝장났다고 믿었다. 하지만 생각을 돌려보니 그게 아니었다. 팔다리는 인생의 수천 가지 면들 가운데 불과 한두 면에 불과했다. 한두 면에만 집착해 나머지 수천 가지 면들을 외면하며 살아왔던 것이다.

'나를 팔다리 이상의 존재'로 바라보자 마비된 팔다리를 뛰어넘는

조니 타다
마비된 팔다리만 바라보자 인생도 마비됐지만, 무한한 내면의 잠재력을 바라보기로 하자 인생이 극적으로 뒤바뀌었다.

숨어 있던 능력들이 꽃을 피우기 시작했다. 그녀가 붓을 입에 물고 그림 한 점을 그리는 데는 평균 6~8개월이 걸린다. 하지만 그녀는 행복하다. 내면의 무한한 가능성을 뽑아내는 일이 재미있기 때문이다.

"그림을 그릴 때마다 제 한계는 없다는 걸 느껴요. 팔다리가 할 수 있는 건 한계가 있지만, 마음으로 할 수 있는 건 한계가 없으니까요."

내가 맡고 있는 〈지구촌 리포트〉에서 소개한 바 있는 조니 타다Joni Tada라는 미국 여성의 이야기다. 마비된 팔다리의 철창 속에 갇혀 죽음만 생각하던 그녀가 지금은 베스트셀러 작가이자 세계적인 구족화가, 전 세계에 사랑과 희망을 전파하는 자선 사업가로 마음껏 날아오르고 있다. 한국도 방문해 희망의 메시지를 전한 바 있다.

이처럼 육신의 위기에 빠져 몸부림치다가 육신을 뛰어넘는 육신 밖의 또 다른 나를 발견한 예는 수없이 많다.

몸 밖의 나는 누구인가?

팔다리가 진정한 나가 아니라면 그럼 진정한 나는 두뇌 속에 들어 있을까?

뇌세포를 최대한 확대해보자. 초고성능 전자현미경은 상을 수백만 배까지 확대할 수 있다. 뇌세포의 섬유질을 확대해 살펴보면 분자가 보인다. 분자를 확대해보면 허공뿐이다. 분자를 구성하는 원자도 그렇다. 원자의 지름이 10미터가 되도록 원자를 1만 배 크기로 확대해보면 폭 1밀리미터에 불과한 핵이 가운데에 보인다. 원자를 미식축구장만 하게 더 부풀려놓으면 나머지는 온통 비어 있고, 0.001퍼센트도 안 되는 쌀알만한 핵이 보인다.

그나마 핵도 더 확대해보면 텅 빈 공간이 나온다. 핵을 둘러싼 원자 궤도에서 돌고 있는 전자들도 확대할 수 없을 때까지 확대해보면 역시 빈 공간이다. 전자고 원자고 모두가 파동일 뿐이다. 모든 세포가 마찬가지다. 쪼개보면 빈 공간이다. 두뇌고 몸뚱이고 텅텅 비어 있다. 그래서 아인슈타인은 일찌감치 "우리는 시각적 착각 속에 살고 있다"고 했다. 스탠퍼드 대학의 양자물리학자인 틸러(William Tiller) 박사는 "인간의 99.9999퍼센트는 빈 공간"이라고 말한다. 말 그대로 색즉시공色卽是空이다. 양자물리학자인 울프(Fred Wolf) 박사도 "영혼의 0.0001퍼센트만 육신 속에 들어 있고 나머지 99.9999퍼센트는 육신 밖의 우주에 퍼져 있다"고 말한다. 쉽게 말해 우주가 곧 영혼이며, 육신 속에는 육신의 부피에 해당하는 만큼의 영혼만 들어 있다는 뜻이다. 믿기지 않는가?

잠시 눈을 감고, 책을 덮어둔 채 당신의 지금 모습을 100미터 상공에서 가만히 내려다보라(이하의 장면들을 각각 5초 이상씩 상상하라). 다음으로, 시야를 더욱 넓혀 1,000미터 상공에서 내려다보라. 당신의 모습은 티끌만 하게 멀어지고, 당신이 들어 있는 건물도 성냥갑만 하게 작아진다. 이제 10,000미터 상공에서 내려다보라. 당신이 머물고 있는 도시가 훤히 내려다보인다. 시야를 점점 더 비약적으로 넓혀 한반도, 아시아, 지구가 차례로 멀어져가는 걸 바라보라. 이제 지구가 아득하게 멀어져가면서 무한한 별들이 반짝이는 은하수를 그려보라. 시야를 더욱 넓혀 은하수가 사라져가고 다른 무수한 은하들이 명멸하며 멀어져가는 우주를 그려보라. 그 우주가 어마어마하게 큰 투명풍선에 담겨 점점 멀어져간다고 상상해보라.

투명풍선은 멀어져가면서 차츰차츰 축구공만 하게, 야구공만 하게, 콩알만 하게 작아진다. 마침내 먼지만 하게 작아져 깜빡깜빡 명멸한다. 그걸 바라보는 건 누구인가? 바로 당신이다. 이처럼 당신은 우주보다 더 큰 것도 바라볼 수 있다. 하지만 그게 육신 속에 들어 있는 당신인가? 육신 속의 당신은 육안이 볼 수 있는 것밖에 보지 못한다. 하지만 우주에 퍼져 있는 당신, 즉 당신의 영혼은 모든 걸 다 볼 수 있다. 당신의 육신을 10,000미터 상공에서도, 우주 저 끝에서도 훤히 내려다볼 수 있다. 상상을 깊이 하면 할수록 이미지는 더욱 선명해진다. 이런 명상을 깊이 하면 할수록 당신은 영혼의 존재를 그만큼 깊이 깨닫게 된다.

"눈 감고 상상 속에서 보는 우주가 무슨 진짜 우주야?"

당신은 이렇게 반문할 것이다. 하지만 지금까지 살아온 인생을 어린 시절, 10대, 20대, 30대… 이렇게 파노라마처럼 차례로 떠올려보라. 어디서 떠오르는가? 바로 당신의 마음속에서 떠오른다. 예컨대 초등학교 때 소풍 갔던 장면을 떠올려보라. 어디서 떠오르는가? 당신의 마음속에서 떠오른다. 그 속에 당신도, 친구들도, 들판도, 하늘도 들어 있다. 우주가 당신의 마음, 즉 영혼의 마음속에 들어 있다.

그럼 우주를 품고 인생 경험을 하는 영혼의 존재를 과학적으로도 확인할 수 있을까? 방법은 의외로 간단하다. 사후 세계를 만들어보는 것이다. 그럼 육신은 죽고 영혼만 남는다. MIT, 프린스턴, 스탠퍼드 대학의 양자물리학자들은 실제로 여러 차례 완벽한 사후세계를 만들어보았다. 큰 방 크기의 초강력 냉동실에 완벽한 죽음의 세계를 만들어놓고 거기서 살아남는 게 있는지 살펴보는 것이다.

"사후 세계에서도 영혼이 정말 존재할까?"

완벽한 죽음을 만드는 방법은 두 가지다. 첫째, 모든 생명체가 완전히 얼어 죽도록 기온을 어마어마하게 차갑게 떨어뜨리는 것이다. 둘째, 모든 물질이 도저히 생존하지 못하는 완전진공 상태로 만드는 것이다.

과학자들은 먼저 기온을 떨어뜨리는 방법을 생각해보았다. 기온은 분자나 원자의 진동으로 생기는 열이다. 기온을 떨어뜨리면 열도 떨어진다. 기온을 떨어뜨리고 또 떨어뜨려 섭씨 영하 273.15도까지 떨어뜨리면 열은 완벽한 제로(0) 상태가 돼버린다. 그 이하의 기온은 존재하지 않는다. 이보다 더 차가울 수는 없다. 그래서 과학자들은 273.15도를 절대영도(absolute zero)라 부른다.

모든 생명체는 열을 발산한다. 그러나 죽고 나면 아무런 열도 발산하지 않는다. 절대 영도에서는 오로지 고요한 죽음만 존재할 뿐이다. 온 세상 모든 것들이 죽어버린다. 남는 거라곤 얼어붙은 공기밖에 없다.

나 이상의 나 바라보기

"이런 완벽한 죽음 속에서도 과연 살아남는 게 있을까?"

섭씨 영하 273.15도라? 지구 역사상 가장 추웠던 기온은 영하 89.2도가 기록이었다. 1983년 러시아의 보스톡 남극기지의 기온이었다. 그 기온에서는 침을 뱉기조차 어려웠다. 뱉자마자 입술에 얼음이 달라붙어 입술이 쩍쩍 갈라졌기 때문이다. 말 한 마디 할 때마다 입김도 공중에서 얼어붙었다.

"내 입김이 얼음덩어리가 돼버렸어!"

얼음덩어리는 땅바닥에 떨어져 쨍그랑하고 깨져버렸다. 날아가던 새도 얼음조각이 돼 떨어졌다. 우주에서 가장 차가운 해왕성의 달인 트리톤Triton도 영하 270도이다. 상상을 초월할 정도로 추워 티끌만 한 생명도 존재하지 못한다. 그런데 그보다 더 차가운 영하 273도로 기온을 떨어뜨린다? 그 죽음 속에서 과연 살아남는 게 있을까?

모든 게 죽어 있을 것으로 생각했던 과학자들은 깜짝 놀랐다. 뭔가 빛을 내며 움직이는 게 보였기 때문이다.

"도대체 뭐지? 완벽한 죽음 속에서도 꿋꿋이 살아남는 게?"

그건 광자나 전자, 양자 등의 미립자들이었다. 그들은 절대영도에서도 여전히 왕성하게 진동하며 빛을 발하고 있었다. 과학자들은 입을 다물지 못했다.

"절대영도라는 완벽한 죽음 세계 속에서도 살아남는 게 있다니. 이 빛들이 정말 영혼들일까?"

그들은 분명히 알고 싶었다. 그래서 절대영도에서 완전진공 상태를 만들어버리기로 했다. 모든 생명체를 한 번 더 완벽하게 죽여버리려는 시도였다.

248

완전진공 상태를 만들려면 철저한 조건이 충족돼야 한다. 첫째, 눈에 보이는 모든 물질을 깡그리 제거한다. 둘째, 눈에 안 보이는 가스와 공기도 제거한다. 셋째, 모든 전자기파도 제거한다. 절대영도의 완전 죽음 상태에 이처럼 완전진공이라는 또 다른 죽음 상태를 이중으로 만들어놓았다. 그보다 더 철저한 죽음이 존재할까?

하지만 이런 이중의 죽음 상태에서도 미립자들은 끄떡없었다. '완전진공'이란 말 자체가 허구였다. 미립자들은 그 안에서도 끄떡없이 빛을 발산하고 있었다.

이처럼 영혼은 육신이 죽어도 끄떡없이 살아 있는 빛으로 된 존재인게 틀림없다. 이 우주의 모든 생명체가 꽁꽁 얼어 죽는 절대영도 섭씨 영하 273.15도에서도, 완벽한 진공 상태에서도 영혼은 절대로 죽지 않는 불멸의 존재인 것이다. 빛으로 만들어진 영혼이 영원히 죽지 않는다는 사실은 더 쉬운 방법으로 확인할 수 있다. 별들이 총총한 밤하늘을 보라. 수십억, 수백억 개가 넘는 무수한 별빛이 밤하늘을 수놓는다. 별빛이 내 눈에 도달하는 데는 수백만 년씩 걸리기도 한다. 상상을 초월하는 먼 거리를 수백만 년간 날아오면서 소멸하지 않고 살아 있다는 얘기다. 그 빛은 나를 통과한 뒤에도 수백만 년, 수억 년간 소멸되지 않고 반짝거리며 우주여행을 계속할 것이다. 빛은 무엇인가? 빛을 구성하는 미립자(광자)나 영혼을 구성하는 미립자나 다 같은 미립자다. 미립자는 아무리 세월이 흘러도 죽지 않는 것이다.

아인슈타인은 양자물리학이 본격 궤도에 오르기 훨씬 전인 반 세기 전 이미 이런 사실을 깨닫고 있었다. 언젠가 한 랍비가 16살 동생의 죽음

아인슈타인

"인간은 우주와 분리된 개체가 아니라
우주의 일부이다."

에 파묻혀 삶의 의욕을 완전히 상실한 열아홉 살의 딸을 도대체 어떻게
달래야 하느냐고 묻는 편지를 그에게 보냈다. 그때 아인슈타인의 답신이
뉴욕타임스에 실렸다.

"인간은 우주라 불리는 전체의 티끌에 불과합니다. 인간은 자신을 우
주와 분리된 개체로 보며 살아가지만 그건 시각적 착각일 뿐이지요. 이런
착각이 인간을 고통의 감옥에 빠트립니다. 이 비좁은 감옥에서 벗어나 모
든 생명체를 연민의 감정으로 껴안고 살아야 합니다. 물론 그런 완전한
경지에 이를 사람은 아무도 없겠지만, 비좁은 감옥에서 벗어나려는 노력
자체만으로 고통에서 해방될 수 있습니다."

아인슈타인은 육신이 죽어 사라지더라도 영혼은 빛의 모습으로 여전
히 존재함을 상기시키고 있었다. 그의 눈엔 육신이 스쳐 가는 껍데기에
불과했다. 그런데 그토록 슬퍼할 이유가 있느냐고 완곡하게 지적하고 있
었다. 물론 사랑하는 동생을 잃은 19세 소녀에게는 다소 현학적인 답변
이었을 것이다.

영혼은 모든 정보를 갖고 있다

미립자 차원의 우주를 양자물리학자들은 영점공간(영점장, zero-point field)이라 부른다. 미립자들은 절대영도에서도 살아남기 때문에 붙여진 이름이다. 아인슈타인 역시 절대영도에서도 진동에너지가 가득히 존재한다는 사실을 간파하고 이를 독일어로 영점에너지(Nullpunktsenergie)라고 표현한 바 있다.

미립자들은 모든 정보, 지혜, 사랑, 에너지를 다 갖고 있다. 모르는 것도, 불가능한 것도 없는 전지전능한 존재이다. 그래서 물리학자인 라즐로(Ervin Laszlo) 박사는 미립자들이 가득한 영점공간을 "무한한 가능성의 바다"라고 정의한다. 무한한 정보창고, 영혼의 공간, 신의 마음, 신의 공간 등으로 불리기도 한다. 주요 종교들이 말하는 영생, 구원, 해탈 등을 얻을 수 있는 곳도 바로 여기다.

노벨물리학상 수상자이자 양자물리학의 아버지격인 막스 플랑크는 "영점공간은 적어도 형체를 지닌 모든 것에 대한 설계도(blueprint)를 갖고 있는 것으로 보인다"고 분석했다. 내 키는 얼마나 클 것인지, 얼굴 형태

라즐로 박사

"영점공간은 무한한 가능성의 바다이다."

는 어떻게 변화할 것인지 등이 이미 그려져 있다는 얘기다. 또 내가 언제 어디서 누구를 만나 어떤 일을 하고, 어떤 직업을 갖고 일하다 몇 세에 죽을 것인지도 몽땅 담겨 있다.

집단적 정보가 영점공간에 저장돼 있다는 사실은 1920년대에 하버드 대학의 맥두걸(William McDougall) 교수에 의해 처음 발견됐다. 그는 쥐들이 미로를 어떻게 헤쳐나가는지 유심히 관찰해보았다. 어미 쥐들은 무려 165번의 실패를 거친 뒤에야 헤매지 않고 미로를 완벽히 찾아갈 수 있었다. 그러다가 어미 쥐들이 새끼를 낳았고, 새끼들이 자라 어미 쥐만큼 커졌다. 그 새끼 쥐들은 몇 번 만에 미로를 찾아갔을까?

"어, 이럴 수가! 120번 만에 찾아가네."

새끼 쥐들이 성장해 또 새끼를 낳았다. 그 새끼 쥐들은 더 빨라졌다. 몇 세대를 거치자 쥐들은 불과 20번의 시행착오만 거친 뒤 미로를 찾아갔다. 놀라운 사실은 아무도 새로 태어난 쥐들에게 미로를 찾는 법을 가르쳐주지 않았다는 것이다. 오로지 스스로의 시행착오만으로 미로를 찾아가도록 했다. 그런데도 새끼 쥐들은 세대를 거치면서 어떻게 선조들보다 점점 더 빨리 미로를 찾아갈 수 있었을까? 그 답은, 선조들이 터득한 미로 찾기 정보와 지혜가 영점공간에 저장돼 있었기 때문이다.

사람은 안 그럴까?

미시간 대학의 심리학자 니스벳(Richard Nisbett) 박사가 실험을 해보았다. 그는 학생들로 하여금 한 사람씩 비좁은 복도를 지나가도록 했다. 그런데 복도 중간에서 한 뚱뚱한 남자가 캐비닛 서랍을 열어놓고 뭔가 하는 척하도록 했다. 그러다 보니 비좁은 복도는 더욱 비좁아져 통과하기가 몹

니스벳 박사

"옛 선조들의 정보가 시공간을
뛰어넘어 현대인들에게까지
대물림된다."

lsa.umich.edu

시 불편해질 수밖에 없었다. 그것만으로도 짜증 나는 일이었다. 그런데
그 뚱뚱한 남자는 한술 더 떴다. 학생들이 그처럼 비좁아진 지점을 간신
히 통과할 때마다 학생들이 심한 모욕감을 느끼도록 자극했다. 즉 서랍을
느닷없이 쾅 닫고는 학생을 어깨로 툭 밀친 뒤 나지막한 목소리로 이렇게
외쳤다.

"병신새끼, 꼴값하고 있군!"

이런 말을 들은 학생들은 어떤 반응을 보였을까? 니스벳은 실험 전후
로 학생들의 타액을 채취해 남성호르몬 테스토스테론과 스트레스 호르
몬 코르티솔의 수치를 측정해보았다. 또 평소보다 손아귀에 얼마나 더 힘
이 들어가 있는지 파악하기 위해 악수도 해보았다. 즉 심한 모욕을 받은
뒤 얼마나 공격성을 띠게 되는지 살펴보는 실험이었다. 결과는 판이하게
갈렸다.

북부출신 학생들은 별 변화가 없었다. 하지만 남부출신 학생들은 테
스토스테론과 코르티솔 수치가 훌쩍 뛰어올랐다. 손아귀에도 바짝 힘이
들어가 있었다. 더 건드리면 누구든 박살 내고 말겠다는 태세였다. 남부

학생들은 왜 하나같이 이런 공격성을 띠고 있을까? 그건 200년 전 그들의 선조들이 공격적이었기 때문이다. 그들의 선조들은 18세기에 남부에 정착한 카우보이들이었다. 논리적으로는 도저히 이해가 가지 않는다. 후손들은 지금 북부의 미시간 대학에 다니고 있다. 그들은 카우보이를 본적도 없다. 부모들도 카우보이가 아니었다. 대개 중산층인데다가 대도시에서 자라난 세대였다. 그런데도 왜 200년 전 카우보이 선조들의 공격성을 띠고 있을까?

니스벳은 이렇게 말한다.

"문화적 유산은 수세대가 지나도 지속됩니다. 참 이상한 일이죠? 유전자가 달라진 것도 아니고, 옛 환경에 노출되는 것도 아닌데."

양자물리학자들은 영점공간에 저장된 선조들의 문화적 정보가 시공간을 뛰어넘어 후손들에게 대대로 전달되는 것으로 분석한다. 쥐들이 영점공간에 저장된 집단정보를 자자손손 물려받듯이 말이다. 내 영혼은 이 모든 걸 갖고 있다.

이런 사실을 알고 살아가는 것과 모른 채 살아가는 건 하늘과 땅의 차이다. 관찰자 효과 때문이다.

* "내 영혼은 내 육신 속에 들어 있다고" 바라본다.
    → 관찰자 효과에 따라 비좁은 내 육신이 내 능력의 한계가 된다.
* "내 영혼은 육신 밖의 전지전능한 존재"라고 바라본다.
    → 관찰자 효과에 따라 육신의 한계를 벗어난다.

우리가 타고난 천재라고 생각하는 아인슈타인도 자신의 실체를 깨닫기 전까지는 인생의 낙오자였다. 어린 시절엔 바보로 낙인 찍혔다. 만으로 네 살이 될 때까지도 말도 못 했고, 일곱 살이 돼서야 겨우 글을 깨우쳤다. 아홉 살이 돼서도 말이 어눌하고 너무 느렸다. 같은 문장을 여러 번 되풀이하는 말더듬 증세까지 있었다. 초등학교에 들어가서도 다른 아이들을 따라가지 못했다. 참다못한 교장이 부모를 불러 선언했다.

"이 아이는 아무리 가르쳐도 소용없습니다. 차라리 노동일을 시키는 게 나아요."

그는 취리히의 폴리테크닉 공과대학을 졸업한 뒤에도 취직을 못해 백수생활을 해야 했다. 생활비가 바닥나 자신의 전공과는 동떨어진 보험회사에 간신히 취직했으나 거기서도 곧 해고당했다. 어린 시절 아들이 저능아가 아닌가 걱정했던 아버지도 "내 아들은 인생의 낙오자"라고 한탄하며 돌연 세상을 떠났다. 당시 아인슈타인이 친구에게 보냈던 편지에는 그가 자살충동까지 느꼈다고 적혀 있다.

"나는 지금 백수건달로 가족들에게 부담만 되고 있어. 이렇게 사느니 차라리 죽는 게 낫겠어."

그를 절망의 벼랑 끝에서 구해준 건 또 다른 대학친구였다. 친구가 그를 스위스 특허청 하급직원으로 추천해준 거였다. 그게 돌파구였다. 그는 거기서 특허관련 업무를 일찌감치 해치운 뒤 어린 시절부터 꿈꿔오던 자신만의 시간을 갖게 됐다. 그러면서 빛과 우주에 대한 상상에 빠져들었다. 빛을 연구하면서 자연히 영혼의 실체도 알게 됐다. 그러면서 사고의 폭도 폭발적으로 넓어지기 시작했다.

2 육신과 영혼의 숨바꼭질

양 심 을   지 키 면   손 해 일 까 ?

당신이 신출내기 회사원이라고 상상해보자. 당신은 아침에 일어나자마자 목이 바짝바짝 타들어간다. 아침 8시 회의에 적어도 10분은 지각할게 뻔하다. 조금 늦어도 괜찮은 여느 회의가 아니다. 출장을 앞두고 사장이 긴급 소집한 특별회의다. 출장자들은 전원 빠짐없이 참석하라는 엄명도 내려졌다.

'이럴 때 지각하면 이 직장에서는 끝장인데….'

당신은 입사하자마자 인물 좋고 실력 좋은 재원으로 일찌감치 주목받아왔다. 당신을 대하는 선배들의 눈길부터 달랐다. '출세가도를 보장받은 사람'으로 바라보는 눈길이었다. 그런데 애써 쌓은 그런 이미지가 일순간 와르르 무너질 위기에 처한 것이다.

"대체 이렇게 늦게 나타나면 어떡합니까?"

당신은 30분이나 늦게 도착한 냉장고 기술자에게 분통을 터뜨린다. 전날부터 냉장고 냉동칸 밑에서 물이 흘러나왔다. 밤사이 부엌 바닥엔 물이 흥건했다.

"저는 일단 출근할게요. 냉장고 고치고 나서 문 꼭 닫아놓고 가세요."

낯선 기술자를 집 안에 놔두고 출장 가는 게 꺼림칙하지만 어쩌겠는가? 차 열쇠와 출장용 트렁크를 휙 집어 들고 5층 계단을 부리나케 뛰어내려간다. 자동차 시동을 걸면서도 숨이 턱턱 막힌다. 평균 잡아 40분 거리지만 남은 시간은 겨우 30분. 무슨 짓을 해서라도 지각해서는 안 된다며 어금니를 꽉 문다.

"에잇! 굼벵이 같은 차들!"

다른 운전자들에게 욕설을 퍼붓는다. 빨간 신호를 무시하고 달리기도 한다. 문득 뭔가 깜빡한 것 같다는 느낌이 든다. 손을 뻗어 뒷좌석을 더듬어본다. 출장가방은 있다. 전날 저녁 미리 짐을 꾸려놓은 게 참 다행이다. 그럼 뭐지? 바로 그 순간이다.

"아차! 강아지!"

강아지가 먹을 밥과 물을 깜빡한 것이다. 얼굴이 화끈 달아오르면서 이마엔 진땀이 송글송글 맺힌다.

당신은 어릴 때부터 강아지를 무척 갖고 싶어했다. 하지만 어머니는 말도 못 붙이게 했다. 그래서 전세 아파트를 얻어 분가하자마자 가장 먼저 산 게 강아지다. 강아지는 역시 당신과 죽이 잘 맞는다. 아무리 짜증스런 얼굴로 귀가해도 변함없이 늘 꼬리를 쳐댄다. 이 세상에서 당신을 무조건적으로 사랑해주는 건 강아지밖에 없다는 생각도 든다. 강아지 눈을 가만히 들여다보면서 이런 생각도 했다.

'개에게도 영혼이 들어 있는 게 분명해.'

그런 강아지를 깜빡하다니…. 출장기간 사흘 내내 꼬박 굶겨야 할 판

나 이상의 나 바라보기

이다. 그날 회의가 끝나자마자 출장자 전원이 곧바로 비행기를 타고 부산까지 가야 하기 때문이다. 거기서 만날 사람들이 줄줄이 약속돼 있다. 회의를 마치고 집에 들러 강아지 먹이를 준다는 건 불가능하다.

'열쇠를 내가 가지고 있으니 누구한테 부탁할 수도 없고…'

이러지도 저러지도 못하는 상황이다. 강아지는 사흘 동안 굶어도 생존할 수 있을까? 배고픔에 지쳐 마구 짖어대는 강아지가 떠오른다. 그러다가 굶어죽기라도 하면?

당신은 운전대를 더욱 단단히 움켜잡는다. 일단 어떻게든 회의에 참석하는 게 급선무다. 이제까지 잘 쌓아온 공든 탑을 와르르 무너지게 할 순 없는 일이다. 잘하면 지각을 안 할 수도 있을 거란 생각도 든다. 하지만 강아지는 어떻게 하나? 먹이가 아니면 물이라도 마셔야 할 것 아닌가? 강아지가 물 한 모금 못 마신 채 며칠이나 생존할 수 있을까? 당신은 페달을 더욱 거세게 밟으며 어떤 선택이 가능한지 다시 한 번 점검해 본다.

8시 회의 참석 후 집에 들렀다가 비행기를 탄다는 건 불가능하다. 그럼 회의 중간에 갑자기 나온다? 그럼 회사 간부들에게 찍혀버리는 거다. 그게 안 되면 회의에만 참석한 뒤 출장은 포기한다? 그럼 이 직장은 끝장이다. 이제 회사건물이 몇 블록 앞이다. 어떻게 할까?

'강아지 때문에 내 인생을 망칠 순 없지.'

당신의 머릿속은 육신의 생존에 관한 생각으로 가득하지만, 그래도 마음 한구석이 켕긴다.

'그러면 안 돼. 강아지가 죽을지 몰라.'

이것은 영혼의 목소리다. 만일 당신이 영혼의 목소리를 외면한다면?

그래서 강아지가 끝내 굶어죽는다면?

"양심을 지켜서 무슨 짝에 쓸모 있어? 손해만 볼 뿐이지—."

당신은 정말 아무 일도 일어나지 않은 것처럼 살아갈 수 있을까? 직장에서는 계속 탄탄대로를 달릴 수 있을까? 당신은 마음부터 불편하다. 영혼의 양심은 당신으로 하여금 죄책감을 느끼도록 한다. 속이 켕기는 건 그래서다. 당신의 속이 켕기는 순간, 놀랍게도 우주도 속이 켕긴다. 특히 당신과 옷깃만이라도 스쳐 간 사람들은 무의식적으로, 혹은 직감적으로 당신이 어떤 행동을 했는지 컴퓨터처럼 알아차린다.

'저 친구는 뭔가 나쁜 짓을 한 거 같아. 대체 무슨 미심쩍은 짓을 한 거지?'

당신은 즉각 펄쩍 뛸 것이다.

'설마! 내 아파트 안에서 일어난 일을 남들이 어떻게 알아?'

아인슈타인도 설마라고 생각했다. 하지만 직접 실험해보고는 혀를 내둘렀다.

그는 초면인 두 사람에게 몇 분간 서로 가볍게 대면할 시간을 주었다. 말하자면 옷깃만 스칠 정도의 인연을 맺도록 한 것이다. 그런 다음 서로 50발짝 정도 떨어진 패러데이 상자(Faraday cage)에 각기 들어가 있도록 했다(패러데이 상자란 전자기파가 통하지 않도록 차단한 상자다). 그리고는 두 사람의 머리에 두뇌활동을 그려내는 뇌파계(EEG)를 각각 연결시켰다.

"이쪽 사람의 양 눈에 펜라이트를 비추면? 저쪽 사람의 눈에도 어떤 신호가 갈까?"

펜라이트 penlight란 펜 모양의 아주 작은 손전등을 말한다. 펜라이트를 눈에 비추면 동공이 좁아지면서 뇌파계에 미세한 두뇌 활동이 감지된다. 그런데 뜻밖의 일이 일어났다.

"어? 이쪽 사람 눈에만 펜라이트를 비췄을 뿐인데, 저쪽 사람의 뇌파계도 똑같이 움직이네?"

정말 귀신이 곡할 노릇 아닌가? 이쪽 패러데이 상자에 들어 있는 사람의 동공과 뇌파가 움직이자 50발짝이나 떨어진 저쪽 패러데이 상자에 들어 있는 사람의 동공과 뇌파도 역시 똑같이 움직이는 거였다! 그래서 이번엔 두 사람을 훨씬 더 멀리 떨어뜨려 놓아보았다. 하지만 아무리 멀리 분리시켜놓아도 결과는 마찬가지였다. 그래서 실험대상자들을 바꿔서 실험해보았다. 그래도 똑같은 결과였다.

이것은 아인슈타인이 동료 물리학자인 포돌스키Podolsky, 로젠Rosen과 함께 실시한 실험이다(흔히 E-P-R 실험이라 일컫는다). 이 실험이 뜻하는 건 자명했다. 나와 단 한 번이라도 인연을 맺었던 사람들은 나도 모르게 나와 끊임없이 정보를 주고받는다. 내가 무슨 생각을 하고 무슨 짓을 하는지 무의식적으로 훤히 알고 있는 것이다. 그렇다고 인연을 맺지 않았다고 해서 전혀 영향이 없는 것은 아니다. 앞서 관찰자 효과를 설명할 때 언급했듯, 나의 모든 생각과 행동은 몽땅 우주에 기록된다.

그럼 조물주는 왜 모든 게 낱낱이 기록되도록 창조해놓았을까?

"그건 영혼을 갈고 닦도록 하기 위해서죠. 인과응보의 법칙이 존재하는 것도 그래서입니다. 남에게 가한 심신의 상처는 반드시 내게 되돌아와요."

이는 영혼여행을 경험한 전 세계의 임사체험자들, 최면치료를 받다가 영계를 본 수많은 사람들, 깊은 영적 깨달음을 얻어 영계와 물질계를 드나드는 사람들, 수십 년간 영혼을 연구해온 정신의학자들이 이구동성으로 하는 말이다. 악한 마음을 품고 사느냐, 선한 마음을 품고 사느냐에 따라 자신도 모르게 눈빛과 인상이 달라지는 것도 우리의 속마음이 시나브로 얼굴에 낱낱이 기록돼나가기 때문이다. 따라서 양심을 지켜서, 혹은 남을 돕다가 손해를 보게 되는 일은 결코 일어나지 않는다. 어느 순간 어떻게 내게 이득으로 되돌아올지는 아무도 모른다. 10년 후일 수도, 100년 후의 내세일 수도, 영계일 수도 있다. 우주는 영혼의 마음속에 들어 있기 때문이다.

창조주가 누구는 늘 이득만 보고, 누구는 늘 손해만 보도록 엉성하게 우주를 만들어놓았을 리 만무하지 않은가? 우주의 질서는 톱니바퀴보다 더 정교하게 돌아간다. 우주를 구성하는 미립자들이 사람의 속마음을 속속들이 읽어내지 않는가? 따라서 만일 내가 선행을 한다면 그 보답도 반드시 되돌아온다. 미립자들에 저장된 선행의 정보는 영구히 지워지지 않기 때문이다.

선 행 은 몇 곱 절 로 되 돌 아 온 다

오래전, 첫째 아이가 태어나기 전의 일이다. 나는 점심식사 후 머리도 식힐 겸 산책을 마치고 사무실로 돌아오던 참이었다. 한 남자가 새파랗게 질린 얼굴로 안절부절못한 채 허둥대고 있었다.

"애가 어디 갔지? 금방 여기 있었는데?"

아이를 잃어버린 것이었다. 나도 모르게 가슴이 방망이질을 해댔다.

"몇 살이죠?"

"다섯 살요."

"옷 색깔은?"

"파란색요."

"그럼 저쪽을 찾아보세요. 이쪽은 제가 찾아볼 테니까."

우리는 서로 반대 방향으로 내달으며 좌우를 훑어나갔다. 가게 주인들이나 아파트 경비원 등 도움이 될 만한 사람들이면 무조건 "혹시 이런 아이 보셨어요?"를 연발하며 헤집고 다녔다. 10여 분쯤 지났을까? 아무리 찾아도 그런 아이는 없었다. 다시 발길을 되돌려 그 남자를 찾아갔다. 그 남자는 사색이 돼 있었다.

"지금 아이가 길을 잃고 쩔쩔매는 모습을 생각하고 계시죠? 그러지 말고 머릿속으로 활짝 웃는 아이 얼굴을 떠올려보세요! 아빠를 찾아서 활짝 웃는 얼굴!"

내가 왜 그때 그런 말을 외쳤는지는 나도 모른다. 다시 얼마나 더 지났을까? 내가 공원 중간쯤 훑고 있는데 뒤쪽에서 밝게 외치는 소리가 들렸다.

"찾았어요! 아저씨, 찾았어요!"

온몸에 기쁨의 전류가 흘러 퍼졌다. 아이는 남자 팔에 안겨 멋쩍은 듯 싱긋거리고 있었다. 그가 아이를 슬쩍 쥐어박았다.

"임마! 말도 안 하고 거기로 가버리면 어떻게 찾니?"

그가 그렁그렁한 눈으로 아이를 바라보았다.

그로부터 10여 년의 세월이 흐른 뒤의 일이다. 첫째 아이가 여섯 살 때쯤, 나는 워싱턴에 특파원으로 나가 있었다. 그때 아이를 데리고 플로리다 주 디즈니월드에 갔었다. 여름 휴가철 성수기라 사람들이 바글바글했다. 한 가지를 구경하려면 30분 이상 줄을 서야 했다. 그런데 줄을 서서 기다리는 동안 카메라로 뭔가를 찍다 보니 아이가 안 보였다.

'어, 어디 갔지?'

순간적으로 얼굴이 확 달아오르면서 진땀이 주르륵 흘렀다. 번개처럼 달려가며 인파를 차례로 훑어나가기 시작했다. 얼마나 지났을까? 끝도 없이 흘러가는 인파 속에서 나는 눈앞이 캄캄해지기 시작했다. 심장은 사정없이 쾅쾅 뛰었다. 제발 꿈이었으면 하는 절박감으로 온몸이 흠뻑 젖었다. 그때 돌연 등 뒤에서 나를 부르는 소리가 들렸다.

"Daddy! Daddy! Daddy!"

정말 우리 아이였다! 한 미국인 부인의 손을 잡고 나를 부르고 있었다. 와락 달려가 아이를 껴안고 부인을 향해 울부짖듯 외쳤다.

"너무 고맙습니다! 너무 고맙습니다!"

생면부지의 그 부인도 내 모습을 바라보더니 눈가를 훔치며 제 갈 길로 걸어갔다. 10여 년 전, 나는 아이를 잃은 낯선 남자에게 작은 도움을 주었을 뿐이다. 하지만 우주는 그 작은 선행을 기억하고 있다가 몇 곱절로 내게 되돌려주었다. 꼭 선행이 아니라도 그렇다. 두꺼운 '나'의 벽을 열고 설사 말 못하는 미물에게 아주 작은 사랑을 베풀기만 해도, 그 사랑의 기운은 몇 곱절로 내게 되돌아온다. 그리고 나를 건강하고 행복하게 한다.

베풂은 건강으로 되돌아온다

한 요양원에 65세가 넘는 노인들이 입주해 있었다. 그런데 요양원에서 편안하게 여생을 즐기던 노인들이 어느 날 술렁대기 시작했다. 원장이 새로운 생활지침을 발표했기 때문이다. 그는 우선 1층 노인들을 불러 모아 이렇게 말했다.

"오늘부터 여러분께서는 모든 걸 스스로 하셔야 합니다. 먼저 일주일에 한 번씩 보여드리는 영화관람 시간을 스스로 결정하십시오. 또 정원의 식물 돌보는 일도 여러분이 알아서 책임져주십시오. 물을 주고, 풀을 뽑고, 가지를 치는 일도 여러분이 하셔야 합니다. 저희는 손을 떼겠습니다."

이번엔 2층에 사는 노인들을 불러 말했다.

"여러분께서 원하시는 것이 있으면 서슴지 말고 말씀해주십시오. 저희가 다 해드리겠습니다. 영화 관람도 가장 편안한 시간으로 저희가 정해드리겠습니다. 정원 관리도 신경 쓰실 것 없습니다. 여러분께선 그저 각자의 몸만 잘 챙기시면 됩니다."

그때부터 1층 노인들은 정원을 돌보랴, 영화관람 시간을 서로 맞추랴, 바쁜 하루를 보내야 했다. 반면 2층 노인들은 아무 걱정 없이 오로지 '나'에 대해서만 신경 쓰면 그만이었다.

그로부터 18개월 후 노인들의 건강상태를 검사해보니, 1층 노인들과 2층 노인들 사이엔 놀라운 차이가 나타났다. 매일 정원에 나가 일했던 1층 노인들의 몸에선 스트레스 호르몬이 줄어들고 복용하던 약도 크게 줄었다. 얼굴엔 화색이 돌고 몸의 움직임도 기민해졌다. 1층 노인의 93퍼센트는 건강이 더 좋아졌다.

그렇다면 손가락 하나 까딱할 필요 없이 오로지 '나'만 챙기며 지냈던 2층 노인들은 어땠을까? 그들의 얼굴에선 생기가 사라졌다. 검진 결과, 71퍼센트가 전보다 더 허약해진 것으로 나타났다. 그 사이 세상을 등진 이도 있었다. 더욱 놀라운 사실은 2층 노인들의 사망률이 1층 노인들의 두 배나 됐다는 것이다. 그 실험을 주도한 예일대학의 로딘(Judith Rodin) 교수는 이렇게 말한다.

"내 몸뚱이 하나만 편하면 된다는 생각으로 살면 모든 게 나 하나로 좁혀집니다. 나의 벽을 세우는 거죠. 반면 나무 한 그루라도 키우면 벽이 열리게 됩니다."

'나'의 벽이 세워지면 우주로부터 아무것도 흘러들어오지 못한다. 반면 벽이 허물어지면 우주로부터 사랑과 지혜, 에너지가 가득 흘러나온다.

캘리포니아 대학의 셔비츠(Larry Scherwitz) 교수는 나에 집착하며 사는 게 얼마나 해로운지 알아보기 위해 600명의 대화를 녹음해봤다. 그리고 녹음테이프를 들으면서 어떤 사람들이 "나", "나의", "나를", "내 것" 등의 말을 얼마나 자주 쓰는지 세어보았다.

"아니, 이럴 수가! '나'에 관한 말수와 심장병 위험성이 정확하게 일치하네!"

말끝마다 "나"를 가장 많이 반복하는 사람들의 심장병 확률이 가장 높은 것이었다. 그들은 '나'에 집착한 나머지 남에게 귀를 기울일 줄 몰랐고 '내 것'만을 최고로 여겼다.

"나를 열고 남에게 베푸세요. 그게 무병장수의 비결입니다."

셔비츠 교수의 결론이다.

미시간 대학 연구진은 노인 부부 423쌍을 대상으로 남을 돕는 습관과 수명 사이에 어떤 관계가 있는지 지켜봤다. 여기서 돕는 일이란 거창한 게 아니었다. 친구, 이웃, 가족들의 집안일이나 아이 돌보기, 시장보기, 차량 제공 등 일상의 자잘한 일들이었다.

조사기간 5년 동안 134명이 숨졌다. 숨진 노인들은 대부분 남을 돕는 데 인색한 사람들이었다. 평소 남들을 잘 도와주지 않는 노인들의 사망률은 잘 돕는 노인들보다 두 배 이상 높았다. 특이한 것은 남들로부터 도움만 받고 '나'만 챙기며 지내는 노인들의 건강은 전혀 좋아지지 않았다는 것이다.

미시간 대학의 브라운(Stephanie Brown) 교수의 분석은 이렇다.

"남한테 받기만 하는 사람 치고 건강하게 오래 사는 사람은 드물죠. 남에게 주기만 하는 사람들이 물질적으로는 손해 보는 것 같지만, 사실은 득을 보는 겁니다."

놀라운 사실은 남들을 위해 봉사활동을 하는 것이 규칙적인 운동을 하는 것보다 건강에 더 이로운 효과를 갖는다는 것이다.

과학자들이 캘리포니아 주 마린 카운티(Marin County)의 55세 이상 주민 2,025명을 5년간 조사해보니 두 곳 이상에서 봉사활동을 하는 사람들은 사망률이 보통사람들보다 63퍼센트나 낮았다. 규칙적으로 운동하는 사람들은 44퍼센트, 매주 교회 등에 나가는 사람들은 29퍼센트 순으로 사망률이 떨어졌다.

영혼이 육신을 떠나 영계에 올라가면 오로지 사랑을 얼마나 베풀었느냐로 심판을 받는다고 한다. 사랑을 베푸는 사람들은 지상에서도 건강하게 오래 산다.

진공묘유 眞空妙有 :
나를 텅 비우면 오묘한 일들이 일어난다

이 책 앞부분 제1부 3장에서 생각을 잠재우는 방법을 소개한 바 있다. 그때 사용한 그림을 다시 보자.

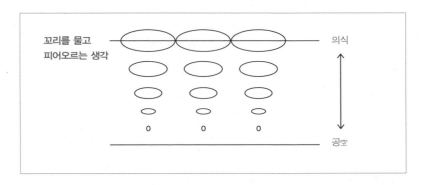

우리 의식의 표면은 시도 때도 없이 피어오르는 생각들로 늘 뒤덮여 있다. 주로 '나'와 관련된 생각들이다. 하지만 우리가 관찰자의 눈으로 객관적으로 바라보면 그 생각들은 저절로 사라진다. 그러면서 아무 생각도 없는 텅 빈 무한한 마음이 된다. 그 마음은 생각들이 싹트기 전부터 존재해왔고, 생각들이 사라진 후에도 영원히 존재한다. 즉, 나는 원래 늘 생각에 가득 차 있는 존재가 아니라 텅 빈 무한한 마음이다.

그런데 만일 당신이 많은 연습을 통해 텅 비어 있는 상태를 마음대로 장시간 유지할 수 있다면? 그때 당신에겐 신기한 능력이 생긴다! 별의별 오묘한 일들이 꼬리를 물고 일어난다. 왜 그러냐고? 그 텅 빈 공간, 즉 영

점공간에는 당신이 원하는 정보가 다 들어 있기 때문이다. 거기서 원하는 바를 그리면 곧바로 현실로 나타난다. 앞서 몇 차례 언급한 UCLA의 생리학 교수인 헌트(Valerie Hunt) 박사의 예를 들어보자. 그녀는 지난 50여 년간 기氣 에너지 연구에 몰입해온 세계 최고의 권위자이다. 그녀는 자신을 텅 비우는 방법을 완전히 몸에 익히면서 저절로 신비한 힘을 얻었다. 95세의 나이에도 불구하고 방 한복판 바닥에 손을 짚고 거꾸로 설 수 있으며 사람의 마음을 손바닥 들여다보듯 훤히 읽을 수 있다. 지구 반대편에 떨어진 사람의 질병도 치료할 수 있다.

"우리가 자신을 완전히 텅 비우는 순간 어마어마한 변화가 일어납니다. 천 리 밖을 내다보는 능력, 마음으로 질병을 치유하는 능력, 만 리 밖에서 마음으로 대화하는 능력, 숨어 있던 이 모든 능력이 깨어나게 되죠."

그녀는 천리안이나 도술, 혹은 명상법을 따로 배운 적이 없는 순수한 학자이다. 오로지 우주의 원리를 깨닫고 자신의 잠재력을 완전히 이해하게 된 것뿐이다. 단지 자신을 제대로 바라보는 것만으로 그런 신비한 능력이 저절로 생긴 것이다. 스탠퍼드 대학의 푸토프(Harold Puthoff) 박사 역시 그런 원리를 이해하고 나서 천리안을 갖게 됐다. 그는 지난 1970년대부터 물리학자인 타그(Russell Targ) 박사와 함께 미중앙정보국 CIA 요원들에게 천리안을 가르쳐왔다. 그가 한번은 탁월한 투시력을 지닌 두 사람에게 각기 유럽 한 도시의 뒷골목을 묘사해보도록 했다. 박사 자신은 직접 가보았지만 그들에게는 전혀 깜깜한 곳이었다. 놀랍게도 그들은 자세하게 그곳을 묘사했고, 박사는 그들의 투시력이 어디까지 미치는지 궁금해졌다.

그래서 이번에는 목성을 묘사해보도록 했다. 미국의 우주왕복선 파이어니어 10호가 목성을 촬영한 사진을 보내오기 전의 일이었다.

스원이라는 투시력자는 당황하는 듯한 표정으로 이렇게 대답했다.

"거참, 목성에도 고리가 보이네요. 아마 제가 실수로 토성을 잘못 본 건 아닌지 모르겠네요."

그의 말에 귀를 기울이는 사람은 아무도 없었다. 하지만 한참이 지난 후 미항공우주국 NASA가 공개한 목성 촬영 사진을 보고는 모두들 입이 딱 벌어졌다. 목성에도 정말 고리가 있다는 사실이 처음으로 확인됐던 것이다!

미 중앙정보국 CIA는 푸토프 박사의 실험결과에 큰 호기심을 보였다. 러시아 등의 적대 국가들 내에서 어떤 일들이 벌어지고 있는지 투시력을 이용해 정탐해낼 수 있다면 군이 첩보원들을 보내지 않아도 될 것이기 때문이었다. 그래서 CIA가 프라이스라는 이름의 투시력자를 직접 시험해보았다. CIA는 한 요원으로 하여금 세 가지 숫자가 적힌 종이쪽지를 호주머니에 넣고 비행기를 타도록 한 다음, 프라이스에게 물었다.

"지금 비행중인 우리 요원의 호주머니에 들어 있는 종이쪽지에 어떤 숫자가 적혀 있는지 말해보시오."

프라이스는 식은 죽 먹기라는 듯 즉시 세 숫자를 나열했다. 순서까지 정확하게 일치했다. 하지만 숫자를 맞히고는 괜히 구역질이 난다고 말했다. 곧 구역질이 나는 이유가 밝혀졌다. CIA 요원이 탔던 비행기가 난류를 만나 심하게 요동쳤던 것이다.

푸토프 박사는 이번엔 실험보조원 몇 명을 각기 멀리 떨어진 다른 곳에 보내 15분 내에 그곳을 촬영하고 서면으로 묘사하도록 했다. 그런 다음 투시력자들에게 실험보조원들이 가 있는 곳을 알아맞춰보라고 했다. 그들은 완벽하게 그곳의 모습들을 묘사해냈다.

투시력자들은 미래도 예측해낼 수 있을까? 푸토프 박사는 여행자들을 특정한 몇 곳에 보내기에 앞서 투시력자들에게 거기서 앞으로 일어날 일들을 묘사해보라고 했다. 여행자들이 각기 30분~5일 후 실제로 현지에 가서 겪게 될 일들과 대조해보니 투시력자들이 미리 묘사한 것과 딱 맞아떨어졌다. 여행자들이 채 도착하기도 훨씬 전에 투시력자들은 거기서 벌어질 일들을 훤히 내다보고 있었던 것이다.

푸토프 박사는 투시력자들을 대상으로 모두 336차례에 걸친 실험을 실시했지만, 시간과 공간에 상관없이 결과는 거의 예외 없이 일치했다.

프린스턴 대학 교수였던 라딘(Dean Radin) 박사나 캘리포니아 대학의 타그(Elisabeth Targ) 박사 등도 역시 사람의 마음을 읽거나 만 리 밖을 내다보는 능력을 갖고 있다. 이들이 산속에 들어가 수십 년간 도를 닦아서가 아니다. 육신의 생각을 완전히 비우고 관찰자의 깊은 눈으로 바라보면 반드시 모든 게 훤히 보이게 된다는 원리를 꿰고 있기 때문이다. 불교의 고

270

푸토프 박사

"누구나 마음을 텅 비우면
시공간을 초월해 모든 걸 보게 되죠."

승들은 이미 수천 년 전, 생각을 텅 비우면 오묘한 현상들이 일어난다는 사실을 깨닫고 진공묘유眞空妙有라고 불렀다. 수천 년 전 인도의 파탄잘리도 "마음속의 잔물결을 잠재우면 모든 기적이 일어난다"고 했다. 또, 예수가 "마음이 가난한 자는 복이 있나니 천국이 저희 것임이요."라고 했던 것도 마음을 완전히 비우면 실제로 천국이 보인다는 뜻이었다. 그 천국이란 먼 곳에 있지 않다. 바로 내 안에 있다. 누구나 마음을 비우는 연습만 충분히 하면 신비한 경험을 할 수 있다. 이번엔 보통 사람들의 사례를 들어보자.

한 여중생이 안대로 눈을 가린 채 당신 앞에 서 있다. 당신은 종이에 아무도 모르게 어떤 글자를 적어 봉투에 집어넣은 뒤 그 여중생에게 건네준다.

"봉투 안에 어떤 글자가 들어 있는지 알아맞혀 보세요."

그 여학생은 과연 육안을 가린 채 글자를 읽어낼 수 있을까?

몇 분이 지난 뒤 여학생이 말한다.

"이 봉투엔 M 자가 들어 있네요."

당신은 깜짝 놀란다. 당신이 종이에 써서 봉투에 집어넣은 글자가 정말 M 자이기 때문이다.

몇 년 전 한국뇌과학연구원이 취재진에게 공개했던 투시력 시연장면이다. 당시 학생들과 직장인 등 보통 사람 다섯 명이 투시력을 선보였다. 조선일보와 SBS, YTN 등 언론매체들이 이를 보도했다. 일어난 대로 그대로 보도한 신문도 있었지만, 뭔가 의심스러워 믿지 못하겠다는 식으로 묘사한 매체와 심리학 교수들도 있었다.

"사람이 어떻게 눈을 가린 채 앞을 볼 수 있어? 뭔가 속임수가 있었을 거야."

오감에 길든 생각들로 가득 찬 사람들은 직접 보고도 믿지 못하는 게 당연하다. 하지만 그런 생각들을 몽땅 잠재우면 장애물을 뚫고 마음의 눈으로 볼 수 있다.

"무슨 도 닦는 소리 같은 말만 늘어놓는군."

아마 이렇게 생각하는 독자도 있을 것이다. 하지만, 오해하지 말라. 내가 주제넘게 당신에게 당장 천리안이나 투시력 등 불가사의한 능력을 배워보라고 하는 게 절대 아니다. 단지 무한한 가능성을 열어놓으라는 것이다. 앞서 누차 언급했듯 가능성을 열어놓고 사는 것 자체만으로도 관찰자 효과에 따라 능력의 크기가 저절로 달라진다. 내가 이 책을 쓰는 것도 그렇다. 만일 내가 예전처럼 '비좁은 나'의 감옥에 갇혀 '난 뜬구름 같은 얘기는 안 믿어' 하고 가능성의 문을 철컥 닫아버렸다면 이런 책을 쓰기는커녕, 여전히 고통 속에 허우적거리며 살고 있을 것이다. 하지만 가능

272

성의 문을 활짝 열어젖히는 순간 나도 모르던 것들이 조금씩 스며들기 시작했다.

사람들의 99.9퍼센트는 지능이나 능력, 한계가 대개 엇비슷하다. 그런데 0.1퍼센트도 안 되는 사람들은 보통사람들보다 저 멀리 앞서 있다. 선천적으로 능력을 타고난 게 아니다. 과학자들이 아인슈타인의 두뇌를 이리저리 분석해봤지만 그것은 보통사람들과 똑같은 뇌세포 덩어리였다.

능력의 크기는 단지 '나'를 어떻게 정의하느냐가 결정짓는다. 내 모든 능력은 내 육신 속에 들어 있다고 믿는 사람은 육신의 한계를 벗어날 수 없다. 반면 '나는 우주만큼 무한한 존재'라고 바라보면 능력도 무한하게 쏟아져 나온다. 단순한 시각의 차이로 인생이 갈린다.

육신과 영혼은 늘 숨바꼭질한다. 육신이 눈을 뜨면 영혼이 잠들고, 영혼이 눈을 뜨면 육신이 잠든다. 그래서 돈과 권력, 명예 등 육신의 욕망에 집착하면 영혼이 눈멀고, 영혼의 실체를 깨달으면 그런 욕망에서 저절로 멀어진다. 동시에 두 가지로 바라볼 수는 없다. 상보성의 원리 때문이다.

"인생을 사는 방법은 두 가지다. 하나는 아무 기적도 없는 것처럼 사는 것이요, 다른 하나는 모든 게 기적인 것처럼 사는 것이다."

아인슈타인의 말 속에 진리가 담겨 있다. 영혼에 눈뜨고 살면 기적 같은 나날이 꼬리를 문다.

나를 타인처럼 바라보며 살아라

영혼에 눈뜨는 가장 쉬운 방법은 나를 남의 눈으로 깊이 바라보는 것이다. 육신의 눈은 나를 남처럼 바라보지 못한다. 하지만 텅 빈 무한한 공간, 우주에 퍼진 영혼은 나를 남처럼 바라볼 수 있다. 나를 남처럼 바라보는 순간 영혼은 저절로 눈뜨기 시작한다. 영혼을 거대한 우주 거울로 삼아 나를 남처럼 비춰가며 살면 영혼이 지닌 양심, 사랑, 평화, 연민, 지능, 에너지가 저절로 흘러들어온다.

우리가 매일 사용하는 흔한 유리 거울로 자신을 비춰도 영혼이 삐쭉 고개를 든다. 나를 남으로 객관화시켜 바라보도록 하기 때문이다.

일리노이 대학의 디너(Ed Diener) 교수는 어떤 학생들에게는 거울을 마주 본 채 문제를 풀도록 하고, 다른 학생들에게는 거울을 등지고 풀도록 해보았다.

이윽고 시험 종료를 알리는 "따르릉" 소리가 울렸다. "따르릉" 소리가 났는데도 계속 문제를 푸는 건 부정행위다. 하지만 거울을 등진 학생들은 한 문제라도 더 풀려고 끙끙거리고 있었다. 반면 거울을 마주 본 학생들은 순순히 펜을 놓았다.

또 다른 심리학자도 이와 비슷한 실험을 했다. 교실로 어린이들을 모이게 한 다음, 커다란 사탕 그릇을 보여주며 "한 사람당 사탕 하나씩만 가져가거라"고 했다. 그리고 자리를 떴다. 어린이들은 시키는 대로 하나씩만 가져갔을까? 아니다. 전체의 34퍼센트가 두 개 이상 집어갔다. 그래서 이번에는 사탕 그릇 옆에 큰 거울을 비스듬히 세워놓고 다른 아이들에게 똑같이 "한 사람당 하나씩만"이라고 말했다. 두 개 이상 집어간 어린이는 몇 명이나 됐을까? 두 개 이상 집어간 비율이 4분의 1로 뚝 떨어졌다.

같은 이치로, 폐쇄회로 TV에 자신의 모습이 비치기만 해도 양심은 되살아난다. 행동과학자 캘그린(Carl Kallgren)은 폐쇄회로 TV 이미지가 대학생들의 쓰레기 무단투기에 어떤 영향을 미치는지 실험해보았다. 그는 먼저 대학생 절반에게 폐쇄회로 TV에 찍힌 자신의 이미지를 보여주었다. 나머지 절반에게는 도형 이미지를 보여주었다. 그런 다음 이렇게 말했다.
"자, 이제 실험의 끝 순서로 맥박을 재야 하니까 손에 젤을 발라주지."
그리고 젤을 닦아내라고 휴지를 나눠준 후에, 학생들이 나가면서 휴지를 어디에 버리는지 관찰해보았다.
폐쇄회로 화면에서 도형을 본 학생들은 46퍼센트가 나가면서 계단에다 휴지를 버렸다. 반면 자신의 이미지를 본 학생들의 경우 24퍼센트만이 거기에 휴지를 버렸다.
캘그린은 이런 궁금증이 들었다. "휴지를 아무렇게나 버린 학생들은 과연 거울로 매일 자신의 모습을 바라볼까?" 조사해보니 그들은 예상대로 거울을 보지 않았다. 거울에 자신을 자주 비춰보는 사람일수록 더 양심껏 행동하게 된다.
이런 원리를 이용해 살을 뺄 수도 있다. 부엌에 거울을 놓아두는 것이다. 그럼 훨씬 덜 먹게 된다. 이처럼 자신을 거울로 비춰보듯 남으로 바라보는 순간, 영혼과 육신 간의 숨바꼭질에서 영혼이 이기게 된다.

온종일 걷다 보니 배가 몹시 고프다. 길가의 한 작은 가판 위에 먹음직

한 사과 하나가 놓여 있다. 먹을까 말까? 주변을 둘러보니 아무도 없다. 내 머릿속에서는 두 목소리가 싸운다.

"아무도 안 보는데 먹으면 어때?"

"안 돼. 남의 물건에 손대면 안 돼."

행인 열 명 중 여덟아홉 명은 슬쩍 집어먹는다. 하지만 만일 사과 위에 사람의 눈을 그려 붙여놓는다면? 거의 아무도 집어먹지 않는다.

영국 뉴캐슬대학 연구진이 사무실 앞에 무인판매대를 세워놓고 유사한 실험을 해봤다. 판매대에는 커피, 차, 우유가 놓여 있었다. 판매대 위쪽 벽에 붙어 있는 포스터엔 예쁜 꽃 그림과 함께 다음과 같은 안내문을 적어놓았다.

〈커피, 차, 우유 중 필요한 것을 골라 드십시오. 가격은 각기 50펜스입니다. 돈은 판매대 옆에 있는 돈 박스에 넣어주십시오.〉

직원들 가운데 정직하게 꼬박꼬박 50펜스를 내고 커피나 우유를 마시는 사람은 몇이나 됐을까? 몇 푼 안 되는 돈이었는데도 그리 많지 않았다.

그래서 이번에는 다른 포스터를 붙여 보았다. 꽃 그림 대신 사람의 눈한 쌍이 흑백으로 크게 그려져 있는 안내 포스터였다. 그러자 직원들의 행동이 확 달라졌다. 정직하게 돈 박스에 동전을 떨어뜨리는 직원들이 급증한 것이다.

10주간에 걸쳐 지켜보니 눈이 그려진 포스터가 붙어 있을 때 낸 돈이 꽃 포스터가 붙어 있을 때 낸 돈보다 무려 세 배나 더 많았다. 직원들은

베이트슨 교수

"누군가가 나를 지켜보고 있다는 암시만으로도 커다란 변화가 일어난다."

포스터에 그려진 눈이 진짜라고 생각했던 것일까? 물론 그건 아니다. 실험을 이끈 베이트슨(Melissa Bateson) 교수의 설명은 이렇다.

"비록 사람의 눈이 포스터에 그려진 그림에 불과할지라도 사람들은 무의식적으로 영향을 받게 됩니다. '누군가 날 지켜보고 있을지 모른다'고 생각하게 되는 거죠."

'누군가 날 지켜볼지 모른다'는 생각이 드는 순간, 나도 모르게 나 자신을 남의 눈으로 바라보게 된다. 작은 유리 거울이나 눈 포스터조차 이런 효과를 갖는다. 하물며 우주라는 무한한 거울에 비춰가며 산다면 우리 영혼은 얼마나 맑아질까? 이처럼 우주가 늘 나를 지켜보고 있다는 마음가짐으로 살아가는 것, 그게 바로 맑은 영혼을 지키는 길이자 최고의 인생을 사는 길이다.

자신을 남의 눈으로 좀더 깊이 바라보는 방법도 있다. 자신의 묘비명을 써놓고 사는 것이다. 이를테면 이런 것이다.

"여기 자신의 가족을 온 마음으로 사랑했던 (   )가 고이 잠들다."

당신이라면 당신의 묘비에 어떤 글이 쓰여지길 원하는가?

네바다 대학의 심리학 교수인 헤이즈(Steven Hayes)가 삶의 의욕을 잃고 방황하는 젊은이들로 하여금 묘비명을 쓰도록 했더니 놀라운 변화가 일어났다. 묘비명을 쓰는 간단한 행위만으로 술과 마약, 섹스에 중독됐거나 우울증으로 삶의 의욕을 완전히 상실했던 청소년들이 돌연 새 삶을 찾기 시작했던 것이다.

자신의 죽음을 바라보며 묘비명을 쓸 수 있는 건 누구인가? 바로 자신의 영혼이다. 영혼에 눈을 뜨면서 자신도 모르게 자기집착적 삶의 늪에서 벗어나게 되는 것이다.

더 나아가, 미시간 대학의 피터슨(Christopher Peterson) 교수는 자신의 묘비명에 인생 목표를 쓰도록 유도하면 목표 달성도가 부쩍 높아진다는 사실을 발견했다. 또한 사람들에게 장의사 건물 앞이나 공동묘지가 보이는 곳에서 자선단체에 기부하도록 하면 기부금이 훨씬 더 많이 걷힌다는 연구걸과도 나온 바 있다. 인생의 종착역을 연상하는 순간 자신을 타인의 눈으로 바라보게 되기 때문에 일어나는 현상이다.

아인슈타인은 늘 자신을 영혼의 거울에 비춰가며 살았다. 그래서 잡념이 없었고, 오로지 과학에만 몰입할 수 있었다. 그는 이런 말을 한 적 있다.

"화는 바보들의 가슴속에나 존재한다."

화를 못 다스리는 사람들을 비웃는 말이 아니었다. 화는 거울처럼 비춰주기만 하면 사라지는 건데, 거기에 파묻혀버리는 행위가 바보스럽다는 얘기였다. 그는 자신을 우주 거울에 완전히 열어놓고 우주와 하나가 됐다. 그래서 죽음을 두려워하지 않았다.

그는 76세 되던 해인 1955년 어느 날 갑자기 쓰러졌다. 복부 동맥류가 터져 심한 출혈이 일어난 것이었다. 내로라하는 의사들이 긴급히 달려와 수술하자고 했지만 그는 뜻밖에도 단호히 손을 내저었다.

"제가 가고 싶을 때 가고 싶습니다. 인위적으로 생명을 연장하고 싶지 않아요. 제 몫을 살았고, 갈 때가 됐으니 조용히 가고 싶습니다."

수술만 하면 더 살 수 있었는데도 거부한 것이었다. 그가 남긴 유언도 이례적이었다. 시신을 화장해 연구실 주변에 뿌릴 것, 묘지나 묘비는 절대 만들지 말 것, 장례식도 치르지 말 것, 두뇌를 제거해 과학발전에 이용토록 할 것 등이었다.

그는 어떻게 자신의 죽음을 그토록 초연하게 바라볼 수 있었을까?

보통 사람들은 육신이 자신의 전부라고 믿는다. 육신 속에 자신의 모든 게 들어 있다고 생각한다. 그래서 죽음은 '나의 영원한 끝장'이라고 여긴다. 자신의 모든 걸 걸었던 인생이 끝장나게 되니 한이 맺혀 도저히 눈을 감을 수 없다. 어쩔 수 없이 눈을 감으면서도 후손들이 장례식을 성대히 치러주고, 묘지도 근사하게 세워놓기를 기대한다.

하지만 아인슈타인에게 육신은 영혼이 잠시 발을 걸치고 사는 껍데기일 뿐이었다. 그는 대지로부터 잠시 껍데기를 빌려 쓰다가 되돌려줄 뿐이라 생각했다. 영혼은 늘 존재해왔고, 앞으로도 영원히 존재할 것이었다. 그렇게 바라보니 생명을 인위적으로 연장할 필요도 없었고, 장례식도, 묘지도, 묘비도 다 부질없고 헛될 뿐이었다.

한 설문조사 결과, 80세 이상 노인들의 90퍼센트 이상이 자신의 인생을 후회한다고 대답했다. 그리고 뭘 가장 후회하느냐는 물음에 "내가 꼭하고 싶었던 걸 못 했어요"라고 응답했다. "꼭 하고 싶었던 게 뭡니까?"라고 물으니 대답은 뜻밖에도 세계 여행이나 많은 돈, 출세 등 거창한 게전혀 아니었다.

"내 아이가 소원했던 걸 해줄 수 있었더라면…"

"가족에게 좀더 따뜻한 말을 건네며 살았더라면…"

"돌아가신 어머니께 좀더 친절하게 대해 드렸더라면…"

쉽게 말해 사랑을 베풀지 못하고 살았던 걸 가장 후회했다. 사랑은 영혼의 본질이다. 나를 비우고 남에게 베풀면 영혼이 열린다. 하지만 영혼에 눈을 못 뜨고 살다 보니 사랑은 뒷전이 되어버렸다. 겨우 죽음에 이르러서야 다급하게 영혼을 찾고 사랑을 찾는다. 한 세상 다 살고 나서야 "내가 누구지?" 하고 두리번거린다.

아인슈타인은 자신이 진심으로 사랑하는 게 뭔지 알고 살다 죽었다.

우주를 사랑했고, 인생을 사랑했다. 누구에게나 똑같은 선택이 주어진다. 아인슈타인처럼 내가 누군지 분명히 알고 살다 죽을 것인지, 아니면 누군지도 모른 채 허둥지둥 바삐 살다 후회 속에 죽을 것인지….

내가 입사 2년 차쯤 됐을 때의 일이다.

어느 날 출근해보니 무척 깐깐해 보이고 뚱뚱한 사람이 새 부장으로 왔다. 권위의식으로 꽉 들어찬 사람이었다. 나는 첫눈에 불편함을 느꼈다. 그는 오자마자 내게 이런 지시를 내렸다.

"우리 부서가 앞으로 추진하거나 개선해야 할 점들이 있을 거야. 그걸 묶어 보고서로 만들어오게. 사흘간의 시간을 주지."

나는 선배들에게 이것저것 물어가며 열심히 보고서를 만들었다. 하지만 부장은 보고서를 받더니 홱 내던지는 것 아닌가?

"어이, 저런 것도 보고서라고 만들었나? 도대체 2년간 뭘 배웠나?"

그 말을 듣는 순간 목구멍으로 뭔가 울컥 올라왔다. 구체적인 이유도 제시하지 않은 채 남들 앞에서 나를 그토록 깡그리 무시하다니. 하지만 꾹 참았다. 홧김에 상사에게 대들었다간 화만 자초할 게 뻔했다.

"네, 알겠습니다. 다시 써보겠습니다."

하지만 부장은 또 얼굴을 찌푸렸다.

"그만둬. 자네는 싹수가 이미 글러 먹은 거 알고 있어."

동료직원들이 무안한 듯 흘낏거렸다.

그날부터 생지옥이었다. 부장은 내가 인사해도 못 본 척했고, 어떤 일도 시키지 않았다. 다른 직원들은 다 퇴근시켜놓고도 유독 나한테만큼은 퇴근하란 말이 없었다. 철저한 무시 작전이었다. 온갖 부정적 생각이 꼬리에 꼬리를 물고 피어올랐다.

그러다가 어느 회식 날. 다 함께 식사를 마친 뒤 2차로 노래방에 갔다. 부장은 일일이 순서를 정해가며 노래시켰다. 다른 직원들은 차례로 다 노래를 마쳤는데 유독 나한테만큼은 노래하란 말이 없었다. 그의 눈에 나는 존재하지 않았다. 동료직원들이 안 됐다는 듯 내 얼굴을 자꾸만 흘낏거렸다. 하지만 부장 눈치 보느라 누구도 내게 감히 말 한 마디 건네지 못했다. 왕따를 당하는 거였다. 얼굴이 확확 달아오르고 목구멍으로 뭔가 자꾸만 치밀어 올랐다. 집에 돌아가서도 잠이 오지 않았다.

'난 이 회사에서 잘 되기는 틀렸어.'

'동료들도 날 무능하게 생각할 거야.'

그런 나날이 계속 이어졌다. 어느 날 밤 뒤척이다가 간신히 잠이 들었지만 새벽에 돌연 엄청난 통증이 복부에 밀려왔다. 부장 얼굴이 다시 떠올랐다. 다음날 점심시간에 부랴부랴 병원에 달려갔다.

"스트레스예요. 젊은이가 웬 스트레스를 그렇게…"

의사가 혀를 끌끌 차며 약을 처방해줬다.

'병을 얻으면서까지 이 직장을 다녀야 하나?'

하지만 당장 직장을 바꾸기도 어려웠다. 아들이 쉽게 취직했다고 대견해하시던 부모님 얼굴도 어른거렸다.

얼마 후 더욱 이상한 증세가 나타나기 시작했다. 출근 버스에서 내려 회사가 가까워지면 심장이 사정없이 두근두근하는 거였다. 의사가 또 혀를 찼다.

"불안증세가 심하군요. 무슨 억눌린 감정이 있나요?"

나는 그 사람의 그림자만 봐도 가슴이 두근거렸다. 혹시나 그의 목소리라도 들릴까 봐 멀찌감치 돌아갔다. 그의 얼굴만 떠올라도 내 머릿속은 과거의 고통으로 가득 차올랐다. 고통에서 벗어나기 위해 나는 그 고통을 억누르려 들었다. 그럴수록 그것은 마치 호리병 램프에서 빠져나온 지니처럼 더욱 기승을 부리며 피어올랐다. 나는 거기에 파묻혀 버렸다.

만일 그때 내 마음을 비춰주는 속 깊은 친구가 딱 한 명이라도 있었다면? 고통은 쉽게 사라졌을 것이다. 학교에서 왕따를 당하는 경우도 그렇다. 방관하는 다수의 학생들 가운데 단 한 명만이라도 진정한 친구가 돼주면 고통은 사라진다.

정신분석가인 코헛(Heinz Kohut)은 "인간은 누구나 자신을 거울처럼 비춰주는 타인이 필요하다"고 말했다. 열등감이 심하고 쉽게 상처를 받고 쉽게 절망하는 사람들을 분석해보니 하나같이 어릴 때 자신의 마음을 거울처럼 비춰주는 부모가 없던 사람들이었기 때문이다.

아이가 상처를 받을 때 상처받은 마음을 비춰주어 바라보도록 하면 그 상처는 사라진다. 화날 때 화난 마음을 비춰주어 바라보도록 하면 그 화는 사라진다. 누구나 자신의 마음을 비춰주는 거울이 필요하다. 어릴 땐 부모가 이 역할을 해준다. 하지만 어른이 되면 이 역할을 해줄 사람이 없다. 그래서 사람들은 고통의 바다에서 살아간다.

고통은 고통을 통해 영혼을 갈고 닦으라는 우주의 신호다. 그래서 고통은 외면하려 들면 더욱 심해진다. 하지만 거꾸로 "이 고통을 통해 뭘 깨달을 수 있지?"하고 받아들여 깊이 바라보면 거짓말처럼 고통은 저절로 사라지고, 값진 깨달음이 찾아온다. 그래서 양자물리학자들은 왓칭을 "신이 부리는 요술"이라고 부르는 것이다.

미 국립과학재단(National Science Foundation)에 따르면, 사람들은 하루에 최고 5만 가지 생각을 한다고 한다. 그런데 그 가운데 10퍼센트만 쓸모 있는 것이고, 나머지 90퍼센트 이상은 부정적인 것이라 한다. 교토 대학의 연구팀은 사람들에게 "20대에 고민했던 생각들이 정말 가치가 있었습니까?" 하고 물어보았다. 사람들은 "5퍼센트 정도만 가치 있는 생각이었고, 나머지 95퍼센트는 삶에 아무런 영향도 미치지 못하는 부정적인 생각들이었다"고 응답했다. 즉 우리는 깨어 있는 인생의 90~95퍼센트를 아무 쓸모도 없는 부정적인 생각에 허비하는 것이다. 자신의 마음을 거울처럼 바라보지 못하고 그 속에 파묻혀 버리기 때문이다. 얼마나 소모 적이고 불행한 일인가?

내 마음을 비춰주는 거울은 내 안에 들어 있다. 내 마음속의 관찰자가 바로 그 거울이다. 세상이 나를 버려도 관찰자는 변함없이 따뜻한 어머니 처럼 언제나 미소 지으며 나를 감싸주고 위로해준다. 유혹에 흔들리고 있 을 때 바라보면 그 유혹이 떨어져 나간다. 끙끙 앓던 문제도 실마리가 풀 린다. 무엇보다도 우주만큼 넓고 깊게 바라보게 해준다. 나만의 이득에 집착하기보다 나보다 못한 사람을 연민과 사랑의 눈으로 바라보게 해준 다. 삶도 그만큼 넓고 깊고 풍성해진다. 우리가 이 세상에 태어나 짊어지 는 모든 고통과 고민은 바라봄으로써 해결된다. 단지 이 왓칭 요술은 바 라보는 만큼만 일어난다. 깊이 바라보면 깊이 일어나고, 얕게 바라보면 얕게 일어난다. 나는 우주의 가장 깊은 원리와 진실이 거울처럼 고스란히 이 책에 투영되도록 간절히 기도하며 원고를 썼다. 관찰자의 눈으로 바라 보고 또 바라보려고 애썼다. 생각이 막힐 땐 어느새 관찰자가 고요히 나 타나 생각을 풀어주었다.

부디 이 책을 통해 신이 부리는 요술이 여러분의 머릿속을 거울처럼 비쳐 깊은 변화가 일어나길 기도한다.

참고문헌

Amit Goswami, *Physics of the Soul: The Quantum Book of Living, Dying, Reincarnation and Immortality*, Hampton Roads Publishing, 2001

Brian Greene, *The Hidden Reality: Parallel Universes and the Deep Laws of the Cosmos*, Knopf, 2011

Bruce H. Lipton, *The Biology Of Belief: The Power Of Consciousness, Matter And Miracles*, Unleashing Mountain of Love, 2005

Bruce Rosenblum, *Quantum Enigma : Physics Encounters Consciousness*, Oxford University Press, 2008

David D. Burns, *Feeling Good, the New Mood Therapy*, Avon Books, 1980

Dean Radin, *Entangled Minds: Extrasensory Experiences in a Quantum Reality*, Paraview Pocket Books, 2006

Dean Radin, *The Conscious Universe: The Scientific Truth of Psychic Phenomena*, HarperOne, 2009

Dennis Greenberger, Christine Padestky, *Mind over Mood*, Guilford Press, 1995

Frank Joseph Kinslow, *Beyond Happiness: How You Can Fulfill Your Deepest Desire*, Lucid Sea, 2008

Frank Joseph Kinslow, *The Secret of Instant Healing*, Lucid Sea, 2008

Gary E. Schwartz, *The Living Energy Universe*, Hampton Roads Publishing, 2006

Gary E. Schwartz, *The G.O.D. Experiments: How Science Is Discovering God In Everything, Including Us*, Atria, 2007

Jon Kabat-Zinn, *Full Catastrophe Living*, Delta Book, 1989

Lynne McTaggart, *The Field: The Quest for the Secret Force of the Universe*, Free Press, 2008

Mark G. Williams, John D. Teasdale, Zindel V. Segal, Jon Kabat-Zinn, *Mindful Way through Depression*, The Guilford Press, 2007

Michio Kaku, *Physics of the Impossible*, Anchor, 2008

Richard Bartlett, *Matrix Energetics: The Science and Art of Transformation*, Atria Books / Beyond Words, 2007

Richard Bartlett, *The Physics of Miracles: Tapping in to the Field of Consciousness Potential*, Atria Books / Beyond Words, 2009

Robert Schwartz, *Your Soul's Plan: Discovering the Real Meaning of the Life You Planned Before You Were Born*, Frog Books, 2009

Russell Targ, *Limitless Mind: A Guide to Remote Viewing and Transformation of Consciousness*, New World Library, 2004

Russell Targ, *Miracles of Mind: Exploring Nonlocal Consciousness and Spiritual Healing*, New World Library, 1999